本书系2018年度教育部高校示范马克思主义学院和优秀教学科研团队建设项目（优秀中青年思想政治理论课教师择优资助计划）“中外合作办学思想政治理论课教学方法创新研究”（项目批准号：18JDSZK131）的成果

# 中外合作办学思想政治理论课教学方法创新研究

ZHONGWAI HEZUO BANXUE SIXIANG ZHENGZHI LILUNKE JIAOXUE FANGFA CHUANGXIN YANJIU

徐钰愉 著

中国财经出版传媒集团
经济科学出版社
Economic Science Press

**图书在版编目（CIP）数据**

中外合作办学思想政治理论课教学方法创新研究 / 徐钰愉著. —北京：经济科学出版社，2021. 7

ISBN 978 - 7 - 5218 - 2525 - 1

Ⅰ. ①中… Ⅱ. ①徐… Ⅲ. ①国际合作 - 联合办学 - 思想政治教育 - 教学研究 - 中国 Ⅳ. ①D64

中国版本图书馆 CIP 数据核字（2021）第 082671 号

责任编辑：周胜婷
责任校对：孙 晨
责任印制：张佳裕

**中外合作办学思想政治理论课教学方法创新研究**
徐钰愉 著
经济科学出版社出版、发行 新华书店经销
社址：北京市海淀区阜成路甲 28 号 邮编：100142
总编部电话：010 - 88191217 发行部电话：010 - 88191522
网址：www. esp. com. cn
电子邮箱：esp@ esp. com. cn
天猫网店：经济科学出版社旗舰店
网址：http：//jjkxcbs. tmall. com
固安华明印业有限公司印装
710 × 1000 16 开 14. 25 印张 280000 字
2021 年 8 月第 1 版 2021 年 8 月第 1 次印刷
ISBN 978 - 7 - 5218 - 2525 - 1 定价：78. 00 元
**（图书出现印装问题，本社负责调换。电话：010 - 88191510）**

# 前言

中外合作办学是指外国教育机构与中国教育机构在中国境内合作举办以中国公民为主要招生对象的教育活动。中外合作办学，是我国教育事业的重要组成部分，也是跨境教育发展的生力军。自1993年《中外合作办学暂行规定》发布以来，至今已有28年了。根据教育部中外合作办学监管工作信息平台公布的信息，至2019年10月，中外合作办学机构与项目（含内地与港澳台地区合作办学机构与项目）已经覆盖31个省、自治区、直辖市。中外合作办学作为一种新型的高等教育样式，逐渐引起世人的关注。

尤其是进入21世纪以来，一批独立设置、具有独立法人资格的中外合作大学相继诞生，自2004年建成第一所中外合作大学（宁波诺丁汉大学）以来，截至2021年1月，我国已有中外合作大学9所（内地与香港合作举办的大学按照中外合作大学的政策执行）。这些大学的兴办，为我国高等教育事业带来新的面貌和气象，推动了中国教育事业的对外交流与合作，提升了中国教育在世界的影响力，在整个高等教育体系中发挥着越来越重要的影响。诚如学者程良龙（2014）所述：从闭关自守到打开国门，中西文化不断碰撞与融合，促进我国高等教育办学模式由被动地仿效移植到主动地面向世界。

中外合作大学的兴办，表明我国的教育建设加快了培养具有国际视野与全球意识人才的步伐。这类大学处在中西方不同历史文化、不同意识形态、不同政治制度的交汇点上。如何对青年学生进行思想政治教育工作，是一个既具历史意义又具实践价值的重大课题。

2018年9月，习近平总书记在全国教育大会上强调，坚持中国特色社会主义教育发展道路，培养德智体美劳全面发展的社会主义建设者和接班人；要扩大教育开放，同世界一流资源开展高水平合作办学。

该类大学因大多采用不同于国内传统大学的教学管理、教学评价和考核方式，同时校园内不同文化间交流对话的密切和频繁，使得在该类大学中开展思想政治理论课的教学面临着许多机遇和挑战，需要在汲取传统高校思政理论课优秀教学经验和方法的基础上因地制宜，创新性地发挥自身的优势、克服困难，实现自身教学体系的圆融建设。同时，这类大学虽大多采用境外一流大学的教学管理和教学模式，但培养祖国栋梁之材这一根本宗旨不变。这类大学更应坚持以理想信念教育为核心，以社会主义核心价值观为引领，大力加强思想政治理论课建设，充分发挥该门课程在学生思想政治工作中的主渠道、主阵地作用，培养具有远大志向、健全人格、健康体魄、宽广国际视野、扎实知识基础和优秀创新能力、政治立场坚定、学术功底深厚、德才兼备、全面发展的深具家国情怀的国际化人才。

在这类大学中，思政理论课至关重要，办好该门课程，直接与党的领导地位和中外合作办学的水平休戚相关，因而，探索这类大学中的该门课程的教学方法和效果具有重大的价值和意义。

如何切实开设思政理论课，增强该门课程的学术力、吸引力、说服力、感染力和影响力，提升思想政治教育品牌形象，满足学生成长发展需求和期待；如何教育引导学生立足中国、放眼世界，切实掌握和灵活运用马克思主义立场观点方法，培育践行社会主义核心价值观；如何要求广大师生坚定中国特色社会主义道路自信、理论自信、制度自信、文化自信，为实现“两个一百年”奋斗目标、实现中华民族伟大复兴的中国梦发挥生力军作用。这些问题目前尚无定论，在学术界仍然是一个“未尽的方案”，亟待同仁们的共同探索和研究。

本研究旨在结合既有的全国范围内的中外合作办学高校特别是中外合作大学的课程架构、路径设置、队伍建设等研究的基础上，经过实践中的反复论证和完善，形成一套体系完备、架构清晰、适合推广的中外合作办学高校，尤其是中外合作大学思想政治课教学方法；以期为中外合作办学高校的思政理论课建设提供借鉴，为全国范围内的思政理论课探索提供参考、为国家相关部门的政策制定助力。

2021 年 6 月

# 目 录

# 导　　论

## 第一节　研究缘起

全球交融、中西对话已成为这一时代的命脉，高等教育领域可谓这一命脉的重要穴位。随着跨境高等教育的兴起，我国高等教育事业面临新的面貌和气象，对外交流与合作日益加深、加强，中国教育实力和口碑在国际的影响不断提升。在全球高等教育体系中，中国的高等教育日益发挥着越来越重要的作用。诚如王剑波（2012）所述，经济全球化浪潮推动高等教育国际化的不断深化，作为其典型表征的跨境高等教育就是全球化时代高等教育发展的基本选择。

如何把握这一良好的教育生态环境，切实有效地培养 21 世纪的青年，进而促成国家的栋梁之材在中国现代化进程中践行社会主义核心价值观，提高思想觉悟、道德水准，成为能担当民族复兴大任的时代新人，这是摆在我们面前的现实课题。

2019 年 9 月 29 日，中华人民共和国教育部网站转引钟曜平在《中国教育报》发表的《铸就辉煌的教育道路——写在中华人民共和国成立七十周年之际》一文，其中提道：中外合作办学从无到有，……，一批高水平中外合作大学相继成立，与 180 多个国家和地区建立了教育合作与交流关系，与 46 个重要国际组织经常性开展教育合作与交流；海外学习使用汉语人数达 1 亿人，中国语言、中华文化影响力不断扩大。教育成为世界了解中国、中国走向世界的重要窗口、重要桥梁、重要纽带。①

---

①　铸就辉煌的教育道路——写在中华人民共和国成立七十周年之际［EB/OL］. http：//www.moe. gov. cn/jyb_xwfb/s5148/201909/t20190929_401539. html.

面对中外合作办学蓬勃发展的态势，毫无疑问，我们要加强教育对外交流与合作，加快中国特色高水平国际化大学和专业的建设，但我们更要规范中外合作办学，在治学管理中坚守中国立场，促进教育事业健康发展，保障中外合作办学的政治方向。根据《中外合作办学条例》第 4 ~5 条，中外合作办学“依法自主开展教育教学活动……必须遵守中国法律，贯彻中国的教育方针，符合中国的公共道德，不得损害中国的国家主权、安全和社会公共利益”。虽然，中外合作办学在办学方式、组织结构、运行模式等方面具有自身的独特之处，但在坚持正确的办学方向、正确的育人导向上不应有例外。教育部国际合作与交流司副司长方军在第九届全国中外合作办学年会上发表主旨报告中指出：进一步推进中外合作办学，要把握和处理好“坚持党的领导”“加强思想政治教育”“提升中外合作办学水平”三个关键问题，做到坚持党的领导，坚持社会主义办学方向，坚持立德树人根本任务，提高中外合作办学水平。①

在这类大学中，思政理论课至关重要，办好该门课程，直接与党的领导地位和中外合作办学的水平休戚相关，因而，探索这类大学中的该门课程的教学方法和效果具有重大的价值和意义。学者华长慧教授曾指出，“建设好中外合作大学的思想政治课意义深远，它关乎我们对于现代性和全球化的认知与把握，关乎我们对于国际化和民族性的认知与把握，关乎我们对于国际视野和祖国情怀的认知与把握。”②

如何切实开设思政理论课，增强该门课程的学术力、吸引力、说服力、感染力和影响力，提升思想政治教育品牌形象，满足学生成长发展需求和期待；如何教育引导学生立足中国、放眼世界，切实掌握和灵活运用马克思主义立场观点方法，培育践行社会主义核心价值观；如何要求广大师生坚定中国特色社会主义道路自信、理论自信、制度自信、文化自信，为实现“两个一百年”奋斗目标、实现中华民族伟大复兴的中国梦发挥生力军作用。这些问题目前尚无定论，在学术界仍然是一个“未尽的方案”，亟待同仁们的共同探索和研究。

## 第二节　目标定位

本研究旨在结合既有的全国范围内的中外合作办学机构特别是中外合作大

---

① 林金辉．新时代的中外合作办学［M］．厦门：厦门大学出版社，2019：29.

② 华长慧．思想修养与大学生成才［M］．杭州：浙江教育出版社，2016：序言．

学的课程体系、教材建设、路径设置、队伍建设等研究的基础上，经过实践中的反复论证和完善，形成一套体系完备、架构清晰、适合推广的中外合作办学机构尤其是中外合作大学思政理论课教学方法。同时，我们认为，在中外合作办学机构开好思政理论课，需明确以下三方面目标，以下目标也成为该项研究展开的主旨方向。

## 一、在西式学术文化背景下，引导学生坚守和把握中国立场

中外合作办学机构，尤其是中外合作大学的专业课程采用的是西式教学体制和教学模式，从学术立场而言，一般并非完全站位在中国立场，在此情形中，思政理论课如何为学生提供学术研究中的中国视角，以期与专业课教学互相参照补充，更加全面地培养学生的批判性思维和整全性认知，从而为学生人文情怀的养成提供契机、场合和资源，这是我们的着力点。该类大学为学生“全球视野”的培养提供了充分的土壤。在异质文化的相互渗透、交流、碰撞中，学生的视野开阔了，学识丰富了，然而，正是因为身处这种高度国际化的教育环境中，我们更需要坚守和把握放眼世界与立足本土的张力，用理性和思想坚持对中国文化和本土情怀的传承与固守，不做有文化的“无根人”。

## 二、在高度国际化的环境中，引导学生理解“古—今”传承、储备“中—外”视野、避免盲目偏视的单向度思维，培养整全的意识和批判的方法

中华民族有五千多年的文明历史，创造了灿烂的中华文明，为人类作出了卓越贡献，成为世界上伟大的民族①。中国人很早就开启了对外交流的历史和路径，中国文化传统不仅孕育了中国人独特的气质特点，更参与促进了全球文明的塑形和建构。我们需要研究中国文化在传承绵延的过程中，其自新的品格、坚韧的毅力、海纳的胸怀、宽容的气韵、创新的精神、变通的思维和开放的姿态，我们需要避免对“古—今”“中—外”作简单切分观照而带来的盲目偏视，从而以整全的意识和批判的方法认知“中国”、加强“中国人”身份。

---

① 习近平．习近平谈治国理政（第三卷）［M］．北京：外文出版社，2020：11.

### 三、在全球文明交融之际，引导学生淬炼责任意识、凝聚民族向心力，担当国家、社会乃至人类发展命运

当今世界，全球对话交流日益频繁密切，我们有意愿关注他者，以他者作为参照体系，在国际大视野中思考并提出我们的未来构想，增进与他者的互相对话和交流；我们有意愿掌握自己的命运，建立一个既不同于西方任何一个国家，也不同于中国古代的现代化的具有“新中国精神”的国家，为全球的现代性探索提供来自中国视角的独特智慧，使世界各国文化真正平等交流、共同发展，从而有力地推动公正合理的国际政治经济新秩序的建立。新中国成立以来尤其是改革开放以来的巨大成就，既是中国优秀传统文化的一脉相承，也是中国人继往开来、开拓前进的果实，我们需要通过理论研究引导学生了解中国当前所处的国际地位、所面临的困境、所担当的使命、所描绘的蓝图，更需要通过实践考察，引导学生对中国的历史和当下有真切的感知和体验，理论学习结合实践体验。

## 第三节　文献综述

任何研究的结果只有建立在确凿的文献资料之上，研究才能求真，结论才能可信。对于中外合作办学思政理论课教学方法创新研究这个课题，需要通过文献梳理收集关于国内外高等教育改革和发展的理论和实践资料，以期为本研究提供背景支持，通过对既有文献的收集整理以形成对问题的集中客观的认知。

### 一、传统大学思想政治理论课的研究情况

本课题的研究，以中外合作办学高校的思政理论课建设为范围，其中尤以中外合作大学的思政理论课为研究焦点，同时，在研究视野上，我们采取从历史更加长远、经验更加丰富的传统大学的思政理论课中汲取养分。中外合作办学高校的办学方式、组织结构、运行模式可以与传统大学有所不同，但在坚持正确的办学方向、正确育人导向上不应有例外。尤其是自党的十八大以来，以习近平同志为核心的党中央高度重视思政理论课的建设，站在中华民族伟大复

兴的战略高度，作出一系列重要论述，提出一系列重要要求，推出一系列重要措施。2019 年，习近平总书记在学校思想政治理论课教师座谈会上就指出：思想政治理论课是落实立德树人根本任务的关键课程，推动思政课改革创新，要坚持政治性和学理性相统一、价值性和知识性相统一、建设性和批判性相统一、理论性和实践性相统一、统一性和多样性相统一、主导性和主体性相统一、灌输性和启发性相统一、显性教育和隐性教育相统一，不断增强思政课的思想性、理论性和亲和力、针对性①。习近平总书记“八个统一”的提出，鼓励了广大思政理论课教师积极探索新时代思政理论课改革创新实践，鼓励了各地思政课教学团队相互学习、各取所长，在教学理念、教学方法、教学团队、教学内容、教学模式等方面充分对话和交流，共同打造越来越具有亲和力、吸引力、感染力的课程。在此大背景下，中外合作办学的思政理论课在教学方法探索过程中，要充分汲取传统思政理论课优秀经验和做法，充分理解思政理论课的发展历史和发展使命，明确该门课程的鲜明政治属性，明确其主要任务是进行习近平新时代中国特色社会主义思想的宣传、教育。其中实现“扎根中国、面向世界”是该类学校思政教育工作的核心问题，其他问题均以此为中轴展开。“扎根中国、面向世界”意味着该类学校培养的学生能够深度理解中国五千年历史文化文明传承发展的脉络层次、当前我国所处的国际国内局势环境以及未来发展前景可能；能够审慎辨别以“西方中心论”为主导的普世价值体系，批判性面对非中国立场的话语、理念和文化；能够以开放包容的姿态积极吸纳世界各国文明为“我”所用，推动各种文明间平等对话交流，并促成具有中国特色的社会主义新时代话语成型；能够敏锐把握“中国文化”“中国理念”“中国精神”“中国模式”在当今世界的重要意义，有志于建构“源于中国、属于世界”的核心价值体系，致力于推动中国梦的阐释和实现；能够以建构人类命运共同体为目标关怀世界和“他者”，充分理解和尊重各种文明、理念和发展模式的多样性，关心国际事务，树立正确义利观和国际安全观。

大学思政理论课教学的研究，近十年来获得了蓬勃发展，相关的著作和论文都表现出较好的发展势头和面貌，综合来看，既有的研究内容丰富、角度多维、思考全面，从方向来看，主要针对既有教学方法的欠缺以及结合当前国际国内社会新形势、新技术来探讨新时代环境下思政理论课前行的空间。有的学者从宏观角度切入，积极探索分析，提出应逐一研究从顶层布局到思政理论课

---

① 习近平．用新时代中国特色社会主义思想铸魂育人，贯彻党的教育方针落实立德树人根本任务［N］．人民日报，2019－03－19（01）．

自身环节，综合各部分思考探索思政理论课有效性问题。例如，刘芳（2016）提出，影响高校思政理论课教学有效性的因素有很多：既有学校的原因，也有社会的原因；既有学生的原因，也有教师的原因；既有教材的原因，也有教法的原因。更多的学者则从一个角度切入，探索提升思政课有效性的途径。蓝茵茵、易显飞和张宏伟（2015）认为，结合新媒体背景，我们应以新媒体为手段增强思政理论课教学的效果，新媒体语境下，需要的不是思想政治理论课课程体系的再造，而是对学科议题的补充式创新，以及从提高教学实效性出发的教学模式多样化试验。孙叶飞、马建青（2016）认为，在移动互联网时代，应突破课堂时空限制，充分突出以学生为中心的教学理念，建设出与时俱进的思政理论新课程，在此之中，教师的个人素养至为关键；后慕课时代的思政理论课教师应具备有信仰、有视野的学科素养，有温度、有情感的心理素养，有创新、有开拓的教学素养，有担当、能持守的敬业素养，有目标、有技术的学习素养这五种素养，使我国思政理论课能够引领时代并真正实现课程的育人目标。又如，刘海燕（2019）从教学语言的角度研究思政理论课存在单调乏味和缺乏感染性等不足，并提出进一步提升的方案，她认为，相对于一般的课程来说，思政理论课的理论性比较强，在进行教学的过程中涉及的概念也比较多，为了能够让学生对相关概念理解透彻，教师必须化抽象为具体，要尽量把抽象的内容变得生动形象，便于学生的理解。教学语言必须生动、幽默和富有感染力，能够让学生在教师的语言表达之中体会思政课堂轻松愉悦的氛围，所以为了能够进一步调动学生的积极性，保证教学的效果，老师应该善于运用具有启发性的语言对学生的思维方式进行引导和学习。还有的学者从大数据环境出发思考思政理论课教学新的机遇和挑战以及相应的建议措施。李燕、牛馨皎（2017）认为，大数据在为高校思政理论课教学方法创新提供机遇的同时，也面临着大数据教育理念的缺失、教师人才队伍建设困难、传统教学方法单一陈旧以及大数据法律规范不健全、网络教育力度不够等现实难题；对此，只有通过树立大数据教育理念、加大教师人才队伍建设力度、综合运用多种教学方法、创新教育平台、完善大数据法律法规、加大网络教育力度等措施，才能真正把握大数据为高校思政理论课教学方法提供的机遇，进而推动高校思政理论课实现理论与实践上的重要突破。

## 二、跨境高等教育的相关研究

除了传统大学的思政理论课这块土壤外，本课题的研究同时要着眼于跨境高等教育的相关研究。王剑波（2012）指出，世界发展至今，和平、发展和相互理解已成为时代主题，而且这一主题普遍被发达国家及欠发达国家和地区所接受。这一主题本身就要求各国家之间要相互了解和理解，而文化的交流就是相互理解的重要基础。了解异国文化，促进人类文化的交流，这些就构成了高等教育国际化的文化动因。

从某种意义上说，中外合作办学属于跨境高等教育在中国的实践，那么，跨境高等教育在全球发展的状况、特点及研究现状，对中外合作办学会产生哪些影响？这些影响又对中外合作办学的理念、思路和模式产生什么样的影响力？而其中的思政理论课建设又应该如何布局？这些也应该纳入本课题研究的视野中。

查阅知网数据库，跨境高等教育研究领域的研究论文还是相当丰富的，并且有不少硕士、博士论文选择这个方向的选题，说明这方面的研究在中国学术界尚属于较为前沿的领域。其中，有不少研究者选择了质量保障这个点，而这个点也正踩中了当前我国跨境高等教育的研究焦点，因为无论以何种方式提供高等教育，课程质量与文凭的“含金量”始终密切牵扯着社会、家庭和个人的关切。刘子云、刘晖（2018）认为，新时代背景下，我国高等教育在世界高等教育体系中的地位和角色日益突出，正从高等教育大国向高等教育强国蜕变，从注重规模扩张的外延式发展转向以质量提升为核心的内涵式发展；这就意味着，国际化背景下我国高等教育的质量标准不再以规模大小为衡量基准，而需以世界一流大学和一流学科作为标杆和蓝本，积极参与全球高等教育国际化整体秩序的重建。有的学者将注意力集中在把握教育的国际化与本土化相互平衡上。王继英等（2019）指出，在国际化人才培养的过程中，要借鉴境外的教育理念，最大化地利用境外高校的资源优势，营造国际化的教学环境，配置国际化的课程体系，引入国际化的教学质量评价标准，突出“国际化”的培养特色。同时，还要兼顾国内高等教育的现实状况、文化及体制要求，将境外通识教育与国内思想政治教育及其他通识教育课程有机融合，改造语言课程，并增设传统文化校本课程。综合来看，跨境高等教育与中外合作大学类似，止属于我国教育界的前沿，针对这方面的研究正在热烈开展，尚未降温，并还有许多新的研究课题待开发和成熟。

## 三、中外合作办学思政理论课研究情况

目前，中外合作办学规模日渐增长。截至 2019 年 6 月，全国经审批机关批准设立或举办的中外合作办学机构、项目总数为 2431 个，包含理学、工学、

农学、法学、教育学等11个学科门类200多个专业。中外合作办学机构和项目每年招生超15万人，在校生超60万人，其中高等教育占90%以上，毕业生超200万人。① 具体来看，中外合作办学高校有三种形式：一是中外合作大学，指的是由中外双方签订办学协议、经过教育部批准设立的具有独立校园和法人资格的独立大学，目前共有9所，分别是宁波诺丁汉大学、西交利物浦大学、昆山杜克大学、上海纽约大学、温州肯恩大学、深圳北理莫斯科大学、广东以色列理工学院、北京师范大学—香港浸会大学联合国际学院、香港中文大学（深圳）。二是不具有法人资格的中外合作办学机构，一般以高校二级学院的形式存在，如北京航空航天大学中法工程师学院、同济大学中德工程学院、浙江大学爱丁堡大学联合学院、中山大学中法核工程与技术学院等。三是中外合作办学项目，如清华大学与美国天普大学合作举办法学硕士学位教育项目，这是目前最为普遍的形式。

就目前研究看来，国内外关于中外合作办学高校思政理论课建设的研究成果，数量相当少、缺乏系统研究，论文发表来看，不足50篇。这一方面给本课题的研究带来不少挑战，另一方面也展示了本课题研究的必要性。

在结合既有的理论成果的基础上，本书将重点围绕现有的中外合作大学展开调查研究。考虑到虽然中外合作大学的理论研究成果不多，但是这方面的实践者应该有宝贵的一手经验和体会，因此，我们主要采取访谈和参与观察两种方法相结合的形式。自2016年以来，课题组成员曾陆续面向30家中外合作办学单位进行实地访谈。访谈对象包括学校中外合作办学思政工作负责人、思政课教师和学生代表等；问卷调查通过分层抽样的方式抽取了66家单位，最后有效回收了45份针对单位的问卷和900份针对学生的问卷，以此初步了解了中外合作办学思政课教学工作的情况。这些情况对于我们掌握当前中外合作办学思政理论课教学现状起到非常好的定性分析的作用。宁波诺丁汉大学中外合作大学研究中心孙珂博士对中外合作办学思政理论课教学现状进行了多年的跟踪调查和探索研究，作为本课题的成员之一，孙珂博士在这方面提供了宝贵的一手数据。当前中外合作办学思政理论课教学主要呈现为以下几方面的情况。

### （一）坚持开设思想政治理论课程

无独立法人地位的中外合作办学机构和项目的思政理论课在教学名称、内容、形式等方面均与中方合作大学保持一致。前述9所中外合作大学均能

① 徐倩．新时代如何发展中外合作办学［N］．中国教育报，2019-08-05（3）．

认真执行教育部的有关要求，独立开设关于中国宪法、法律、公民道德、国情等内容的思想政治理论课，其在课程名称、课程内容、开设部门和教材选用方面各有特色，而且教学方法创新，教学形式多样。建校比较早的宁波诺丁汉大学始终在进行有益探索和创新，作为全国第一所中外合作大学，该校党委在实践中创新性提出中外合作大学“4321”党建新理念，即坚持“四全原则”（全面引领正确的办学政治方向、全方位服务办学中心工作、全覆盖关爱师生工作学习生活、全过程监督办学治校合法合规），发挥“三种作用”（发挥党委在办学方向上的政治把握作用、在治校管理中的决策参与作用、在立德树人工作中的领导指导作用），坚守“两条底线”（意识形态底线、法律法规底线），建好“一门课程”（思政课统称）。在此理念统领下，突破定位、平台、队伍等三个方面所存在的独特困难，创新性探索并全面推行了适合中外合作大学独特环境的“2333”思政育人体系。“2333”思政育人体系夯实了思政育人理论基础、加强了思政队伍的把关力度、拓展了思政育人的建构空间，协调校内校外、课内课外、学术生活等领域，达到符合学校特色的思政育人格局成型，思政育人成果显著。该校着力打造师资质量过硬、学生口碑良好、课堂评价过关、培养机制合理、考核过程全面的致力于全方位育人的思政理论课课程体系，努力使这门课的理念体现全面育人观念，内容落实全面育人观念，第二课堂巩固全面育人观念。又如，西交利物浦大学“思政课”教学能够坚持课前预习、课中互动，通过课堂问答检验预习成果，采用案例分析法，强化知识结构，训练思维模式；课后给予最大空间，鼓励阐释与表达，在实践中学习，在讨论中成长。

### （二）积极协调外方合作办学者，增强政治认同

中外合作办学的外方合作者由于受中西方不同历史文化、意识形态和政治制度的差异影响，学校的管理架构、运行模式、管理体系有别于传统高校党委领导下的校长负责制，例如有的中外合作大学实施理事会领导下的校长负责制、外籍人士担任行政与教学主要岗位。客观而言，外籍人士对我国高校的思政教育工作未能充分理解，这就需要该类学校的党委能自上而下，在顶层布局上部署顺畅，使得外方合作者对于中国高校的思政工作有更多了解、增强合作方的政治认同，成为保证合作办学顺利进行的必要条件，由此而言，该类学校党的工作是否扎实是思政课程得以顺畅开设和发展的前提保障。因此，研究该类学校的思政课程绕不开研究其党建工作。经实地调研观察，各中外合作办学党组织通过各种渠道宣传中国共产党的方针政策，以共产党员的先锋模范作用

以行示教，邀请外方人员参与党的有关活动，参观我国改革开放的巨大成就，增强其对我国政府和社会的了解和认同，这在很大程度上能增进合作方对现代中国的认同和理解，起到积极有力的“外宣”作用，这就为思政理论课的开设创造了良好的环境和氛围。比如，宁波诺丁汉大学建立了中方党委书记与外方执行校长的月度协调会议机制，及时对学校中发生的各种重要事项进行沟通。辽宁师范大学国际商学院要求工作人员在每学期的初期及期末，对外籍教师及国际生进行党和国家的大政方针及最新会议精神的宣讲，并充分利用外文版的权威新闻媒介，以正面宣传为主，准确、及时地向他们宣传党的路线、方针、政策，实事求是地反映社会主流意识。同济大学中德工程学院党委积极组织中德师生开展各类的文体交流（如德国文化周、德国活动周、德语角等）、业务研讨，使中国学生和德国来的留学生在学院内形成中德文化交流氛围。

### （三）提高学生的思想政治素养

众所周知，没有民族性就没有国际化，没有祖国情怀就没有世界视野。我们认为“全球化”并不是“西方化”，高等教育国际化也不是任何的一国化，它是各国高等教育之间相互吸收、相互融合、优势互补的一个过程。中外合作办学不同于国内一般大学的最大特点是，它建立在引进西方大学优质教育资源的基础上，采用外方合作大学的课程体系、教学模式和管理制度，因此其在大学核心功能的发挥方式方面高度西方化。然而，中外合作办学机构和项目又是生存在本土环境中的中国大学，所培养的人才无论多么国际化最终也要落脚在满足中国社会发展的需要上，即具备社会主义建设所需要的思想道德素养。因此我们要考察中外合作办学机构和项目的思想政治工作是否取得了应有的成效，首先要考察其是否有助于提高学生的思想道德素养。为了判断中外合作办学机构与项目的思想政治是否有助于提高学生的思想道德素养，以宁波诺丁汉大学孙珂博士为主要参与成员的课题组曾于 2016 年设计学生问卷，询问学生关于学校的思政理论课、党团建设和学生管理对于自己理解社会主义核心价值观和为人处事的助益程度，答案在选项 1 ~ 5 中选择，其中 1 为很小，2 为较小，3 为一般，4 为较大，5 为很大。调查结果显示，学生认为中外合作办学机构与项目的思政理论课、党团建设和学生管理等方面的工作对于学生理解社会主义核心价值观，以及改进学生的为人处世态度等方面都有较大的助益，证明这些机构和项目的思想政治工作卓有成效。表 0 – 1 为孙珂博士提供的思政课对提高学生思想道德素质的助益程度统计表。

表 0－1　　　　　　思政课对提高学生思想道德素质的助益程度统计

| 就读学校类型 | | 思政课对理解富强等价值观的助益程度 | 思政课对理解自由等价值观的助益程度 | 思政课对理解爱国等价值观的助益程度 | 思政课对为人处世的助益程度 | 思政课对思想道德素质的助益程度 |
|---|---|---|---|---|---|---|
| 中外合作大学 | 均值 | 3.7671 | 3.8630 | 3.9041 | 3.7397 | 3.8185 |
| | 样本数 | 73 | 73 | 73 | 73 | 73 |
| | 标准差 | 1.06093 | 1.14643 | 1.15668 | 1.24752 | 1.05018 |
| 中外合作办学机构 | 均值 | 3.9359 | 3.9679 | 4.0256 | 3.8387 | 3.9419 |
| | 样本数 | 156 | 156 | 156 | 155 | 155 |
| | 标准差 | 0.98818 | 0.95323 | 0.92247 | 0.99664 | 0.87387 |
| 中外合作办学项目 | 均值 | 4.2231 | 4.1911 | 4.1997 | 4.9044 | 4.1743 |
| | 样本数 | 605 | 607 | 606 | 604 | 601 |
| | 标准差 | 1.82916 | 0.84611 | 0.82004 | 0.89741 | 0.86125 |
| 总计 | 均值 | 4.1295 | 4.1208 | 4.1413 | 4.1056 | 4.0995 |
| | 样本数 | 834 | 836 | 835 | 832 | 829 |
| | 标准差 | 1.65224 | 0.90295 | 0.87828 | 0.95934 | 0.88944 |

孙珂博士曾同一时间（2016 年）考察中外合作办学机构与项目的学生对学校开展的思想政治工作是否满意，专门设计学生问卷，询问学生对于学校的思政理论课、党建活动、学生管理等方面工作的满意度。调查结果显示，学生对中外合作办学机构和项目的思政理论课、党建活动和学生管理等方面都持满意态度，这些机构和项目开展的思想政治工作基本能够满足学生的需要（见表 0－2）。

表 0－2　　　　　　学生对思政理论课满意度的统计

| 就读学校类型 | | 教材满意度 | 教学方法满意度 | 考核满意度 | 课时满意度 | 实践课满意度 | 教师教学水平满意度 | 教师教学态度满意度 | 课程总体评价 |
|---|---|---|---|---|---|---|---|---|---|
| 中外合作大学 | 均值 | 3.8333 | 4.0548 | 4.0685 | 4.0274 | 3.7778 | 4.2466 | 4.4110 | 4.0822 |
| | 样本数 | 72 | 73 | 73 | 73 | 72 | 73 | 73 | 73 |
| | 标准差 | 0.97865 | 0.84804 | 0.80500 | 0.94241 | 0.96739 | 0.84625 | 0.74229 | 0.89370 |
| 中外合作办学机构 | 均值 | 3.6154 | 3.9675 | 3.9744 | 3.9545 | 3.8397 | 4.1039 | 4.2885 | 3.9679 |
| | 样本数 | 156 | 154 | 156 | 154 | 156 | 154 | 156 | 156 |
| | 标准差 | 1.05011 | 0.81183 | 0.76999 | 0.89546 | 0.99998 | 0.74245 | 0.73625 | 0.91876 |

续表

| 就读学校类型 | | 教材满意度 | 教学方法满意度 | 考核满意度 | 课时满意度 | 实践课满意度 | 教师教学水平满意度 | 教师教学态度满意度 | 课程总体评价 |
|---|---|---|---|---|---|---|---|---|---|
| 中外合作办学项目 | 均值 | 3.8633 | 4.1209 | 4.2215 | 4.0893 | 3.9901 | 4.2202 | 4.3333 | 4.0593 |
| | 样本数 | 607 | 604 | 605 | 605 | 607 | 604 | 606 | 607 |
| | 标准差 | 0.96271 | 0.82877 | 2.72355 | 0.82909 | 0.94392 | 0.74837 | 0.70026 | 0.91184 |
| 总计 | 均值 | 3.8144 | 4.0866 | 4.1619 | 4.0589 | 3.9437 | 4.2010 | 4.3317 | 4.0443 |
| | 样本数 | 835 | 831 | 834 | 832 | 835 | 831 | 835 | 836 |
| | 标准差 | 0.98443 | 0.82853 | 2.35686 | 0.85263 | 0.95859 | 0.75685 | 0.71058 | 0.91125 |

在这方面，一些具体的案例可以进一步论证中外合作办学机构和项目在思政教育方面的卓著成效。例如，宁波诺丁汉大学的思政理论课教学自 2017 年起参加学校“生评课”（SEM）与“生评师”（SET）评估系统（该系统以匿名评分的形式，用以测评学生对教学效果的体验反馈情况），连续三年的评估结果反馈显示，该校思政理论课的课程评估分和教师评估分始终保持较好情况，其中课程评估分能够与全校课程平均水平持平，甚至出现略高的情况。同时，学生参与度能够一年比一年提高，而反馈数据能够保持平稳。

## 第四节　研究重点和难点

开展本项研究，将切实面临以下几方面的困难和挑战。

### 一、研究领域比较新，可资借鉴的成果不多

当前，中外合作办学尚属我国教育国际化实践的前沿阵地，是教育国际化观念最直接的现实表现和实践基地。虽然，从 20 世纪 90 年代以来的 30 年历程中，中外合作办学作为一种新型的教育模式已获得一定的发展，它们引进整合境外优质的教育资源，吸收世界各国教育发展中成功的经验和做法，创新了我们的教育理念、教育内容和教育方法，从而在提升我国各级各类教育的水平和层次方面起着积极的作用。但是，就实践领域而言，正如奚倩文（2019）曾论：无论是“双一流”高校还是地方普通本科院校，在面向参与中外合作办学的学生展开思政教育时，均面临着研究内容少的问题，虽然多方利益的驱

动，促使中外合作办学的发展速度越来越快，参与其中的师生人数不断增加，但是，人们关注的重点仍旧是教学质量，而非思政教育，这是导致思政教育陷入困境的主要原因。中外合作办学尚属于开拓阶段，许多方面的工作有待成形和稳定，尤其是在思政理论课教学方面，虽有零星探索研究，但远远未成气候。就科研领域而言，专门研究中外合作办学思政理论课教学的成果更是寥寥无几，查询知网论文数据库，思政理论课教学相关的论文不超过 50 篇。在著作领域来看，这方面成形的研究也非常稀缺。

## 二、模式发展缓慢，创新空间受限

一方面，随着中外合作办学的日益深入和开拓，现实问题日渐凸显和涌现，从事中外合作办学一线的实践者们日益感到肩负的使命之艰和责任之重。这一类大学要开设好，牵扯到方方面面的问题，其中很多问题是因其自身属性而独有的，光靠国内传统大学的办学经验不能解决。然而另一方面，当前思政理论课在教学上的要求是步调一致。在教学标准上，中外合作办学机构的人才培养方案完全对照普通高等教育思政课设置标准制定并严格执行，学分要求与学习课程安排需严格统一管理、统一规定，实行无差异化操作。这固然有利于统一协调，但发挥个性探索的步伐也因此受限；许多中外合作办学机构的思政理论课与传统大学的课程并无二致，而传统大学的思政理论课也面临同样的困境，奚倩文（2019）认为，思政教育的现状是内容越来越丰富，模式发展稍显滞后，内容和形式不同步，这些给思政教育发展带来的影响，同样需要引起重视。

## 三、涉外因素干扰，思政理论课提升难度大

中外合作办学机构，往往以引进西方发达国家的教育而凸显其特色和优势，但在实践过程中，也因此而面临自身独特困境：一方面，西方发达国家的教育并不尽善尽美，有其自身的缺陷和不足；另一方面，该类机构培养的学生最终需要肩负起建设国家社会的使命，其中的德育功夫光靠引入西方教育无法达致。巫晓沽、贾子懿（2018）认为，外方合作高校在办学过程中参与培养方案设计，且由于授课的师资队伍很大比例为来自世界各地的外籍教师，中外合作办学的学生有着得天独厚的国际视野和体验的优势，容易受不同意识形态的对比和冲击。尤其是仅发放外方合作高校学位的中外合作办学项目，由于外方对强制学生修读思政类课程积极性不高，在与外方谈判和具体教学过程中，

中方在课程设置中要体现实打实的思政课有一定难度。可见，中外合作办学模式，存在着其特殊的教育生态环境，面临传统大学无须考虑和处理的种种问题。面对此种境地，我们如何清晰自身的使命和责任，克服困难，不但坚持开设思政理论课，并且以高标准、严要求开设好该门课程，使之发挥在该类学校中应有的作用，是摆在相关工作者面前的难题。

## 第五节　研究思路和方法

在中外合作办学高校中办好思政理论课，不仅是人才培养与价值塑造中极为重要的内容，更是教育主权与意识形态安全的保障，涉及中外合作办学中意识形态话语权的较量，涉及国家长治久安、社会繁荣，是不可忽视的重要阵地。

中外合作办学高校的学生出国交换学习机会多、意愿强，专业课师资队伍国际化程度高，教学方式及教学用语也受到国际化校园环境的影响，这些特点都对如何上好思政理论课提出了更高要求，对如何给大学生培养深厚的家国情怀、注入红色基因提出了严峻挑战。在中外合作办学机构尤其是中外合作大学开设好思政课需要着力研究好以下四方面的问题。

### 一、教学内容的把握

要在中外合作办学机构进行思想政治教学与引导，首先需要考虑如何吃透、理解和有效运用既有的教材，以期切合中外合作大学学生口味，把握当代大学生的成长规律、个性特点，摸透大学公共课不同于专业课的教学对象的知识储备、期待心理、学习环境等情况。中外合作办学机构尤其是中外合作大学往往以专业课引进世界优质教学资源、保持与境外一流大学原汁原味的教学品质而著称，其招生录取的准入门槛也较高，中外合作大学基本要求一本线招生，同时还对英语单科有较高要求。在此背景下，中外合作大学的学生其进校前就具备良好的学识基础和学养能力，对学校的办学条件、办学能力和师资情况自然抱有较高的期待心理。思政理论课作为这类校园中具有独特个性的课程，更应加强自身的品质和服务，稍有逊色便在师生群体中产生不良影响。教学内容属于思政理论课教学中的“硬货”，内容本身很大程度上决定了课程品质所能达致的限度。在进行思政理论课教学方法探索时，我们应重点分析论证如何吃透和理解既有教学内容，并结合课堂实践确认合适的传递方式，达致应有的效果。

## 二、课程的设置

中外合作办学不是一种“移植”，而是一种“嫁接”，在课程设置中我们要发挥主观能动性，不能盲目照搬照抄。中国人很早就开启了对外交流的历史和路径，中国文化传统不仅孕育了中国人独特的气质特点，更参与促进了全球文明的塑形和建构，其中，中国文化始终具备“吸纳”与“自新”两方面的品格，一方面积极引进，另一方面坚持自我个性，中国文化在传承绵延的过程中，其自新的品格、坚韧的毅力、海纳的胸怀、宽容的气韵、创新的精神、变通的思维和开放的姿态，值得我们弘扬和继承。正如习近平总书记所说，“中华民族有五千多年的文明历史，创造了灿烂的中华文明，为人类作出了卓越贡献，成为世界上伟大的民族”①。

中外合作大学作为我国新型的教育样式，主要吸收引进境外特别是来自西方发达国家的教学体系、教学内容、教学队伍、教学评估等。然而，西方文化与中国文化有其相异的发源发展情况，表现在培养理念和教育方法上各有特点和侧重，固然，有些方面西方现代教育显示出其一度领先的势头，但在一些方面，西方现代教育亦表现出不尽如人意的情况，这就为中外合作办学的先行者既带来挑战，亦带来机遇。我们在引进境外一流的教学资源的同时，始终要掌握办学的主动权，扎根中国大地办学。作为极具中国特色的思政理论课，我们尤其要注意引导学生在学习境外先进知识和理念的同时，始终不忘吸收把握中国自身的优秀历史文化和独特的思维方式。

在课程设置上，中外合作办学机构尤其是中外合作大学的思政理论课教学课程应在充分汲取国内传统高校成功经验和境外大学先进教学管理理念和方法的基础上有所创新，形成自身的完备课程体系。这里绝不是指另起炉灶、推倒重建，而是指在充分比较衡量境内外课程设置结构的利弊基础上，开拓适合实际、具备前瞻性的课程结构。

## 三、德育培养格局

良好的教学效果，需要科学合理的课程设置、切合大学生口味的优质教学

① 习近平．习近平谈治国理政（第三卷）［M］．北京：外文出版社，2020：11.

内容，更需要集学校乃至社会合力，为课程建设提供优良的外部环境。中外合办学校的蓬勃发展在引进整合境外先进的教育资源、推动中国教育走向国际化、实现全球化方面起到积极作用，但中外合办学校也面临如何引导中国公民坚守和把握中国本土立场这一问题的严峻挑战。如果我们提供了优质的教育资源，而我们培养的学生却并不能成为建设祖国的栋梁之材，那么，这将与我们的办学初衷背道而驰，使我们的教育功亏一篑。为此，我们需要采取审慎而有力的措施，从国家、社会和学校几方面着手，合力解决这一难题。从学校层面而言，首先需要明确使命、把握方向、清晰定位、采取有效方式方法，形成一套体系完备、方法新颖、制度健全、思路开阔、格局宏远的德育培养模式。

中外合作办学机构中，思政理论课的前行需要各个部门的协调配合、通力合作，其中，学校的党建、学务、后勤以及专业课的教学等都会与之构成张力，我们研究思政理论课教学，离不开对这些因素的考量和研判。

## 四、质量的保障

冯晓云、郝莉（2018）曾指出，要有效提升课程教学质量，高校教学管理者应关注如下四个问题：高校课程应该教什么？高校课程应该如何教？高校课程应该如何评？高校课程应该如何改？的确，以上几个问题是高校所有课程都需解决好的问题，不过大学的思政理论课在解决好以上几方面问题的同时，还有其自身肩负的使命和目标。这是一门肩负意识形态引领功能的课程，教师在传授知识的同时更要引导好学生坚守中国立场。所谓坚守中国立场即学会站在中国立场上考虑问题、分析问题和解决问题。那么，这一使命如何得到落实和监督，尚是一个未解问题。因此，这里所说的质量保障，指的是除了以上教材使用、教学设置、师资建设以外的保证该门课程意识形态引领功能得以正确、有效发挥的保障体系的研究。

以上四个问题作为本次研究的着力方向，在本书中，将不设专章讲述，而是贯穿整个文本的始终，围绕着这些方面思考和布局。在具体各部分写作中，我们将沿着以下研究思路前行。

本书总体来说可分为两部分。

### （一）理论课与党团建设、学生事务工作及学校培养目标等关系的研究

本书第一部分为第一至三章，以大思政格局作为指导理念，探索思政理论

课与外部环境之间的紧密关联。所谓大思政格局理念，徐德斌（2019）认为，就是“将多个具有思想政治教育功能的主体，通过特定的活动与机制整合起来所形成的整体教育形态。大思政格局是以坚持中国特色社会主义文化发展方向为核心立场，在完善思想政治教育生态的基础上，通过建立高效联通、多元联动的体制机制等手段，培养政治立场更加坚定、发展维度更加全面、更加符合新时代要求的社会主义建设者为根本要义的教育教学观念。大思政格局理念在要求思想政治教育教学主体向多元化方向发展的同时，既要保留对思想政治理论课主阵地作用的认识，又要融合其他有思想政治教育功能的因素与主体，这种融合既体现在人员流动、资源配置和机制的建立与聚合上，也表现在对传统思想政治教育场合、渠道和方式的突破上”。面对思政理论课的教学，需要跳出就教学论教学的视野框架，拉开通力合作的大网，打通各个边界和桎梏，从全局出发来考虑布局思政理论课的教学。这样的大思政格局，尤其在实践课领域能够克服以往“各自为战”的教学模式，避免重复实践和资源的浪费。正如刘芳（2016）所提，高校应在学校层面建立专门的实践教学协调指导小组，合理配置资源，将思政部的实践教学和学工部、宣传部、团委的学生实践活动以及各二级学院的学生实习活动相结合，使智力资源、人力资源、财力资源、社会资源能够流通和共享，实现实践教学效益的最大化。

在大思政格局理念指导下，第一部分的研究将从思政理论课教学的外围环境条件出发，分别从学校整体培养目标与思政理论课教学的关切、学校党建工作与思政理论课教学的关切、学校学务工作与思政理论课教学的关切、学校专业课教学与思政理论课教学的关切等几方面内容切入，探索思想政治理论课改革与创新的可能性与必要性。

**1. 高校党建与思政理论课教学的关切**

高校党建和思想政治教育有机融合，互为依托、密不可分，党建和思政教育工作都是在党的教育方针指导下开展的，两者相辅相成，都关注大学生思想教育引导。第一章着力探讨中外合作办学高校的党建和思政教育之间的关切，从大方向上指出两者之间的张力关系，同时进一步探讨该类学校在实践中遇到的党建和思政教育的难题，并分析突破难题可能的路径和方向。

**2. 高校学生事务工作与思政理论课教学的关切**

中外合作办学是我国为了适应改革开放的需要，适应当今高等教育发展要求和加强国际教育交流与合作的重要形式。高校的育人工作是一项极其复杂的系统工程，需要充分发挥好高校中的各个层面、各个环节，以及各部门中各要素本身的育人作用，更需要高校育人系统中各育人要素之间的默契配合与通力合作，使高校育人系统良好运行并发挥出更大的育人效能，进而在不断的系统优化中持续提升育人的效果。

第二章着力探讨中外合作办学高校的学生事务和思政理论课之间的关切，通过分析思政理论课教师和学生辅导员这两大关键育人要素之间的协作，从大方向上指出两者之间的张力关系，探讨两支育人队伍分别在课堂教学和日常管理中通过彼此之间的密切配合，沟通交流与团结协作形成育人合力达到“1 +1 >2”效果的可能性，同时进一步探讨该类大学的学生事务工作与思政理论课教学协调共进、同频共振所能带来的良好愿景，提出有针对性的可行建议。

**3. 高校思政教育培养目标与思政理论课教学的关切**

思政课作为高校思政教育的主渠道，其在实施时所使用的教学方法对于是否能够有效发挥这种主渠道的作用具有非常重要的意义。就中外合作办学高校来说，其思政课的教学方法创新会受到多种因素的影响，其中高校的培养目标如何设定将是一个无法回避的影响因素。第三章着力探讨这类高校如何设定思政教育培养目标，如何构建大学生思政教育核心素养体系，以及如何培养大学生的思政教育核心素养，以期为其思政课教学方法的创新指明方向。

### （二）思政理论课课堂形式、教学设置、考核评价等方法的研究

本书第二部分为第四至七章。在第一部分研究的基础上，第二部分聚焦于思政理论课的具体开设方式，对其进行详细论证探讨。在论证这一问题前，我们需要解决的是，什么样的教学方法是中外合作办学机构尤其是中外合作大学的思政理论课较为理想的方法模式。由于这一问题在学术界尚属于前沿课题，就传统大学而言，探索思政课的教学方法模式仍然处于改革阶段，未曾定型，因此，我们尝试从课堂形式、教学设置、考核评价等几个方面进行教学方法的探讨，具体展开为以下几种。

**1. 课程思政与思政课程相融合**

目前学术界就“课程思政”的必要性达成了基本的共识，我们也根据有关报道看到“课程思政”在传统大学中也相对得到较为理想的落实。然而在中外合作办学项目，尤其是在中外合作大学中，探索“课程思政”的落实，却面临更多的困境。其中最为突出的矛盾是，在中外合作办学高校中，由于专业课程主要由外籍教员授课，“课程思政”的理念难以准确传递给外籍教师，并通过他们传递给广大学生。同时，中外合作办学高校相较传统大学而言，学生在校园生活中面对更多西方思想的冲击，想要把“课程思政”真正做到“润物于无声”面临重重挑战。第四章的着力点在于探讨在中外合作办学高校中承担价值观引领主渠道作用的思政理论课如何面对这种挑战，发展开拓新的

教学途径和授课模式，实现“思政课程”与“课程思政”的有机融合，以完成青年大学生思想政治引领的使命和责任。当然，在探讨中，我们着重但并不仅仅局限于中外合作办学高校，而是以该类学校为例，希望能够为全国范围内的高校思政理论课教学设置的议题提供一点思路参考。

**2. 大班授课与小班讨论相结合**

“大班讲座结合小班讨论”作为一种教学方法，它的出现和应用并不是偶然的，而是对以往教学方法的改进和完善，且有相关的理论和实践依据，背后也有浓厚的时代色彩。

简而言之，“大班授课、小班讨论”的授课方式，既能发挥教师的主导作用，又能充分调动学生的积极主动性，既有助于教师及时反思和调整授课思路方法，又有助于学生团结合作和反观自身，是当前思政理论课比较理想的授课方法。第五章首先分析该教学方法设置的理论研究依据和实践操作情况；然后分析该教学方式在高校思政理论课开设中的具体操作情况以及存在的不足；最后，针对中外合作办学高校，指出采用该教学方法时需要注意的方面和可行的方式。

**3. 理论教学与实践教学相结合**

传统思政课教学重理论、轻实践，教师大多采用满堂灌说教的方式，在教学中教师扮演着课堂主体的角色，而学生是被动的学习接受者。这一局面随着近些年思政理论课教学方法的不断探索创新而有所改善，理论与实践相结合的思政课教学方法，逐渐为广大思政理论课教师所采用。当前，一线教师们考虑的不再是是否需要理论与实践相结合，而是怎样实现理论与实践的有机结合，这主要体现在教学内容与教学考核上。第六章着力点在于探讨在中外合作办学高校中承担价值观引领主渠道作用的思政理论课如何迎接新的时代挑战与机遇，开拓新的教学途径和授课模式，实现思政理论课理论与实践的有机融合，以完成其承担的使命和责任。当然，在探讨中，我们的面向并不局限于中外合作办学高校，而是以该类学校为例探讨，希望能够为全国范围内的高校思政理论课教学设置的议题提供一点思路参考。在探讨中，我们首先梳理理论与实践之间的关切，探讨在既有探索基础上，理论与实践相融合的教学方法设置的可能。

**4. 主观与客观相结合的考核方式**

思政理论课教学是否成功，归根结底落实在学生，其中，考试考核是检验思政课程教育执行效果的有效方法，我们探索思政理论课教学方法的创新，自然离不开对于考试考核的探索和审视。高校思政理论课也要通过体系建设、课程创新来为思政教育创造更好的环境。

当前，思政理论课的考核着力方向是实行多元化的考核方式，中外合作办学机构尤其是中外合作大学的思政理论课也正积极探索考核方式的多元化和有效性，主要采取的方式有理论考核与实践考核相结合、线上考核与线下考核相结合、定量考核与定性考核相结合的办法。第七章着力点在于探讨中外合作办学高校思政理论课的考核方式，如何在满足高校考核方式基本要求的前提下，创新性探索符合现状的、令人满意的考核方式。第一节，探讨全国范围内高校思政理论课采取“主观与客观”相结合考核方式的设置依据，分析该方式实践的必要性、可行性以及运行的基本原则；第二节，分析中外合作办学高校“主观与客观”相结合考核方式的现状，以及其实践基础和可借鉴的经验，从而为该类大学中思政理论课的考核实践带来有利条件；第三节，分析现有中外合作办学高校思政理论课“主观与客观”相结合考核方式的实践情况，其中尤以中外合作大学为例，重点展开介绍。

综上所述，第二部分的内容将沿着以上思路详细展开论证。在论证过程中，采取逐层深入的方式，先从大方向上探讨以上方式设置的理论依据，然后聚焦思政理论课，分析这些方式在思政理论课中的操作现状，最后理论结合实际，提出既有实践存在的欠缺，及未来可改进的方法，以期为同类大学的思政理论课教学提供有益参考。

明确研究重点、难点、思路等内容后，本项课题的研究采取理论和实践相结合的方式，从理论层面梳理既有的相关研究文献，在梳理过程中总结经验、查找漏洞、提炼理论；从实践层面调查咨询，在调查咨询中掌握动态、研判舆情、归纳问题，最终两相结合，以期发现符合客观真理的创新性结论。

# 第一章 中外合作办学高校党建与思政理论课教学的关切

高校党建和思想政治教育有机融合，互为依托、密不可分，党建和思政教育工作都是在党的教育方针指导下开展的，两者相辅相成，都关注大学生思想教育引导。关于两者的关系，朱士中（2010）认为，党建是思想政治教育的核心和灵魂，思想政治教育是党建的主要内容和有效途径，二者你中有我、我中有你，互为依托、密不可分。两者在教育内容、方式和目标方面存在相似之处，在现实中也密切配合，正如肖辉瓒（2019）的解读，高校思政工作的目标是强调培养政治合格的大学生，党建则是关注培养合格党员，两者的实质是相同的，都是着力培养立德树人、全面发展的社会主义现代化建设者和接班人。不管是党建还是思想政治工作，都需要学生运用马克思主义理论的观点、方法去分析和解决问题，全面了解党与国家发展的光辉历史，充分认识到坚持党的领导、坚持走中国特色社会主义道路的重要价值。两者在本质上都是关注学生思想建设，提高思想建设水平。党和国家历来高度重视高校的党建和思政教育工作，习近平总书记曾在全国高校思想政治工作会议上的重要讲话中指出，高校党委要保证高校正确办学方向，掌握高校思想政治工作主导权，保证高校始终成为培养社会主义事业建设者和接班人的坚强阵地①。

高校思想政治教育课程是20世纪80年代开设的一门专门对大学生进行思想政治教育的课程，从这个课程开设以来，关于它的研究就没有停止过，尤其是近几年的研究显现出愈来愈热的趋势，不仅文章、著作颇为丰富，许多重要的学术刊物，如《思想政治教育研究》《思想理论教育导刊》《思想教育研

---

① 习近平在全国高校思想政治工作会议上强调：把思想政治工作贯穿教育教学全过程，开创我国高等教育事业发展新局面［EB/OL］. http：//cpc. people. com. cn/shipin/n1/2016/1209/c243247 - 28938971. html.

究》《思想理论教育》等也相继出现。然而，国内理论界关于如何把高校思想政治理论课与大学生党建工作相结合的研究却并不多见，据郑新欣（2016）研究，2008 年在哈尔滨召开的关于“改革开放与中国高等教育”的论坛上，一篇名为《高校学生党建与思想政治教育 30 年——主要成就、经验及启示》的文章，不仅指出了高校学生党建与思想政治教育从初步建立到全面发展的几个阶段，还将两者结合起来，主张发挥思想政治教育课堂教学的主导作用，努力探索加强高校学生党建与思想政治教育的新途径。从某种程度上来说，这为研究大学生党建工作与高校思想政治教育提供了新的视角，引导、激励更多的专家、学者从两者的关系入手去研究高校思政教育课与大学生党建；但是，目前为止，研究大学生党建与高校思想政治教育课关系的文章并不多见（郑新欣，2016）。事实上，高校思政理论课和大学生党建工作作为高等学校教育的重要组成部分，两者间存在着千丝万缕的关系，互相间的配合程度不仅关系着各自的前行发展，还关系到高校教育事业的发展，甚至还关系到党和国家的前途和命运。

本章着力探讨中外合作办学高校的党建和思政教育之间的关切，从大方向上指出两者之间的张力关系，同时探讨中外合作办学高校在党建和思政教育的实践中遇到的难题，并进一步分析突破难题可能的路径和方向。

## 第一节　中外合作办学高校党建与思政理论课教学的密切关系

中外合作办学是我国教育国际化实践的前沿阵地，是教育国际化观念最直接的现实表现和实践基地。从 20 世纪 90 年代以来的 30 多年历程中，中外合作办学作为一种新型的教育模式已获得一定的发展，其在引进整合境外优质教育资源，吸收世界各国教育发展中成功的经验和做法，创新我们的教育理念、教育内容和教育方法，从而提升我国各级各类教育的水平和层次方面起着积极的作用，它尤其促进了我国高等教育理念的更新和法制的创新、教育功能的扩展和运行体制的改进，为中国高等教育的发展带来了良好的契机和崭新的面貌。随着经济政治全球化的发展，中国教育国际合作与交流不断深入和拓展，初步形成了全方位、多层次、宽领域的对外开放格局。尤其是教育规划纲要颁布实施以来，中外合作办学初具规模，布局更加合理，优质资源引进不断加强，学科专业结构逐步优化，进入快速、平稳和高质量发展阶段。

随着中外合作办学规模的日益扩大，中外教育合作日渐密切和频繁，在此背景下，该类大学的党建与思政教育成为新的时代课题，受到国家和社会的高度重视和期待。结合实际工作和研究情况，我们认为，中外合作办学的党建和思政理论课的教学存在以下几方面的张力关系。

## 一、党建与思政理论课教学的内在统一性

思想政治教育是大学生党建工作的基础，而思政理论课则是高校思想政治教育的主要途径。由于两者都是按照党的教育方针进行的，都是着重于大学生的思想教育，在架构归属、培养目标、教育内容、教育方法上具有内在的统一性。

在中外合作办学高校，党的领导至关重要，党建和思政理论课都须在党的领导和管理下开展。世界一流高等教育的发展过程，既不是发展指标简单地一一对应，更不是对其他国家高等教育体制的简单复制和模仿。中国的独特历史、独特文化、独特国情，决定在中国建设现代高等教育的过程中既要符合高等教育的一般规律，又要走自己的高等教育发展道路，坚持中国特色的办学制度。而中国特色现代大学制度，最核心、最鲜明的体现就是党的领导（“中国特色高等教育思想体系研究”课题组等，2017）。

2017 年中组部《关于加强高校中外合作办学党的建设工作的通知》对高校中外合作办学党建工作也提出了明确要求：加强对中外合作办学党的建设工作的指导和监管，把党的领导贯彻到教育对外开放的全过程。

目前，国家对中外合作办学高校的思政理论课教学要求与传统高校一致，思政理论课必修课主要有《马克思主义基本原理概论》《毛泽东思想和中国特色社会主义理论体系概论》《思想道德修养与法律基础》《中国近现代史纲要》《形势与政策》这些科目。

当前中外合作办学高校中对大学生的党建工作主要包括：与党组织的沟通交流、前期的考察与培养以及后期的监督与教育等。其中，对于入党积极分子的培养和考察是发展大学生党员程序中的关键，也是高校党建工作的抓手。那么，如何实现对入党积极分子的有效培养和考察呢？主要还是通过教育来达致。从教育内容来看，党建以党的领导为基础，坚持党的基本路线来影响教育对象的思想意识。在基本理论上，以党的政治纲领及党组织工作经验和马克思主义哲学体系为前提，对大学生进行世界观、人生观、价值观的教育，用马克思主义的科学理论来引导大学生党员，使之牢固树立起符合党和国家要求的世界观、人生观和价值观。党建教育的内容以马克思主义、中国特色社会主义理

论体系等重要的思想内容为根本，着力加强马克思列宁主义、毛泽东思想、邓小平理论、“三个代表”重要思想、科学发展观以及习近平新时代中国特色社会主义思想最新理论成果的学习，坚持用马克思主义最新理论成果来武装大学生，提高大学生党员的思想理论水平。同时，党建教育还包括党的历史和传统、党的基本理论知识、党的根本宗旨、党的政策方针路线、形势任务、道德与法制教育，以及党的思想路线等。从以上分析可以看到，无论是思政理论课教学，还是学校党组织对于大学生入党积极分子或是党员的教育，其内容在本质上都是一致的，不外乎对大学生进行以下几方面的教育和培养：基本理论教育；世界观、人生观、价值观的引导；党和国家的历史和现实的教育；高尚的道德情操的培养；以及法制意识的培养等（郑新欣，2016）。

同时，中外合作办学高校具有独立法人资格以及独立校园，处在中西方不同的政治制度、意识形态、历史背景、文化模式交汇和碰撞的敏感区域，相对于传统高校，这类大学的师生在思想上受到经济全球化、社会思潮多元化、价值观念西方化的冲击更为明显，无论是思想政治理论课的教学还是党的建设，都需要在坚持党的领导下，从国际视野出发，注重跨文化的交流，以智慧和方法展示中国人的处世态度和道德情操，以理服人，赢得国际师生的理解和尊重，提高在校中国籍师生的民族自豪感和自信心，引导广大师生坚守中国立场，在事关祖国利益的大是大非面前立场坚定、旗帜鲜明，敢于亮出身份，捍卫祖国荣誉和尊严。

在教育内容上，该类大学的党建和思政理论课教学更需扎扎实实深入学习贯彻习近平新时代中国特色社会主义思想，坚持把立德树人作为中心环节，把思想政治工作贯穿教育教学全过程，实现全程育人、全方位育人，为学校发展提供坚强有力的思想、政治和组织保证，加强全面从严治党，发挥政治核心能力建设和宣传思想工作，把握意识形态工作的主动权；加强基层党组织建设，增强党员教育管理有效性；加强党风廉政建设，持续改进工作作风。

## 二、党建与思政理论课教学在教育背景上相通相合

中外合作大学作为我国新型的教育样式，主要吸收引进境外特别是来自西方发达国家的教学体系、教学内容、教学队伍、教学评估等。然而，西方文化与中国文化有其相异的发源发展情况，表现在培养理念和教育方法上各有特点和侧重，固然，有些方面西方现代教育显示出其一定的优势，但假如一味照搬照抄，易致“水土不服”的情况，这就为中外合作办学的先行者带来挑战。

### （一）现代人思维方式越来越受到一些学者的批判和警示

德国学者雅斯贝尔斯曾在《当代的精神处境》中指出，“当知识为了普及大众，而尽可能以合理化的方式，以一切人都能得到粗略理解，予以简化，但因而变得空洞时，精神就开始颓废。”① 雅斯贝尔斯所见极为敏锐。人们所见的当代大多数书籍，包括许多名著，大都是尽可能采用合理化的方式，久而久之，这对我们的学术、生活乃至我们的心灵，方方面面都起了定型作用。1940年，曾任教武汉大学的钱穆先生撰写了《改革大学制度议》，对新生入校伊始即各选其科、各受其学的现代大学制度提出异议，认为这样做是“各筑垣墙，自为疆界”，其结果是误导学生“治文学者可以不修历史，治历史者可以不知哲学，治哲学者可以不问政治”②。这种专业化的教育方式，正是近代以来西方“现代性”席卷全球的结果。

### （二）跨境教育无可避免存在削弱输入方教育主权的隐患

王炎（2010）认为，教育市场的开放必然导致以营利为目的的跨境教育的大量涌入，不仅会侵蚀并削弱输入方的教育主权，挑战教育公平，而且还会威胁文化安全，输入方的学生被动接受或适应输出方的教育模式和社会教育标准。如此，则中外合作办学教育在引进境外教育资源的同时必须充分衡量和判断西方发达国家教育的不足之处，并设法给予有力的弥补。孙珂（2015）认为，中外合作大学在融入国际高等教育体系的同时必须有所超越，否则便会永远处于从属地位，为此，中外合作大学必须保持制度创新的自主性，不仅要借鉴发达国家的高等教育制度，而且要结合本国的历史和实际进行改革和创新。

“国际化”并不是“西方化”，学习西方当然也绝不是照搬西方。中外合作办学高校是生存在本土的中国教育样式，主要以中国公民为教育对象，学生最终要走向社会，报效祖国和建设家乡。我们在吸收借鉴发达国家高等教育方式方法的同时，需要针对实际创设符合国情、世情、校情的人才培养理念和原则，创设符合本国人才需求的教学方法和体系。

### （三）西方德育教学路径，近年亦为学者所诟病

有学者分析，西方一般将宗教信仰、人生价值、个体品格等归为私人意义

---

① 转引自蒋广学，赵宪章．二十世纪文史哲名著精义［M］．南京：江苏文艺出版社，1992：662.

② 转引自李建中．人文社科经典导引［M］．武汉：武汉大学出版社，2019：序．

世界，与公民教育没有联系或联系不紧密①。这种“公—私”领域截然两分的做法使得面向公共领域的教育对于人的整全性培养来说力度不够，因为在丰富多样的私人生活中人们需要有相应的价值指引、精神慰藉和行为劝诫，这就需要相应配套完善的私德教育为个体“德性”的养成提供赖以支撑的教育熏陶体系。在引入西方高等教育的过程中，我们也无可避免地需要面临和应对这种因西方教育自身体系原因所致的“先天缺陷”问题，不可明知其有问题仍然一味照搬照抄。尤其是当今社会，随着市场经济的发展，人们的思想意识、价值取向、行为方式和生活习性都相较过去发生了深刻变化，讲究实惠、追求金钱、利益至上、用功利的眼光和态度为人处事，成为很多人的处世方式，社会上泛起一股功利主义风气。“功利”一词本是一个中性概念，但在社会生活和近些年理论表述中多带有贬义。受此风气影响下的大学生自发的功利主义价值观确实存在消极不良的因素，中外合作办学学生大多家境优渥，求学目标明确（许多同学期待毕业后出国留学深造或进入全球前500强知名企业工作），这很大程度地影响着其学习生活中的思维方式、作风习惯等。中外合作办学高校培养的学生最终需要肩负起建设国家社会的使命，其中的德育功夫光靠引入西方高校专业教育无法达致。面对这一境况，该类大学的德育工作可谓关键而迫切，怎样引导学生克服急功近利、心浮气躁的不良习惯，在校期间潜心学习，养成跨学科、跨领域研究学术的宽广视野，培养多向度、多层次看待和解决问题的思维方式，党建和思政理论课教学是这一领域的主力，也是该类大学德育工作的主阵地，必须起到提纲挈领、中流砥柱的作用。

## 三、党建与思政理论课教学之间需要加强深度融合

诚如海志超（2019）所述，思想政治理论课教学与学生党建工作在教育内容上具有相似性，实施主体上具有交叉性，方法手段上具有相通性，功能上具有互补性，目标达成上具有相同性等特点。尽管党建和大学生思想政治教育工作一直是高校众多工作的核心内容，但长期以来实际存在着“两条并行线”问题（蔡英谦，2018）。这一情况在中外合作办学高校中也同样存在。我们在实践中体会到，突破两者相对平行的运行轨迹，实现相互间有机深度的融合，可以有效解决现有的工作困境，培养理想信念坚定、品德意志过关、素质全面发展的大学生。

---

① 马克·霍尔斯特德，马克·派克．公民身份与道德教育［M］．杨威译．北京：社会科学文献出版社，2017：6.

### （一）思政理论课有助于大学生党建提高理论深度和学识广度

众所周知，大学生党建有其特定的教学内容和组织流程，在机制上而言相对较为成熟，在实际工作中，由于从事高校基层党建工作的大多数为学生辅导员，辅导员对学生情况的把握大多通过学生在非学术领域的表现，同时，学生对辅导员的定位评价也往往基于其在非学术领域给予的引领和帮助。这在一定程度上影响了党建工作的理论高度。同时，大学生发展党员已形成一套相对模式化的流程，学生对入党难免存在一定程度的以结果为导向的心理倾向，一心聚焦于完成规定动作而忽略党性修养和思想意识的真正提升，例如积极加入党组织却消极对待思政课（肖辉瓒，2018）。又如，大学生党建工作中存在重形式、轻实效，只顾发展党员、不顾管理和教育党员的现象。大学生党员对于党的理论知识的掌握不能仅仅停留在了解的层面，要深入思考，对于一些重大的理论知识要有自己的认识，做到这一点，就需要进行深入而严密的研究和探索（蔡英谦，2018）。思政理论课和党建工作深入融合，可以弥补党建工作所无法达致的方面。目前，思政理论课覆盖对象面广，一般针对全校学生作为公共课开展，同时在师资配备和课时量上，均有相应的严格要求。思政理论课理论体系完备、内容涉及面广，思政理论课教师如果能在课堂恰当地植入有关提高学生知党、爱党、亲党意识等内容，把握积极入党与学好思政理论课之间的关系等问题，对大学生党建就会起到极大的助力作用。高校可充分借助思政理论课教育工作优势基础，对优秀大学生开展进一步教育，加强其党的基础理论及知识的教育，帮助大学生深化对党史的认知，提升思想道德素养，坚定共产主义信念，不断增强为群众服务的理念，端正入党态度和动机，成为党建工作的中坚力量。

### （二）大学生党建有助于拓展教学领域、丰富思政理论课教学方法

诚如郑新欣（2016）指出的，当代大学生对于思政理论课的热情普遍偏低，除了跟社会环境及大学生本身的因素有关之外，思政理论课本身也存在很大问题。传统的思政理论课教学方法常采取说理教育法。在改革开放和发展社会主义市场经济条件下，思想政治工作的环境、任务、内容、渠道和对象都发生了很大的变化，我们的思想政治教育方法也应该有新的开拓和丰富①。正如浙江大学城市学院潘雨老师指出的，思想政治理论课长期以来缺乏吸引力的关

① 李梁．切问近思：高校思想政治理论课教学方法创新研讨会暨首届“上海大学思政论坛”论文集［M］．上海：上海大学出版社，2011：7.

键在于它的说教，教师即使有着高涨的热忱，并能认真教导，但是学生如果不愿认真学习、不愿合作，那么其教学效果可想而知。[①] 在发挥说理教育既有优势的基础上，思政理论课教师需要面对新的国际国内形势，在教学方法上进行新的尝试和探索，尤其是避免伴随说理教育的硬性植入知识、填鸭式灌输等弊端，注重启发式教育，变学生被动接受为主动思考。在这一点上，“实”“论”融合十分必要[②]。所谓“实”“论”融合，即在教学中，教师能够将理论知识与现实生活紧密结合，深入社会现实谈问题，使学生捕捉到社会政治生活、社会生活和人的思想生活的内在脉搏，主动进行理论上的分析、思考和建构。在这一点上而言，学生党建工作与思政理论课的融合有助于丰富思政理论课的教学方式，挖掘更广阔的天地和更深厚的社会土壤，取得意想不到的成绩。学生党员是思想政治建设的生力军，学生党员由学生中的先进分子组成，无论在学术活动中还是日常生活中，均在学生群体中产生很大的影响力，发挥先锋模范作用，他们能够以自身良好形象和实际行动去影响、教育、组织、凝聚、服务广大学生，这种同龄人之间双向而轻松的情感沟通能够起到理想的心理疏导作用。如果思政理论课教师与党建工作者密切配合，搭建共通平台，共同培养学生入党积极分子和党员，那么学生中的先进分子也能够在思政理论课的学习中产生影响力，这种影响力所发挥的效果是潜移默化的、生动直观的，这恰恰是思政理论课逻辑严密的说理教育所亟须配备的。

## 第二节　中外合作办学高校党建与思政理论课教学面临的困境与挑战

随着中外合作办学的深入和开拓，现实问题逐渐凸显和涌现，从事中外合作办学一线的实践者们日益感到肩负的使命之艰和责任之重。这一类大学要开设好，牵扯到方方面面的问题，其中很多是因其自身属性而独有的，光靠国内传统大学的办学经验不能解决。问题比较突出地表现为以下几个方面。

---

① 李梁．切问近思：高校思想政治理论课教学方法创新研讨会暨首届“上海大学思政论坛”论文集［M］．上海：上海大学出版社，2011：164.

② 李梁．切问近思：高校思想政治理论课教学方法创新研讨会暨首届“上海大学思政论坛”论文集［M］．上海：上海大学出版社，2011：14.

## 一、教育国际化带来的新的局面和环境

中外合作办学高校在教学上有它自身独特和鲜明的个性，这类校园中会聚了一群思维活跃、敏而好学、具有开放意识和国际化视野的新时代大学生，在这片散发着浓浓国际化教学气息的土地上，如何开展宣传，引导学生热爱祖国，勤奋刻苦，提升爱国情怀，倡导国民意识，成为德才兼备的祖国新一代接班人，是思政教育的重点。中外合作办学高校学生的这些个性给学校党建和思政教育工作带来了新的局面和环境，同时也带来了过往经验未曾涉及的困难。

### （一）国际环境与多元文化的新局面

中外合作办学高校以独立的精神、深厚的思想、开放的思维、多元的文化为教学理念，倡导踏实、严谨的学术作风和开放、活跃的校园氛围。学生在这里得到的不仅仅是语言上“质”的突破以及专业领域的提升，更重要的是一种基于独立思考、辩证思维以及团队合作的精神。然而，学生在这里接受的是西方的教育模式和知识体系，常与外籍教师、学生接触交流，常有机会到境外交换学习，不同的知识体系在他们身上汇集、融合，势必产生中西文化多方面的交融和碰撞。梁淑艳、戴杨（2019）曾指出：在中外教学资源的对接中，外籍教师的文化背景、生活习惯和工作理念会潜移默化地影响学生价值观的形成，加强党建和思想政治工作，引导和教育学生坚定共产主义信念，树立正确的世界观、人生观和价值观，就显得重要而紧迫。西方社会的意识形态、价值标准、社会文化、外交政策都会随之渗透进校园，影响学生的人生观、价值观、道德观。正如刘洪波（2008）所言，中外合作办学过程中必然出现政治思想、文化教育、历史传统、意识形态的全球化交融和碰撞。这就给相关工作者带来一系列新的课题。如何引导学生保持清醒头脑，树立正确的世界观、人生观、价值观，无论在宣传工作上还是组织建设中都需要在继承传统的学生工作思路的基础上因地制宜、与时俱进，探寻新的突破。

### （二）组织地位和队伍建设的新情况

一般情况下，中国高等院校，除民办高校外，均实行党委领导下的校长负责制，学校党委统一领导学校工作。而中外合作办学高校往往由外籍人士参与领导和管理工作，正如有些中外合作大学，实行的是董事会领导下的校长负责制，外籍人士对党组织和思政教育往往存在偏见和误解。这就要求相关工作者

讲究工作的思路和策略，具备跨文化交流的能力，掌握对方的心理活动特征，注意对话方式方法，通过交流赢得对方的理解和支持。

同时，作为思政工作主战场的学生党建和思政理论课教学，也面临新的情况。在中外合作大学，境外求学是十分便利的。各学校在本科期间多设置有交换学习或留学项目，还有“2+2”学习模式，从本科三年级开始就要到境外合作学校完成剩余课程直至毕业，这都是这类大学的学制特点。就党建而言，这部分学生中，有的已递交入党申请书，有的刚党校结业，有的是入党积极分子和党员。这些学生往往具有很好的个人品质和素养，也对入党充满向往和憧憬，但其中有少部分学生由于不了解相关政策，担心入党会与其出国产生矛盾，或会影响其今后的就业发展。诚如学者刘地松所述，中外合作高校的教育环境更加开放，一般采取双校园（“2+2”“3+1”）联合办学模式，即学生2年或者3年在境内就学，其余时间在境外，增加了学生对中外文化、价值观念冲突的困惑和不适应。此外，当学生在境外需要精神方面帮助时，党建思政工作因为时间或空间的限制难以及时提供帮助，导致党建管理产生困难（刘地松，2018）。

面对新的情况，特别是学生思想上的顾虑，相关工作者需要慎重考量和面对，采取有效方式开展宣传和教育。一方面引导他们消除疑虑，纯正入党动机，树立对共产主义的坚定信仰；另一方面制定出台相关针对性方案，使得这些学生的组织关系在流动学习期间得到良好衔接，给学生一颗“定心丸”。他们在流动学习期间，如何继续保持和发扬其先进性，如何与境内党组织保持密切联系，组织又对他们如何培养和考察？就思政理论课教学而言，如何合理设置思政理论课，保证该类学生的充分教学量和教学效果，同时如何进行有效引导和启发，帮助其出国后从容面对异国环境，坚定爱国情怀？这些都是具有极大挑战性的新难题。

### （三）思政教育和品德引导的新现象

从整体看，中外合作大学学术氛围浓厚，学生自觉性强，教学状况普遍良好。然而，当代大学生，其大多数已形成了独立的世界观、价值观、思维方式和价值评判标准，尤其是中外合作大学，学生面临比国内传统大学更加复杂的生活环境，在跨文化交流的社群中，观点观念的差异、碰撞会时刻出现。因此，引导学生面对国际社区生活的基本态度、认知和方法，显得十分重要。同时，传统高校思政理论课教学，要在这类新型的大学里得到很好的接纳和认可，更需切实在教学设置、教学内容、教学方式、教学考核等各个环节精打细磨，为学生提供优质的课堂内容和一流的教学体验，通过课程的高品质和教师的人格魅力，提高学生的自我修养，培养其醇厚品德，使其肩负起建设祖国、报效社会的使命，凭借精湛的专业功夫和纯良的道德品格，成为祖国栋梁，引领时代新风新俗，促进社会文明进步。这对思政理论课教师形成全新工作挑战，需要大家解放思想、开拓创新，找到合适的工作思路和方法。

## 二、新的时代命题带来的挑战

进入新时代，我们面临国内外更加复杂严峻的形势，这为大学生思想政治工作带来新的工作背景和氛围，具体表现在以下几个方面。

### （一）互联网时代给高校党建与思政理论课教学带来的新挑战

2015 年 3 月，李克强总理在政府工作报告中首次提出要制定“互联网 +”计划，推动互联网技术与产业发展相结合，宣告了中国“互联网 +”时代的正式到来。同年 7 月，《关于积极推进“互联网 +”行动的指导意见》正式出台，标志着“互联网 +”行动已经上升到了国家层面，成为新常态下推动我国经济社会发展的重要战略之一。当今社会，网络信息技术迅猛发展，互联网已深度融入人们生活的方方面面，人们的学习和生活方式也随之改变。早在 2015 年 7 月 23 日，中国互联网络信息中心（CNNIC）在北京发布第 36 次《中国互联网络发展状况统计报告》。该报告显示，截至 2015 年 6 月，我国手机网民规模达 5. 94 亿人。腾讯 2015 年业绩报告显示，微信已覆盖 90% 以上的智能手机，并成为人们生活中不可或缺的日常使用工具，在 2015 年第一季度末，微信每月活跃用户已达到 5. 49 亿户①。

高校是互联网运用的密集场所，网络不仅是思想文化传播的载体，更进一步成为思想文化的日常表达方式，成为意识形态领域思想交融、碰撞和斗争的主阵地。网络思想政治教育和网络相伴而生，并将必然随着网络发展而不断创新，不断应对新挑战、不断解决新问题（陈红梅，李加亮，涂苏琴，2016）。面对意识形态领域的新挑战，能否掌握网上舆论阵地的主动权和话语权？能否在坚守阵地中不断壮大主流思想舆论？能否让网络舆论空间清朗起来？能否利用网络平台提高思政理论课教学质量、实现思政教育全覆盖，提供网络时代相应的教学服务？等等。这些都使得新时期高校党建和思政理

---

① 陈红梅，李加亮，涂苏琴．微信平台在高校党建工作中的运用研究［J］．江西师范大学学报，2016（1）：96.

论课教学工作面临着比以往更加复杂的新局面。高校师生是互联网用户的“重中之重”，他们利用互联网全面开展科研、教学，互相之间传播和吸纳信息速度迅猛、领域宽广、节奏快速，刘洋（2018）认为，高校师生作为互联网使用的重要群体，对互联网的依赖性较大，互联网思维已根深蒂固。时代背景和高校特点决定了高校党建工作必须充分发挥互联网的作用，“互联网+高校党建”理念随之应运而生。在中外合作办学高校，由于课程设置的需要和英语掌握的优势，师生经常会利用互联网查阅最新的国际学术资讯，随时需要查阅境外合作学校的图书资料信息。与此同时，师生习惯于及时掌握全球各类资讯信息，通过互联网与世界各地的人们进行互通交流，在此背景下，该类学校的党建和思政理论课教学无疑需要紧跟形势，探索新方式、新思路和新渠道。未来，结合5G技术，全球资讯信息传播的节奏又将是全新面貌，党建和思政理论课必然需要未雨绸缪，充分考量大学生学习生活方式的变迁所引起的全新工作节奏和环境，充分理解和运用互联网，参与其中并革新既有做法，筹划大体量、高效率、强互动的精品教学网络平台，提升党建思政教育实效性。

### （二）“大数据”背景下党建与思政理论课教学面临新的探索

信息技术的快速发展和深度融合开启了数字化时代的新篇章，把人们带入了大数据时代，也对人类的思维方式产生巨大影响。大数据带给我们以下革新：其一，从抽样分析数据样本到分析所有相关数据的转变；其二，从关注数据的精确性到接受数据的复杂性的转变；其三，从探寻事物的因果关系到更为关心事物的相关性的转变。总之，大数据将人类的思维和决策方式及方法推向新的阶段，由“数字化”转向“智慧化”，这将对全球经济运行机制、社会生活方式和国家治理能力等各方面产生重要且深远的影响（靳敏，张铱晗，2018）。

高校思政引导教育的对象是广大青年学生，青年学生是具备独立人格、追求自我价值和引领时代潮流的群体，其对主体地位的追求，使得他们期待师生平等共言的课堂氛围；期待灵活、合理与通畅的体验评价反馈机制；期待丰富多彩、便捷高效、互通有无的教学方法新态势，从而满足日益增长的个性化、多样化需求。总而言之，大数据思维带给高校党建全新的视野和方向。林晓燕和梁娟（2016）认为，大数据的利用有利于掌握学生党员的思想现状，有利于预测学生党员思想的发展趋势，有利于建立健全党建有效工作机制。同样，大数据为高校思政理论课教学方法创新提供新的机遇和技术条件。李燕和牛馨皎（2017）认为，大数据为高校思政理论课教学方法创新提供人文环境支持，为高校思政理论课教学方法创新提供全新的动力系统，大数据还为高校思政理论课教学方法创新提供科学评价反馈教学方法的机制。

大数据时代为我们的工作带来新的前景和空间，相应地，也对高校党建和思政理论课教学工作人员提出更高的素质、技术和能力要求。作为新媒体时代下的高校党务工作者，不仅要有深厚的党建理论知识基础和丰富的党建工作经验，还要了解多媒体技术的运用，熟悉多媒体教育载体，懂得利用网络平台开展党务工作，懂得通过各种大数据来关注学生思想动态，采取灵活有效的方式，与学生适时互动。同时，大数据时代下，信息多元化、价值多样化，网络信息充斥着大学生生活的方方面面，大学生可以随时通过网络媒体获取各种学习信息，可以通过视频、图片等手段获取各种学习资源，可以了解社会各界的信息动态，形成自己的看法和见解，因此，我们需要加强对学生正确思想的引导力度，结合新媒体和学生特点，创新工作方式方法，不断开拓工作新思路，采取工作新举措（林晓燕，梁娟，2016）。

### （三）大学生核心素养新视域带来党建和思政理论课教学新使命

核心素养的提出具有鲜明的时代性。21 世纪的社会不同于农业社会和工业社会，而是以知识经济、信息化、全球化为特征的新社会，其环境更加复杂、变化更快、不确定性更大，要求劳动者具备更强的适应变化的能力、解决复杂问题的能力、交流与合作的能力以及使用现代信息技术的能力。核心素养即是在此背景下提出来的。

“核心素养”（key competencies 或者 core competencies）这个词舶来于西方。“key”在英语中有“关键的”“必不可少的”等含义。“competencies”可以直译为“胜任力”或者“能力”，但从它所包含的内容看，译成汉语的“素养”更为恰当（褚宏启，2016）。

有关核心素养的探讨，在学术界还是一个方兴未艾的课题，不同的地区呈现出各自的特色，同时，不同背景、不同时代的学生核心素养也表现不同的情况，然而毫无疑问，核心素养是当前国内外的教育热点话题。根据师曼等（2016）的研究，21 世纪核心素养框架各具特色，它们所包含的素养呈多样化特点，其层级关系和表述方式也各不相同。全球范围内对于核心素养的关注，不局限指向特定目标或特定领域，核心素养的框架及内涵呈现广谱、多元、全面的特点；特别是高阶认知、个人成长与社会性发展等通用素养得到更广泛的重视。素养条目分布的综合性特点说明，培养“健全发展的人”正在成为全球教育发展的重要趋势。虽然，核心素养的研究呈现出广谱、多元、全面的特点，但也有学者提出，核心素养不是面面俱到的全面素养或者综合素养。核心素养的数目绝非多多益善，而是越少越好，核心素养是指“关键的”“必要的”“重要的”的素养，是居于核心地位的关键少数素养（褚宏启，2016）。看来，学术界对于核心素养的见解仍然处于探索、建构和革新中，一般来看，核心素养的研究是对传统育人思路、模式的全面革新、升级，是在积极面对制约学生发展的矛盾与冲突、科学有效地协调各种矛盾和不均衡因素、努力寻求促进学生全面发展的有效合力中实现教育良性、有序发展，提升其育人质量的全新要求（陈锐，刘晓玲，2017）。

如前所述，中外合作办学机构学生核心素养构建可粗略分为两大范畴：思想政治素养与技能性素养。两者相辅相成、互相补益，我们培养的学生既需坚守中国立场，又需兼顾全球视野。中外合作办学机构设立的目的即在于通过全球化的教育运作吸纳世界各地优秀的文化传统，培养既具本土特点又具国际视野的人才。前者涉及价值全球化背景下如何根据本土资源，切实解答“为谁培养人”的立场问题，后者涉及知识全球化背景下学生应具备何种技能的技术问题，有效回答“培养什么人”的问题。虽然，近年国际社会出现了一股逆全球化的趋势，但是我国依然旗帜鲜明地坚持改革开放，主张全球化是国际社会共融共盛的发展之道。因此，中外合作办学机构在定位学生核心素养培养目标时应坚持遵守中国法律法规、坚持中国立场，同时推进国际化教育，促进学生成人成才。目标明确后，其中的方式方法则是“怎样培养人”的问题。

## 第三节　中外合作办学高校党建与思政理论课教学方法创新的前提和目标

中外合作办学机构的党建和思政理论课教学面临自身因独特教学体制和校园生态而来的困难和挑战，也深受当代社会环境大气候的影响，要想工作开展好，开展相关的创新探索势在必行。正如吕建设等（2019）所提，随着世界多极化、经济全球化的深入发展，社会信息化、文化多样化的持续推进，要扎实办好中国特色社会主义高校中外合作办学，必须积极探寻实现立德树人的有效路径。要明晰新形势下高校培养什么样的人和为谁培养人的新任务、新要求，找准如何培养人的新方法、新路径，教育引导学生正确认识世界和中国发展大势、正确认识时代责任和历史使命、正确认识远大抱负和脚踏实地，坚定中国特色社会主义道路自信、理论自信、制度自信、文化自信，培养能够担当民族复兴大任的、具有国际化视野的时代新人。沿着这样的思路，党建和思政理论课教育势必需要从根本上部署和建设，厘清工作内在关系网，高屋建瓴地解决人才培养问题。

## 一、创新党建与思政理论课教学方法的前提

中外合作办学高校所需培养的是具备远见卓识的一流国际化人才，这样的人才最终要建设祖国、回报社会，工作者要有意识地培养中外合作大学学生自觉把握中国国情的历史和现状，在以西方为主导的学术话语体系建构现状中，对中国学者自身的权利和贡献有自觉的意识和行为。在该类大学中开展党建和思政教育工作，首先要确保党委发挥政治的核心作用，充分认识其工作的紧迫性、必要性和重要性，拓展思路、大胆创新、高屋建瓴，有针对性地面对挑战，作出实质性举措。党委是该类大学开展价值观引领的“核心”，是反思和解决西方教育模式问题的“主导”，党的工作开展好，以上问题才有可能得到针对性妥善处理和解决。这一类大学需要设立党的组织，蓬勃开展党建工作，该类大学党委需要深入研究和学习，充分研判和实践，思考面对的现实挑战和困难，具备独到眼光和识见，与时俱进、因地制宜，在多元文化共生环境下体现中国文化的独特魅力、彰显中国人的自信和自尊，在引入境外优质教育资源的同时始终保持清晰的认知，具备“超越”的胆魄和能力，在必要时刻敢于“亮剑”，发挥先锋模范作用，坚守中国立场、致力中西互补，以理想信念教育为核心，以社会主义核心价值观为引领，体现党的组织的先进性、示范性和引领性，将中外合作大学建设成为深具中国特色、采集众家之长的世界一流大学。

中外合作办学高校的党建创新工作是教育国际化可持续发展的要求，尤其是当前我国跨境教育正处在逐步向高水平、高层次迈进的关键时期，加强该类学校党建思政教育的创新工作至关重要。在该类学校中，师生价值观呈现出多元化发展趋势，很多深层次的问题日益出现和亟待解决；同时，该类高校管理体制有待理顺，需进一步明确党建和思政教育的重要地位、作用和责任，加强党委在治校管理中的作用和影响，加强落实党建工作，发挥党组织自身的战斗堡垒作用，加强党员干部的党性意识，充分发挥党员师生先锋模范作用。

### （一）确保党委在办学方向上的引领作用

中外合作办学高校应强化党委的政治引领作用，牢牢突出政治功能，把握

社会主义办学方向。只有确保党委在办学方向上的引领作用，才能坚持用习近平新时代中国特色社会主义思想武装广大师生头脑，才能坚持把培育和践行社会主义核心价值观融入教书育人全过程，才能有效把握好教学、科研、管理等重大事项中的政治原则、政治立场、政治方向，才能最终在课程建设、教材选用、学术活动等重大问题上把好政治关。

正如刘地松（2018）所述，中外合作办学高校，“一要进一步细化党委的地位、职能、作用，突出党的全面领导，明晰党委、学校、董事会（理事会）三者关系，在法治框架内处理好这三者关系是中外合作办学高校发展的重要前提。二要对中外合作办学高校内的二级单位基层组织的设立、职责、工作程序等进行具体规定，从法律规章层面进行约束和规范。三要建立党组织的监督保证机制。中外合作办学高校办学自主权较大，机制灵活，党组织有责任依法对学校的办学方向、决策过程和行政行为加以有效监督，保障中外合作办学高校的可持续发展。”中外合作办学高校的管理模式、工作机制和教学环境和普通高校不同，越是在这样背景下，越是要发挥学校党委的作用，体现其设立的价值和初衷。

在办学方向上，中外合作办学高校的党委要坚持将“全面育人”作为工作的出发点和落脚点，越来越多的学者认为，构建新时期大学生价值观教育目标，既要体现社会发展对人才素质的诉求，又要能够促进大学生的自由全面发展。“全面育人”包括两方面的含义。一是要求学校的一切工作必须围着学生转，思政工作要体现“润物无声”、以理服人；学科教育要发掘学科内涵，体现学科育人；行政工作要营造学校软环境，体现服务育人等。二是要求把学生培养成个性彰显的德、智、体、美等全面发展的人。唯有如此，才能在阅读“碎片化”和教育“专业化”的当今时代，引导大学生建构整全性思维。例如，宁波诺丁汉大学倡导，通过中西互补强调全方位育人，通过选准起点强调培养全面发展的人，而不是只精通某一专业领域的知识和技能的“专才”。目前，全球一些知名高校倡导的“博雅”教育以及“通识”教育，可看作从不同的路径对“全面育人”理念的一种诠释和实践。香港中文大学的“通识”教育课程，在其教材（《与自然对话》和《与人文对话》）的卷首《致学生的信》中这样写道：大多数人通过大学获取专业知识或者专业训练方面的技能，以成就其职业或者学术生涯。然而，在当今社会环境之中，随着迅速变迁的技术更迭、信息整合以及经济震荡，我们所称的“知识经济”时代来临，传统的职业素养已不足以应对。从根本上影响我们生活的不再只是知识与技能，而是我们成为怎样的人！这正是为什么通识教育的终极目标是培育全体公民具有责任心品格。这一阐释对于我们理解“全面育人”理念是很有裨益的。[①]

### （二）确保党委在治学管理中的参与作用

中外合作办学高校在运行和发展过程中势必面临着比国内传统大学更加复杂多样的风险，在此情势下，该类学校应确保党委在治学管理中的参与权，并形成常态管理机制。“千里之堤，毁于蚁穴”，日积月累，量变导致质变。党委对于治学管理的参与权表现在应清醒认识所处的环境，认真评估决策各项教学活动的政治风险，对于事关祖国利益的重大问题及时、认真并有效地研判，估算可能出现的最坏情况，从而及时应变、守住最后防线。

正如倪放、许晓菁（2018）所述，近年来，随着我国社会经济的快速发展以及全球化建设进程的不断加快，多种形式的意识形态以及文化思想相互碰撞。高校作为人才培养以及科研和提高社会服务等重要基地，肩负着文化传承与创新的重要责任，在培养社会所需人才乃至实现中国梦方面，起到了举足轻重的作用。为此，在确保高等教育办学正确方向基础上，应当坚持党对高校的绝对领导，并且充分发挥党组织的政治核心以及战斗堡垒的作用，创新党建方式和方法是提高党组织创造力以及凝聚力的重要保障。

党委在治学管理中，尤其需要提升对于文化冲突的引导和监管能力。卢婵江和曹悦（2018）从大学生文化适应障碍角度指出，高校要重视大学中存在的中西文化冲突问题，国际化环境下的大学生中西文化冲突问题随国际化趋势的增强而日益凸显，高校只有更加重视国际教育环境下的大学生文化适应障碍问题，尤其是学校国际交流部门，应加强对中西文化冲突问题的重视和管理，以及加强对文化适应障碍问题的疏导和帮扶，才能更好地提升国际化教育的综合效益。

事实上，对于文化冲突现象的认知和对策，不仅仅关乎学生文化适应问题，更是关乎国际化环境学校生存发展的根本。众所周知，中外合作办学高校对学生的外语能力水平要求是非常高的，而语言不仅仅是人们交流沟通的工具，它承载着丰富的文化信息，包括思维方式、价值观、道德观等，而中西文

---

① 该书为香港中文大学通识教育部自编教材（2011 年版），没有正式出版，原文为英文，中文为笔者译。原文如下：Most people attend university to acquire specific knowledge or a set of skills in a major discipline as a way towards a professional or academic career. In the current social environment, however, with its rapidly changing technology, communications integration, and volatile economics, which we call the knowledge economy, traditional employment qualification are no longer enough. At the root of what influences our lives in the world is not only what knowledge or skills we have, but also what kind of people we are. That is why the ultimate goal of general education is to nurture the qualities of responsible intellectuals and global citizens.

化在这方面有很大的差异性，从文化学的角度来看，由于中外合作办学是一种与母体高校关系密切的“异质性”存在，其所代表的文化必然是与传统大学文化不同的“异质文化”，所以，文化冲突的出现将不可避免（孟中媛，2018）。比如就价值观上，钟凯（2018）指出，我国的教育实践活动从群体本位的教育价值观出发，强调国家、社会、学校、他人的优先性，强调群体的利益，强调个体对群体、对他人的义务和责任，倡导无私奉献；而西方自由主义文化则以个人本位为基础，强调公民教育的根本目标是学会捍卫个人的权利，学会用法律保护自己。教育实质上是一种文化现象，引用一种语言，实则即引进一种文化。

中西文化差异的存在对学校的办学方向、教育价值观、课程管理模式等发挥着极大的影响作用。在引用西方文化的同时，我们要保持清醒理性的头脑，不能满足于借鉴西方现代教育理念和思维方式，更需保持对中国经典思想、优秀文化的吸纳习惯，尤其是中国自古以来注重整全性教育而不提倡仅仅掌握某一方面的知识，中国文化从其发源起就将品格教育或者说私德教育提升到很高的维度，对人的培养首先在于个人品格的塑形，注重“穷则独善其身，达则兼济天下”的人格理想。

在此背景中，中外合作办学高校的党委需要发挥力量，紧紧围绕“中国立场”与“全球视野”这两个点，全面考量和审视学校的教学工作，考量和设定党建思政教育的培养理念、方式和内容。一方面，引导学生坚守中国立场、弘扬中国文化，理解自身的立场和处境；另一方面，引导学生不仅站在中国人身位上思考问题，更要站在中国人身位上解决好问题，这就要开阔视野，深度理解和体会不同立场的观点，加深对世界历史的把握，在大视野中认知中国历史、法律、道德、政治和国情，以期呈现来自中国人这个视角的识见、气度和风范，促进国际理解，在与国际师生交流往来时，自觉自律地表现中国青年的良好面貌，做一名中国文化的宣传使者。

### （三）确保党委在意识形态中的领导作用

中外合作办学中管理控制权决定了合作办学的成败。在中外合作大学中，学生在与外教学习和交流的过程中不可避免地受到西方宗教信仰、风俗习惯、思维方式等的潜移默化的影响，并且这种影响很多时候极具隐蔽性，不易被发现。该类大学应确保党委在意识形态中的领导权，在引进外国优质教育资源为“我”所用的同时，更应引领马克思主义思想的传播和发扬，推动中华民族优秀传统思想文化的继承和弘扬。党员师生应充分发挥先锋模范作用，自觉维护和塑造现代中国文明新形象，通过校园中无处不在的中外文化交流和对话，向全世界呈现现代中国的魅力、现代中国人的思维方式和处世习惯。具体而言可概括为三点：一是坚守中国立场。中国立场就是要确立教育主权意识，把国家利益放在首位。二是确立中国情怀。民族情怀是一个国家赖以生存和发展的精神根基。该类大学处在中西方不同意识形态、不同历史文化、不同政治制度的交汇之处，学生需要有民族自豪感、需要有文化自信心、需要有历史认同感。三是传承中国文化。在中外合作办学过程当中立中国文化之根、树中国文化之魂，这既是广大青年学生成长所需，也是世界任何一个国家文化延续的根本。该类学校需要引领学生在全面理解并理性吸收他者文化的同时，必须传承、弘扬本国文化。

尤其是在一些重大公共危机面前，中外合作办学高校的党委应当仁不让，发挥主要领导角色作用。像2020年的新冠肺炎疫情，由于疫情发生突然，病毒传播速度快，影响范围广，波及面大，它在事实上构成了一次社会公共危机。中国是世界第三大留学生输入国，中外合作办学高校中又有很多国际师生，是一个敏感的舆论窗口，一段时间以来，全世界都在关注新冠肺炎疫情，很多国际师生接收到的通常是外媒发出的信息，其中不乏内容偏颇甚至完全失实的。面对这一情况，该类学校的党委要带领相关工作者把握舆论主动，及时联系师生，向师生发布所在城市疫情和校园防疫举措动态，拨开芜杂信息，向中外师生展现客观负责的中国形象。例如，宁波诺丁汉大学当时有来自包括中国港澳台地区和75个国家、地区的共767位注册留学生，约占全校学生的11%，学校对待疫情展现的防控措施的水平直接关乎国际声誉。在疫情发生后，该校党委联系外方高层，迅速成立中外方共同参与的疫情防控工作小组统筹防控工作，全面细致了解留学生动向，根据其所在区域采取分类管理、特事特办等措施，不但展现了中国担当和中国智慧，卓有成效地实现了校园疫情防控目标，更通过严格、及时、有效的疫情防控措施与透明的信息发布，在众多外籍师生中扎实提升了国家形象。

党委在做好行政工作的同时，更要引导学生理性思考和分析疫情，从纵横两个方面考察。所谓纵向，即从中国上下几千年的历史中深刻体会这次疫情，党的十八大以来，习近平总书记曾多次指出，我们正在进行的中国特色社会主义伟大事业，是前无古人的开创性的事业。前进的道路不可能一帆风顺，我们必须准备进行具有许多新的历史特点的伟大斗争。中华民族经历了一次又一次的磨难考验，中华民族数千年的文明史上，人们跟各种大规模的灾难，包括霍乱、天花、鼠疫等传染病的斗争从来没有停止过。新中国成立后，1959～1961年我们经历了三年严重困难时期，1976年我们经历了唐山大地震，1998年我们经历了特大洪灾，2008年我们经历了“5·12”汶川大地震……我们正是在应对一次又一次灾难的伟大斗争中不断奋起的，也就是这样一种伟大斗争，使我们迎来了从站起来到富起来再到强起来的伟大飞跃。所谓横向，世界历史上人们同瘟疫做斗争的历史很漫长。据史料记载，约公元前1500年埃及发生疫病大流行可能是有史以来最早的炭疽流行；165～169年，安东尼瘟疫流行，罗马帝国暴发天花；541～749年，世界上第一次鼠疫流行；542年，君士坦丁堡暴发“查士丁尼鼠疫”；846年，入侵法国的诺曼人中间突然暴发天花；1340年，意大利暴发黑死病；1347～1349年，埃及暴发鼠疫；1495年，法国查理八世攻占那不勒斯引发梅毒大流行；1817年，世界上第一次霍乱大流行开始；1918年，第一次世界大战结束，大流感暴发……（王旭东，孟庆龙，2005），可以说，病毒无国界，没有人可以置身事外、独善其身。世界各国携手打一场全球阻击战成为了不二选择。在这次疫情防控中，中国为世界提供了宝贵的防御窗口期。疫情发生后，中国举全国之力采取最全面、最严格、最彻底的防控举措，付出了最大的努力、巨大的代价，在防控疫情的同时，中国本着公开透明的态度，同世界卫生组织和国际社会开展合作和信息交流，分享中国经验，这充分彰显了中国宽广的胸襟，体现了负责任大国的担当，也因此获得国际社会的高度赞誉。

### （四）确保党委在教育理念上的决策作用

教育理念，不仅仅关乎一所大学的教学活动，更在本质上决定着一所大学的办学宗旨、培养目标和发展格局。把握教育理念的方向，即把握着大学发展的命脉。中外合作办学高校的党委需要在教育理念上拥有决策权，研判学校内各类主张和意见。我们既需借鉴境外的教育理念，最大化地利用境外高校的资源优势，营造国际化的教学环境，配置国际化的课程体系，引入国际化的教学质量评价标准，突出“国际化”的培养特色，更需明确前行的方向，兼顾国内高等教育的现实状况、文化及体制要求。诚如有学者所述，大学的命运与国家的命运紧紧相连，大学创新发展必须深深扎根于民族文化土壤，只有扎根中国大地才能办好中国大学。不能强调创新就不要继承，不能只想取经“西天”而不念自己的真经。思政工作者更应有不忘原来、吸收外来、面向未来的眼光和胸襟，要始终将协同创新和协同育人的责任扛在肩上，打好组合拳（“中国特色高等教育思想体系研究”课题组等，2017）。将境外通识教育与境内思想政治教育及其他通识教育课程有机融合，改造语言课程，并增设传统文化校本课程，以期确保培养具有远大的志向、健全的人格、健康的体魄、宽广的国际视野、扎实的知识基础和优秀的创新能力，政治立场坚定、学术功底深厚、德才兼备、全面发展的中国特色社会主义合格建设者和可靠接班人（王继英等，2019）。

在这方面，每个学校都应根据自身实情，确立教学理念。比如，江南大学莱姆顿学院曾在本科教育中确立和坚持以下国际化高等教育先进理念：坚持依法办学、从严治校、从严治学，坚持法治、德治与人治相结合的理念；坚持以教育为中心、以学生为中心的教学管理服务理念；坚持高等教学管理人员职业化、专业化的理念；坚持学生综合素质培养与注重个性发展并重的理念；坚持与国际经济社会发展紧密结合、全面开放办学的理念；坚持诚实、守信、公正、民主的诚信理念；坚持"以人为本"的理念（张墨英，2006）。又比如，宁波诺丁汉大学在教育理念上把培养学生的辨析能力和批判精神作为贯穿思想政治教育始终的重要环节，倡导把知识传授过程变成增强学生思辨能力的过程，把思想教育过程变成张扬学生主体精神、提升学生自主自理能力的过程，养成在接受一种观念、主义、理论之前，学会判断、学会选择、学会理性。

## 二、需要坚守党建和思政工作的底线

底线是一个很常用的词汇，亦可理解为下线。习近平总书记曾强调要坚持底线思维，要善于运用"底线思维"的方法，凡事从坏处准备，努力争取最好的结果，做到有备无患、遇事不慌，牢牢把握主动权①。齐卫平（2015）曾这样分析高校底线意识问题：底线代表最基本的守则，超越底线就是突破必要的遵循。高校宣传思想工作为什么要提出底线意识的问题？这是因为意识形态建设必须有是非的分辨界限，必须有真善美的认知标尺。如果作为最高学府的神圣殿堂连维护什么、抵制什么、宣扬什么、贬斥什么这样一些基本问题都模糊不清、模棱两可、各执其是，就会迷失自己的办学宗旨、方针、取向和准则，严重的话甚至会造成误导思想、危害人民、污染社会的后果。

中外合作办学高校的大学生，其主流思想是积极、健康、正面的，思维敏捷、兴趣广泛、求知欲强、富于探索冒险精神，能够在事关祖国利益的大是大非面前表现出坚定的立场和果敢的行动。但同时，大学生处在成长成才的关键阶段，他们的政治理想、价值观念还不稳定，意愿表达、行为方式尚欠成熟，心理素质、意志品质不够过硬，抵御诱惑、承受挫折的能力还有待提升。受国内外环境影响，有的校园里工具理性大行其道，它试图消弭人文关怀，冲击和

① 中共中央宣传部．习近平总书记系列重要讲话读本（2016）［M］．北京：人民出版社，2016：288.

干扰着学生的信仰、价值、道德、思想和伦理。近年来，大学校园中政治底线被逾越、道德底线被攻破、法律底线被践踏的现象偶有发生，对大学生进行针对性的价值引领和底线约束已经刻不容缓（“中国特色高等教育思想体系研究”课题组等，2017）。当代大学生，有的缺乏民族认同感，有的缺乏艰苦奋斗精神，有的缺乏脚踏实地精神，还有的存在心理问题，一些无底线、无下限的不良事件时有发生，如校园暴力欺凌、弄虚作假、学术抄袭、简历“注水”、投机取巧等，不断地冲击着整个社会的伦理道德底线和法律制度底线，也影响着大学生自身的健康成长（王婕，2019）。在此时代氛围和大学校园背景下，中外合作办学高校在这方面的问题并不乐观，需要在党委领导下坚守政治底线，引导师生树立底线意识，确立崇高的政治信仰和高尚的道德追求，具体而言，包括意识形态底线、法律底线和思想道德底线等三方面内容。

### （一）坚守意识形态底线

意识形态事关国家安全和社会稳定。经济全球化的发展推动了中国同外国文化的深入交流与融合，高等教育国际化在近年蓬勃发展，西方文化及社会思潮通过各种渠道蜂拥而至，大量传入中国。西方文化在一定程度上对我国高校师生民主意识、主体意识的培养和形成起到了积极作用，但它带来的负面影响更值得我们警惕。有学者分析道，一些西方文化（新自由主义意识形态、民主社会主义论、中国“威胁”论、消费主义论）的传播，对高校师生信仰的养成起到了消极影响，甚至容易引发信仰危机。如一些高校师生在教学、科研及学习生活之中，过分依赖西方思想体系，推崇资本主义自由化思想和“普世价值”观点，出现政治信仰冷漠、爱国主义和集体主义观念弱化的现象，甚至宣扬“马克思主义过时论”“社会主义失败论”等，一些高校师生则对西方文化过度推崇与赞美，甚至是全盘接受，对党和国家的政策方针、对民族的优秀传统文化则认同弱化。这些不当的认识和言论在高校师生中的存在和传播极易导致部分缺乏分辨能力的师生信以为真，产生对以马克思主义为核心的主流意识形态的悲观情绪，进而威胁到高校乃至国家的意识形态安全（高世杰，2016）。高校是知识孵化、文化传承、文明培育、思想教育、理论创新以及人才培养的高端场所，中外合作办学高校尤其处于复杂的意识形态话语环境中，广大师生是学校意识形态话语的生产者和传播者，高校意识形态的动向具有大众传导性和社会辐射性，广大的党建和思政教育工作者应该具备工作敏感性和责任感，引导中国师生担当起“东道主”责任，在多元文化交融环境中维护展现中国国家形象，引导广大师生认同马克思主义意识形态话语，在课堂教学、学术讲座、自媒体和学校官方网站上旗帜鲜明地传播马克思主义意识形态，引导广大师生自觉并自愿服从和按照社会主义核心价值观来指导自己的思想和行动，实现党在高校意识形态中的领导权和管理权。

当今世界思想文化时刻处于交流、交融、交锋之中，随着改革开放和社会主义市场经济发展，思想意识多元、多样、多变。在思想文化和意识形态博弈中，迫切需要有坚实的意识形态底线、广泛的价值认同和科学的价值引领，这不仅需要牢固树立思想意识，更需要讲究有效的方式方法。正像有的学者认为的，在世界多极化经济全球化深入发展、各种社会思潮竞相登场、人才竞争异常激烈的今天，提请我国高等学校增强阵地意识，把牢意识形态工作主动权发言权，是必要的；但需要讲究科学思维和方式方法，关键是加强和改进党的领导，不断创新和完善工作机制，推进高校意识形态工作人性化、协同化、科学化（“中国特色高等教育思想体系研究”课题组等，2017）。中外合作办学高校坚守意识形态底线，表现为在党委领导下不折不扣按要求完成思政理论课教学使命，坚持以习近平新时代中国特色社会主义思想铸魂育人，以政治认同、家国情怀、道德修养、法治意识、文化素养为重点，加强教学与实践之间的紧密关联、必修课程与选修课程之间的有机结合，持续提升课程教学体验，提高课程品质，拓展专业深度，有效激励学生爱国情怀、道德品质的培养；考量学校的独特国际化教学环境，加强学生对中国传统文化的理解和认知，加强中华优秀传统文化教育，营造积极、健康、向上的校园人文氛围，引导大学生在吸收人类优秀文明成果的同时彰显自身的文化气度和特色，以促进祖国情怀的熏陶养成和“中国立场”的展示呈现；创设校内讲座和校外实践课程，激发国际师生研究中国文化的兴趣，增强国际师生对现代中国政治、经济和生活的认同感，提升国际师生对中国文化的悦纳和理解。

### （二）坚守中国法律底线

建设法治中国，是实现富强民主文明和谐的社会主义现代化国家的重要目标之一，大学更起到推动法治中国进程的重要作用。法律是一切行为的底线，是“红线”，是“高压线”，依法治国是党领导人民治理国家的基本方略，法治是治国理政的基本方式，大到国家的政体，小到个人的言行，都必须在法治的框架中运行（袁亮，2015）。在中外合作办学高校，多元化思想和意识形态话语充斥校园，个别外籍师生缺乏足够的中国法律意识，对中国法律缺乏足够的知识储备和敬意，需要进行规范管理和有效的普法。而当代大学生正处于逐渐形成正确的法治观念和依法作为能力的阶段，亟须得到有益的指导，融合学法、知法、尊法、守法，健全法治观念，掌握法律知识，加强法纪修养，遵守法律法规。此项工作不容忽视，全面依法治国是坚持和发展中国特色社会主义的本质要求和重要保障，事关我们党执政兴国，事关人民幸福安康，事关党和国家事业发展[①]。中外合作办学高校首先须在法治的框架下运行，各项事务须遵循中国的法律法规，坚持学校正确的办学方向，诚如刘地松（2018）所述，法治是现代政治文明的基本特征，也是教育管理的必然要求，高校教育管理的现代化不能仅凭“治理能人”或“学术超人”，必须依赖于完善、稳固的法治化治理结构。

中外合作办学高校的党建和思政教育工作者应引导广大师生正确发挥主观能动性、自觉遵守法律并自觉监督外籍人士遵守中国法律，在岗前教育阶段开展中国法律知识普及培训，引导全体教师在上岗之前全面了解相应的中国法律法规，普及中国特色社会主义法治道路、中国特色社会主义法治理论和中国特色社会主义法治体系，宣传《中华人民共和国教师法》《中华人民共和国教育法》，明确高校教师的权利和义务，使新进教师快速理解教师的从业内容和要求，履行义务的同时也有能力保护自身的利益。在平时教学活动中，党委应充分进行管理、监督和指引，严守教师聘用关口，重视对教师基本道德品质的考核，加强教师教育教学工作质量考核，对各门课程和各级各类讲座的教学用书、教学方案和教学语言等给予相应的检查和督促，确保教师在教学过程中行为和措辞的正确、恰当，确保教师在法律范围内从事学术活动，不越过中国法律底线，避免出现与中国法律相违背的内容，一旦发现任何苗头和迹象，及时制止和纠正；如发现教师有触犯中国法律的言行，党委应采取“零容忍”姿态，进行严肃处理。同时，相关工作者要将法治宣传教育融入课堂、融入日常管理中，加强法律底线教育，充分利用思政理论课课堂、形势与政策讲座、网络视频、党团活动等平台；加强大学生法律知识的学习，在教学方法和手段上采用有效教学方法，如案例教学法、视频教学法、小组讨论法等；安排法制进校园等类似活动，营造校园内的法治文化氛围，寓教于乐、开展法律法规知识竞赛等，调动师生学习积极性，组织相关实践活动，在实践中引导学生发现问题、分析问题和解决问题。

### （三）坚守思想道德底线

何谓思想道德底线？国内较早关注这一问题的何怀宏教授认为，底线伦理是指基本的道德义务，或者说基本的道德行为规范，它意味着某些基本的不应逾越的行为界限或约束（何怀宏，2010）。思想道德底线是对人的道德水平的

---

① 中共中央宣传部．习近平新时代中国特色社会主义思想学习纲要［M］．北京：学习出版社，人民出版社，2019：95.

最基本的要求，也是人在最艰难的困境中抵制诱惑和克服欲望所要坚持的最后价值信念，底线伦理教育是一种基准性的思想道德教育。底线伦理所说的“底线”，含有最起码、最基本、最低限度的意思。所以，相对于通常思想道德教育向人们提出的高标准、高要求，底线伦理教育对人的道德要求并不高，其教育目标是低层次的、相对容易做到的。底线伦理教育并不要求人人成圣，但求人人成“人”，而不堕入“非人”的境地；并不要求人人争当道德模范，但求人人遵守基本道德准则，忽略底线伦理教育，不仅会导致高校思想政治理论课部分教学内容的空位和缺场，而且会导致大学生道德教育功能的畸形化和单向度化。厦门大学人文学院教授易中天先生对道德底线作了这样的分析：“底线是属于内心的。就是我不作恶，决不作恶。我做事情再怎么样，哪怕做一些不好的事，也要有一条底线，不能突破”，“这个底线从哪里来？从自己来，只能来自每个人自己的道德观和道德感。所以底线是由道德来负责的，我们也称之为道德底线。”①

现实中，大学生的思想道德底线教育亟待重视和加强。目前，大学生道德教育比较多在美德伦理教育方面，其实，美德伦理教育和底线伦理教育承担着不同的功能，具有不同的内涵。美德伦理教育是这样一种道德教育：它以美德伦理为教育内容（如社会公德、职业道德、家庭美德），以培养人们崇高道德理想为教育目标（如全心全意为人们服务、大公无私）。美德伦理教育的高层次、高标准常被认为更契合高校培养大学生德智体美全面发展的教育宗旨，而底线伦理教育的低层次、低标准则被认为目标过低，难以提高大学生的道德境界（蒋红群，2016）。

高校的思想道德建设和成效具有很大的社会影响效应，诚如宋春燕、张安莉（2016）所述，大学生是社会中的“精英分子”，他们经历大学文化环境的熏陶，具有相对广泛的社会科学及自然科学背景知识。在一定程度上，大学生道德水平是社会总体道德水平的“晴雨表”，并且对社会上其他群体的道德发展产生重要的影响。中外合作办学高校基于其自身的硬件和软件条件，应该培养出一批建设祖国、引领世界的有用人才，应加强美德伦理和底线伦埋两个方面教育，一方面坚守底线伦理，如社会主义核心价值观对个人的要求，是我们必须坚守的底线伦理，另一方面追求崇高的道德品质。道德品质是个人所坚守的社会道德原则和规范，并将这些道德原则和规范付之于实践的“德性”体现（刘振平，2018）。在具体的引导内容和方式上，该类大学可以有自身的特色，面对教师群体，要建立健全师德建设组织运行体制，设置专业人员和专业

① 转引自嵇芹珍．略论当代大学生的道德底线教育［J］．江苏高教，2008（3）：119.

部门推进师德建设，依托教学管理部门加强师德规范建设，有条件的可建立师德考察奖惩机制，引导教师注重树立正确的义利观，对于师德失范、其身不正、违法乱纪的教师严肃依法惩治。特别是中外合作大学的专业课一般采用的是境外合作大学的课程设置和教学编排，学生在学术上不可避免地受到“非中国人”立场思维的长期浸润，在这样的校园环境下，该类学校应构建一条切实有效的教育培养路径，加强学校思想政治教育工作队伍的道德底线建设，明确要求，完善规范，设立工作的“负面清单”，明确什么可为，什么不可为，引导师生处理好中国立场与世界眼光的关系，在立足本国的基础上充分吸收世界文化优秀成果，辩证地面对来自各种立场的思维建构，发挥独立思考和敏锐批判的能力，在养成多向度切入思考问题的习惯中逐渐把握和理解“身为中国公民”应有的处世态度和道德基线，自觉地将底线思维作为自己实践中的行动指南，并不断提高自身素养。

## 三、党建与思政理论课教学需要引导学生理解、弘扬中国文化，培养爱国情怀

中外合作办学高校处在多元文化交汇点上，我们需着力培养和引导学生理解自身的立场和处境，不仅站在中国人身位上思考问题，更要站在中国人身位上解决好问题，以期呈现来自这个视角的识见、气度和风范，促进国际理解，在与国际师生交流往来时，自觉自律地表现中国青年的良好面貌。工作者要注意引导学生深度阅读中华优秀经典著作，理解中国文化。

### （一）深度理解中国文化有助于学生养成“文化自觉”

刘梦溪（2008）指出，所谓“文化自觉”，它试图回答人们的一种心理需求：我们为什么这样生活？这样生活有什么意义？这样生活会为我们带来什么结果？我们的文化是哪里来的？我们的文化怎样形成的？我们的文化的实质是什么？我们的文化把人类带到哪里去？这些问题，就是文化自觉的基本内涵。2013 年中共中央办公厅印发的《关于培育和践行社会主义核心价值观的意见》提出，培育和践行社会主义核心价值观要与中华优秀传统文化和人类文明优秀成果相承接。学习中华优秀传统文化和人类文明优秀成果，不仅在爱国教育中有助于构建学生的身份认同与民族情怀，从而对推进中国特色社会主义伟大事业、实现中华民族伟大复兴中国梦的战略任务有着辅助意义，而且对培养学生如何学做人也有着积极的意义。

“文化自觉”其实质即关于自我的反思、批判和确立，理解“我之为我”。

小到每个人自身，大到一个民族、一个国家，都有“自我”这个概念，只有理解“我之为我”，养成文化自觉，才能有力应对各自层面的迎“我”面而来的世界，不为各种纷扰所迷惑。这也与陈寅恪所抒发的“独立之精神、自由之思想”的理想相呼应。对于大学生而言，深度阅读“中国文化”，是培养“文化自觉”的前提。如钱穆所见，“文化譬如一大流，个人人生则只如此大流中一滴水。大流可以决定此水滴之方位与路向。此水滴无法来决定此一大流之方位与路向。”① 深度阅读“中国文化”，不仅有助于每个大学生个体理解自身的生活方式，而且有助于大学生全体自觉担当中国文化传承和建设的使命。大学生作为中国文化未来的主力承担者，只有综合整体地审视传统社会与传统文化，包括其价值观念、大小传统的变化和在一定时空条件下的多重运用，并作切实的“古—今”与“中—西”辩证理解比较，才能避免轻率武断地作出情绪化、简单化、片面化的结论，从而正确地面对和继承传统，批评传统思想的负面，否定、清除其思想弊病，去芜存菁，作出创造性的选择和诠释，以符合现代社会和现代人的需要。

### （二）深度理解“中国文化”有助于大学生把握心性平衡

横向观察当今世界，大学的道德危机问题已然成势，究其根源，应当在于没有很好地把握理性与德性的平衡，应当与源自西方的整个现代教育方式相关。自 19 世纪以来，伴随理性主义的崛起，知识与道德的分离，大学逐渐成为一个理智的而非道德的机构（王建华，2010）。美国人雅克·巴尔赞不无反感地谈到他对于“理性主义”的看法：在这个分析、批评和理论王国中，占据上风的氛围是压抑；悲剧不再净化心灵，不再使人振奋，喜剧也不再以快乐方式进行抨击；音乐不能给人带来平静；绘画和雕塑主要让人解决问题（巴尔赞，2009）。思维中的理性本值得崇尚，但如果一味以理性思维为法则，将会给人类带来一系列的不适，甚而没有德性支持的理性越是有力，则越易走向反人类的一面，仅在过去的将近一百年时间里，这方面的教训已经够多了。

值得一提的是，具有悠远历史的中国传统文化恰能够给予我们补益。早在 1923 年，正当来自现代西方的“科学”“理性”在中国大行其道之时，梁启超便极富远见地谈到了他关于“科学”之限度的认知：人生问题，有大部分是可以——而且必要用科学方法来解决的；却有一小部分——或者还是最重要

① 钱穆. 文化学大义［M］. 北京：九州出版社，2021：5.

的部分是超科学的[①]。在梁启超看来，不仅面对人生，科学方法有其限度，即便面对学术，科学也不能穷尽问题。面对一味崇尚理性、看重知识的时代背景，他毅然提出了“知性与德性”并重的看法。1923 年，距今已过去近 100 年之久，今天的大多数中国人已不再“沉醉西风”，然梁启超所倡之“知性与德性”并重的道路仍然值得作为当代大学发展的路径取向。

更值得一提的是，早在两千多年前，孔子便已提出，“过犹不及”。一切不要“过”，又不要“不及”，适可而止，以“和”为贵。梁启超所言“知性与德性”并重，亦可看作是中国传统文化核心之“中庸”思想的当时演绎。可见，在平衡心性、拯救因“理性主义”而带来的文化危机问题上，古老的中国文明无疑是当仁不让的法宝。所谓“近水楼台先得月”，中国的大学生在阅读中自能有所体悟收获。

### （三）深度理解“中国文化”有助于大学生担当振兴祖国使命

我们正面临一个信息整合的时代，四面八方的信息风起云涌，造成这一时代特有的多元互观的面貌。在“中国文化”研究领域，基于不同身份和立场的学者运用不同的方法，表达着关于“中国文化”的各种见解。这许多见解又往往基于多重因素考量而产生，并不局限在文化领域。如唐君毅（2005）的分析，现代之文化问题不限于纯文化思想方面，且包括现实的社会、政治、经济之各方面；进而，在现代中，各种纯粹文化思想力量，遂与各种现实的社会、政治、经济之力量互相结合，互相利用，以求扩张，而加强其冲突，加深其问题。

面对这样的局面，大学生只有建立起对中国文化的独立思考和判断，才能在众说纷纭中厘清各家立场、视角和方法，审慎面对各种观点，从而建立起完整有序的思路链，展现作为中国人研究中国文化、对待现代中国的应有姿态和水准。当代大学生只有具备文化自觉，才能主动要求对其文化有“自知之明”，即明白它的来历，它的形成过程、所具有的特色和发展趋向，以加强对文化转型的自主能力，取得决定适应新环境、新时代的文化选择的自主地位（刘梦溪，2008）；当代大学生只有具备文化自觉，才能主动要求理解世界范围内的多种文化，增强在多元文化的世界里确立自己位置的能力，然后经过自主的适应，和其他文化一起，建立一个有共同认可的基本秩序，从而形成联手发展的共处守则。只有具备文化自觉的人，才能对中国文化保持一份“温情和敬意”，自觉保护和传承文化遗产，而不会为了荣誉和商业利益肆意地破坏

① 金雅．中国现代美学名家文丛（梁启超卷）［M］．杭州：浙江大学出版社，2009：40.

文化遗产。有深厚的中国文化作为滋养底蕴，我们才能在根本上做到，在引入外方优质教育资源时，也要坚持“以我为主”的原则，切实维护教育主权，坚定师生的爱国爱党之心（李志斐，2019）。

在中外合作高校有序推进中国文化的学习和研究，不仅有利于中国学生的成长，也有利于外籍学生对现代中国的理解和悦纳。在中国求学的许多外籍学生对中国文化有着憧憬、期待和想望，希望能够更好地了解中国文化，感知现代中国，他们对于中国的研究兴趣远远超过了掌握精通语言的层面，他们更加渴望深入中国现实，切身感受中国改革开放以来的社会面貌，以期深度理解中国智慧、中国思维和中国传统，增长实践阅读，对未来的个人生涯规划有所助益。因此，该类学校在推进党建思政教育过程中，需要将中国文化作为抓手和桥梁，达到积极宣传中国的良好效果。

## 第四节　中外合作办学高校的党建与思政理论课教学创新的可能性

中外合作办学高校面临种种局面，势必在客观上要求加强改革创新，有效解决好现阶段高校党组织建设中的新问题。在组织建设和思政教育实践中，创新思维，深入思考建设何种课程、如何开展教育等问题，坚持教育和人才培养基本规律，准确把握发展方向，并在此基础上进一步科学谋局，将党建工作创新融入高校改革事业发展全过程之中，以此来全面推进高校向更高阶段发展。

### 一、整合传统大学相关做法，探索党建和思政教育建设新的方法体系

#### （一）党组织要坚持以制度建设夯实党建工作，担负起办学治校、立德树人的主体责任，提升中外合作办学党建工作科学化、规范化、制度化水平

在具体工作中，中外合作办学高校党委在顶层上统一部署，会同党建、学工、思政理论课教育等各个部门的工作，明确各部门职责和功能，实现工作主体的协同、工作内容的协同以及工作机制的协同，将党的理念嵌入与日常教学、科研与管理工作相结合，实现多方合作效应。

加强党建工作，需要实现党的工作全覆盖。例如，在学生党员培养上，特别是针对“2+2”模式学生以及交换生，在境外学习阶段，受到时空限制，高校对学生难以用传统的方式进行有效管理。因此，工作者要创新基层党组织的组织机制和组织管理办法，增强基层党组织形式的多样性、灵活性和可操作性，构建具有兼容性的党建工作模式，激发内生动力，提升党建工作科学化水平，切实解决现实问题。该类学校需要考虑制订境外正式党员、预备党员、入党积极分子的具体培养方案并付诸实践，实现对境外学生党员和入党积极分子的有效培养和组织，激励这些学生发挥先锋模范作用，做自律、自信、自豪的中国人，在境外体现良好素质和学识。

### （二）利用便利的资源和条件，丰富党建和思政教育工作的载体，积极探索党的理念学习的新形式和新做法

中外合作办学高校需要借助高效便利的网络媒体通信平台，实现多样化、全覆盖的工作机制。诚如赵小青（2016）所指出的，“在新信息技术的驱动下，网络政治日趋成为当代政治学发展的新趋势，越来越多的网络政治人的出现也给全面从严治党一个新的思考途径。要建立网络治党平台，完善网络举报机制，发挥新媒体、新技术的作用，形成无处不在的监督网；要形成网络治党合力，充分发挥互联网覆盖面广、互动性强等特点，通过强化与网民的沟通交流，收集网络上的社情民意，给群众创建快速、便捷、实效参与党建的路径，充分释放网络监督能量；要增强网络治党研究，对于通过互联网治党的这个新生事物要增强理论与实践研究，逐步探寻符合中国国情的网络治党途径和规律，为网络治党的科学化、合理性和有效化提供依据。”

在新时代环境下，中外合作办学高校的党建工作以及思政教育也需要跟随时代发展的需求，拓展工作和教育的方式方法，转变传统教育和工作的模式，丰富党建工作和思政教育载体，充分利用信息科学技术，构建相应的网络教育平台，该类学校的外方合作大学一般都有较为稳定的网络教育系统平台（例如 Moodle 平台）。这些平台为公共资源平台，通过它们可以将党建工作和思政教育进行有效的体现，同时还能够通过它们对高校党建工作以及思政教育工作状态进行监督，从而保证思政教育能够更加有效地开展和进行。另外，该类高校还可以将党建工作和思政教育工作借助新媒体的形式进行开展，通过网络视频等方式把党建工作延伸到境外学生群体中，建立微博、微信公众号等，以建立相应的论坛或者交流群等，体现党建工作和思政教育工作的新风貌，同时借助论坛和交流群还能够有效地激发师生互动的积极性，加强党建工作的开展。诚如陈新芝等（2018）所述，“可以以音频、视频、图片、文字、图表等多种

形式宣传展示党的理论方针政策，并及时发布各种紧急的通知公告，广大的党员群体，只用登录账号就可以查看各种信息，如咨询、通知公告等。还可以进入党务、政务、服务等窗口开展各种党员活动，如进行‘三会一课’、各种文件的学习，观看视频，收听直播等，以全新高效的方式学习党的相关理论知识，了解国际社会发展的最新动态，只要信息发布，党员们就能第一时间获悉信息，进行自主的学习和研究。”当然，便利的网络平台的运用不能完全代替传统的党建思政教育方式，微信公众号等平台的使用亦受到用户关注情况、网络畅通情况、学习时效性无法保证等客观条件限制，同时网络视频方式也不能完全达致当面交流学习的效果；因此，党建和思政教育还不能完全以网络宣传方式代替传统的方式，要在坚持原则的前提下灵活变通，在灵活变通时坚持原则。该类学校党建组织活动不求形式上的整齐划一，但一定要有效率、原则、效果。在组织生活的内容、时间、形式等方面，可以采取小型、多样、少而精等多种变通方式，坚持活动有收获、工作有实效的原则（刘地松，2018）。

### （三）党建和思政教育要向深层次、高水平迈进

中外合作办学高校的学生在各种机缘巧合下，时常面对多元文化的冲击体验，对中国人身份有着独特而切身的把握和持有。随着国家改革开放的深化，随着中国逐渐走入世界舞台的中心，该类高校的党建思政工作不能仅仅是守住底线，仅仅满足于培养学生具备参与全球事务所应具有的学术素养，还要进一步培养学生具备在国际政治、国际经贸领域成为充分展示中国立场、中国力量、讲好中国故事的未来世界领袖所应具有的思想政治素质和能力。

该类学校往往以专业课引进世界优质的教学资源、保持与境外一流大学原汁原味的教学品质而著称，在此背景下，思政教育成为具有独特个性的课程，稍有逊色便在师生群体中产生不良影响。同时，当代大学生处于信息资源异常丰富的时代，在学习思政理论课相关课程过程中，不少同学因未具备专业常识而对各类信息缺乏独立思考的能力和鉴别批判的眼光。尤其是，一般同学往往泛泛地对源自西方的现代性有所认知，但未经审慎思考。

思政教育工作者需要认真慎重考虑如何使用既有的教材，以期切合学生口味，把握当代大学生的成长规律、个性特点，提供可以与专业课同台展示的优质课程，符合教学对象的知识储备、期待心理、学习环境等情况，从而为中外合作大学学生的成长提供有益滋养。比如探讨中国近现代史，我们要坚持知识传递与思辨引导相结合的方法，引导学生深刻认识到：中国的近现代史，是中国人的历史，也是世界历史的一部分，并且继往开来、与时俱进。引导学生认知：中国人参与并塑形了全球的现代性样貌。现代以来的西方强国，即那些现

代性的最初发源地，他们的兴起，诸如美国的独立建国、荷兰的海上称雄、英国的全球称霸，并不是孤立发生的西方历史事件，他们与东西间交流往来有着极其密切的关系。历史上，中国的文字，中国历史编年法，中国政治制度设计（例如科举制度），儒家思想中“仁”的思想，都曾给予西方启蒙思想前驱以启发和引导（宋念申，2018）。中国的现代性探索离不开我们积极对外学习、借鉴、判断和取法的实践。欧阳军喜（2017）指出，如果就中国论中国，就永远无法讲清楚中国。如果不清楚俄国十月革命，我们就很难理解“十月革命一声炮响，为我们送来了马克思列宁主义”，如果不清楚西方资本主义的实质，我们就很难理解中国特色社会主义制度的优越性和先进性。越是随着研究的深入和拓展，中国的近现代史越是能够展现出良好的态势。随着学术探讨的深入和广泛，我们得以对既往历史的认知越来越明晰，而在这种追溯反思过程中，我们能重新审视来自西方的现代性，并能够重新体会和认识中国近现代历史，真正做到制度自信、道路自信、理论自信和文化自信。

如上所述，中外合作办学高校处在国际政治关系、国际经济关系、国际文化关系的前沿，更有责任在充分引进吸收世界先进教学理念、教学方式的基础上，为国家培养高端国际化人才。要让学生深刻理解党中央提出的“中国梦”“人类命运共同体”等理论，深层次、宽视界地重新思考我国与世界各国的关系，自觉地将全球正义观、共同利益观、全球治理观和可持续发展观等理念贯彻到未来在国际社会的领导实践中去。

中外合作办学高校尤其是中外合作大学不是任何一所境外大学的中国分校，而是一所独立的中国大学。我们在充分引入境外先进教育资源的同时，需要规避其自身存在的缺陷和问题，取长补短，在顶层架构上以整全性教育为根本，致力于学生成人成才，既通晓西方文化知识，又接纳中国古典思想，知识上会通中西经典，德性上养成公德私德，开阔学生视野、激发学生兴趣、培养学生兴味，成就学生的君子品格。

## 二、依托校园整体学术环境和师资力量，拓展校外资源，构建卓越教学团队

目前，中外合作办学高校蓬勃发展，其专业课往往引进境外一流大学的专业课程体系，与此相伴随的是校园内国际化的师资力量和生气勃勃的学术研讨氛围。在此背景下，思政理论课需以“整全”为目标，“借力使力”、兼容并包，充分借鉴和汲取专业课在教学方法、教学设置、教学设备各个方面的经验和做法，以思政为引领、以学术为品牌、以思辨为要旨、以对话为方式，引导

学生以专业的要求和精神钻研思政理论课内容，从严面对该门课程的学习，求精求进、求通求解。课程改革、创新和发展，离不开教师队伍的建设，中外合作办学思政理论课的师资队伍建设成为其中的关键一环。

### （一）思政师资队伍年轻、视野开阔、干劲十足，使思政教育变得生动、活泼和有趣

该类学校因其国际化的校园环境、多元包容的文化氛围，常能吸引一批青年人选择到该类学校从教，这些青年教师往往自身具备境外求学经历，视野开阔、思维活跃、学识丰富，富于创新型，满怀热情和干劲。孙珂（2018）调研统计，中外合作办学高校的思政课教师以中青年为主，中外合作办学 35～45 岁思政课教师的总平均比例为 42.1%，35 岁以下教师比例为 31.3%，45 岁以上教师比例为 26.6%，可见教师年龄结构以 35～45 岁的中年教师居多。在三种中外合作办学形式中，只有中外合作大学的思政课教师以 35 岁以下人员为主，所占比例为 64.5%，明显高于其他两种办学形式。青年教师从事思政教育的优势在于能够及时捕捉最新的学术动态、了解学生的思想观念，避免纯粹灌输式的教学，保持师生之间的互动，与学生保持平等交流的姿态；青年教师能够及时学习最新的教学方法和新媒体手段来丰富教学手段，充分发扬民主，站在平等的立场上和学生探讨问题，通过讨论激发学生的创造力和学习的热情，青年教师善于将课堂变成开放式的课堂，既有传统的讲授，又能辅之以现代教学手段，把思政课堂变得生动、活泼、有趣，让学生真知、真信、真行，引导学生养成独立思考的能力和鉴别批判的眼光，理性面对来自不同立场、采用不同方法、持有不同价值观的学者的观点，不仅教会学生“是什么”，更加教会学生“怎么样”，即养成辨别、判断和选择各种说法的能力和定力。

### （二）有条件建立合理先进的教师评价体制和培训体制，以激发教师潜力和活力

规范系统的教师评价制度有利于学校较为全面地掌握各科教师的情况，进而作出更为科学的培养和提高教师素质等方面的决策。积极的教师评价制度能够为课程改革发展提供支持，促进思政教育课程的完善。要想师资队伍稳定提升发展，学校不仅需要对思政课教师的教研、科研建立明确的奖励制度，提供充分的思政教育科研经费保障，严格按照所设标准落实科研经费，同时，要保障从事思政教育的教师能够外出从事学习进修、学术交流活动，有效提高教学水平，促进该学科的发展。

中外合作办学高校因其独特的校园学术环境和工作机制，能够及时了解和学习到境外大学教师培训方式、管理模式和学术交流资讯，尤其是一些中外合作大学，学校内定期安排教师培训考核活动，这些培训考核与境外合作学校的模式和要求基本一致。同时，该类学校又有条件为思政教育教师创建获取中国高校教师资格和职称的相关通道，如此一来，从事思政教育的工作者能够有机会获得来自境内和境外两方面的岗位培训知识和技能，视野得以加深加宽，知识得以及时补足，能力得以有效锤炼。并且，中外合作办学高校尤其是中外合作大学聚集于中国长三角、珠三角等沿海开放城市，具有开放、活跃、进取、包容的城市文化个性，学校大都拥有高品质的教学硬件设备，像教室的布局设计、教具器材的配备等能与国际一流水准对接，专门适用于讲座课、讨论课、讲述课等校园内的设施，为思政教育的创新开拓了良好的硬件和软件条件，具备灵活高效的教务系统。在该类学校中，思政教育相关课程作为众多必修课程中的一门，其在课程设置、内容深度、教学方法、教学服务、教师气质、部门口碑等各个方面都或隐或显地与其他课程同台展示，要想在学校内长期稳定获得立足和发展，就内在地要求党建和思政教育课程向一流水平迈进。该类大学需要秉持“宁缺勿滥”原则，逐步建立健全思政课专职教师的准入、评聘、培训、考核、退出和淘汰等机制，稳定思政课兼职教师队伍，加强专职教师与兼职教师的有序管理，规范兼职教师聘任流程，明确思政教师在教学、管理、科研、服务、培训等各项事务上的具体内容和考核要求，鼓励教师申报和执行各类各级科研项目、参与各级各类评奖活动，加快推进和检验学校思政理论课程体系建设，大力支持教师积极参加各级各类业务能力培训和比赛。

### （三）有优势加强多方联动，构建思政教学全员全方位全过程育人格局

思想政治教育工作，不仅仅是大学里思想政治理论课教师和教育管理者的事，还应是全社会共同的责任，需要全社会动员起来，参与进来（梁红军，张阳春，2018）。中外合作办学高校应以加强师资队伍建设为抓手，以打磨高水平思想政治理论课教师团队为基石，以凝聚具备优秀道德品质和扎实学术功底的师资为重点，以传授立场观点方法为要点，提倡理性思考、整全把握、团结协作、灵活思辨等能力的养成，打造全方位育人格局，塑型团结、文明、健康、开放、宽容、有序的校园文化氛围；实现思政理论课与人文专业课程的充分对话和互补，因事而化、因时而进、因势而新，切实增强思政理论课的学术力、吸引力、说服力、感染力和影响力，提升思想政治教育品牌形象，满足学生成长发展需求和期待；教育引导学生立足中国、放眼世界，切实掌握和灵活

运用马克思主义立场观点方法，培育践行社会主义核心价值观，坚定中国特色社会主义道路自信、理论自信、制度自信、文化自信，为实现“两个一百年”奋斗目标、实现中华民族伟大复兴的中国梦发挥生力军作用。

中外合作办学高校的思政教育有可能打通校园内外有效途径，凝聚各方力量创建优质品牌。校园内，学校党委统一领导和管理思政课教师、辅导员队伍及学生宿舍的生活导师，加强生活与学术的关联，全方位提升服务工作，培养一批高素质的党团干部、思政课教师、辅导员、生活导师协同合作，创新党建与思政工作的理念、内容和方法，加强对党建工作的组织协调。鼓励思政课教师走近学生生活，带领学生开展丰富多样的实践活动，以增进生活互动提升思政理论课认可度，鼓励学生辅导员参与讲授思政理论课，以学生辅导员学养魅力提升学生对辅导员工作的认可和信任。学校教务、科研管理等部门支持思政理论课教师申报研究专项课题，开展理论研究。人事部门会同思政理论课负责人规划思政理论课师资建设，资产部门、财务部门为思政理论课建设提供必要的资源保障。

针对中外合作办学高校尤其是中外合作大学的专业课大多引进合作方原汁原味课程体系的特点，该类学校的思政课程除了完成自身的使命和责任外，还需考虑“课程思政”的布局和开拓，因地制宜，创设合适的课程结构和理念，采取切实可行的办法和途径，建构成型独具特色的教学体系，提高思政理论结构的合理性和教学内容的传播效率和质量，稳定教学负责人班子，采取定期会议、培训、考察等形式，强化责任意识，提高政治站位、扩充思想眼界，提升管理能力。

同时，该类学校可充分收集和调动校外资源，制定符合实情的学生核心素养培养指标，依托社会力量办好办活思政教育，育人于生活之中，成人于无形之中，培养具有远大志向、健全人格、健康体魄、宽广国际视野、扎实知识基础和优秀创新能力，政治立场坚定、学术功底深厚、德才兼备、全面发展的深具中国情怀的国际化人才。

## 三、基于自身情况，存在创新思政教学途径的空间

中外合作办学高校需要严格执行党和国家对思政理论课程的要求，增强使命感和责任感，用实用好统编教材，更需要把按要求“开设课程”与“开好课程”有机统一起来。采取积极有效措施，加强思政理论课的内涵建设，努力提升思政理论课办学水平，将其建设成为契合中外合作办学理念，符合我国国际化高素质人才培养要求，教学、研究、宣传中国特色社会主义

思想的坚强阵地。

### （一）完善思政教育课程体系

中外合作办学高校师生群体来源丰富，除了走高考途径入学的中国内地（大陆）学生以外，还有走申请途径入学的港澳台地区的学生，除了中国籍学生以外，还有留学生群体。学生中对中国传统文化、中国近现代史历史、现代中国面貌存在不一样的认知和认可情况，像港澳台生源和内地（大陆）生源之间就有较大差异，而中国籍学生和外国留学生之间就存在更大差异。针对生源情况，该类学校开展思政教育工作，需要旗帜鲜明地坚守中国立场，以引导学生立德成人、立志成才以及树立正确世界观、人生观、价值观为基本目标，充分考虑学校独特教育教学生态情况，按照教学对象设置针对性课程内容，积极探索、稳步前行，针对学校实情，构建整全完备的思政理论课程体系，实现全方位、全覆盖、多向度、多领域的政治引领和价值引领功能。成立中外合作大学思政课课程研究专家队伍，保障该门课程的先进性、创新性、优质性。定期研判思政理论课程框架、教学内容、教学方法、教学反馈、教学评估等各项，以期打造匹配学校个性、符合国家相关政策要求和时代趋势的一流思政理论课程品牌。

### （二）提升思政理论课教学质量

中外合作办学高校应用好思政理论课统编教材以及马克思主义理论研究和建设工程的重点教材，同时以习近平新时代中国特色社会主义思想为指示，汇编思政理论课教学荐读书目，提升思政课教学内容的深度、提高思政课学术思辨的张力和扩展思政课探讨领域的维度，增强学生对思政课的认可度和满意度。整合优质教学视频资源，建构学校思政课网络教学数据库，邀请校外兼职思政导师进学校，指导和推动学校思政课教学研究水平和教学效果的提升。加强教学与实践之间的关联，加强实践课的教学，积极开辟具有学校特色、符合学校办学实际和治学理念的社会实践基地，开创学校与社会有机融合、互动交流的平台，为学生营造良好的课外活动氛围，在活动中促进领导力、社会责任感、艺术修养等多个方面的健全和提升，达到全人培养的目的。

### （三）拓展思政理论课建设格局

中外合作办学高校应该整合学校资源、加强统一部署、凝聚各方合力、构建“大思政”格局。将思想政治教育融入教育管理全过程，将价值塑造与知识传授、能力培养有机结合，促进思政教育与专业教育、后勤服务有机融合，形成“思政课程”与“课程思政”“生活思政”协同育人效应。促进思想教育与生活教育融合，实现思想政治教育第一课堂与第二、第三课堂的融合，切实实现全员育人、全过程育人、全方位育人。拓宽思政课课程发展空间和对话维度，确保课程学术活力、学术张力和面向未来的对话潜力，保持思政课与国内外大学先进人文通识课程的对话品格；保持思政课对中国经典思想文化的传承品格，保持思政课对外国经典思想文化（主要是马克思主义理论原著）的吸纳活力，保持思政课对网络热点议题的回应效力，鼓励教师通过网络课堂、电子邮件、新媒体平台掌握学生思想状况、直面社会热点、回应学生关切，切实增强思政理论课的针对性、实效性和感染力。

# 第二章　中外合作办学高校学生事务工作与思政理论课教学的关切

中外合作办学是我国为了适应改革开放的需要，适应当今高等教育发展要求和加强国际教育交流与合作的重要形式。如前所述，高校的育人工作是一项极其复杂的系统工程，需要充分发挥好高校中的各个层面、各个环节，以及各部门中各要素本身的育人作用，更需要高校育人系统中各育人要素之间的默契配合与通力合作，使高校育人系统良好运行并发挥出更大的育人效能，进而在不断的系统优化中持续提升育人的效果（苏李杰，2019）。

中外合作办学高校的学生事务工作和思政理论课都在党的领导下开展，大学生是学生事务工作的受众，也是思政理论课价值传播的主体，学生的认可和接纳是该两项工作良性运行的关键环节。从根本上而言，两者都崇尚“以生为本”，以青年大学生成人成才为出发点，以培育我国社会主义现代化建设的优秀人才为目的，致力于全面塑造和培养适应新世纪社会发展和进步的复合型人才。学术界就两支育人队伍之间协同的价值持高度肯定的态度。如王炳林、张润枝（2009）认为，思政理论课教师和辅导员队伍的协同是培养大学生马克思主义理论素养和思想道德素质的必然选择。就两支育人队伍的建设方面，杨莹莹（2018）认为，两支队伍协同育人有利于思政理论课教师的教学效果的提升和辅导员综合素质的提高。学者艾四林认为，思政理论课教师和辅导员虽然在育人的功能和作用上存在差异，但两支队伍在育人的过程中存在较大的互补性，因此应将两支队伍有机结合，同心同力方能同向同行，强化育人的效果①。

① 转引自苏李杰．高校思政课教师与辅导员协同育人研究［D］．桂林：广西师范大学，2019（2）：48.

随着世界政治多极化、经济全球化、文化多元化、信息网络化以及社会组织形式和生活方式的多样化等新形势的出现，高校学生事务和思政理论课教学也面临着新的局面（方魏，2014）。在现实工作中，中外合作办学的思想政治工作迫切需要深入研究、厘清问题、提出方案，以期更好地为中外合作办学服务，为高校输出高素质人才创造条件。通过对中文论文文献资料的检索，我们获得如表 2 - 1 所示的相关研究成果的数据。

**表 2 - 1　　2000 ~ 2020 年中文论文篇名检索结果**

| 数据库 | 篇名检索（2000 ~ 2020 年） | | | | |
|---|---|---|---|---|---|
| CNKI 全文数据库 | 中外合作办学 + 学生管理 | 中外合作办学 + 辅导员 | 中外合作办学 + 思政课 + 辅导员 | 大学生 + 思想政治 | 中外合作办学 + 思政课 |
| | 73 | 9 | 1 | 934 | 4 |

可见，有关中外合作办学思政理论课和学生管理这一课题的研究在学术界还是有待开拓的领域。众所周知，由于中外合作办学在我国是一种全新的办学模式，办学时间短，发展过于迅速，在学生管理工作方面还没有形成较为成熟的理论。中外合作办学也没有现成的经验可以借鉴，只能参考普通高校学生管理的模式，在其基础上摸索并逐步形成自己的实践经验，因而中外合作办学学生工作缺乏理论指导和实践经验。

尽管存在着这样的现实情况，中外合作办学高校学生事务管理研究十分重要，从需要角度而言，当该类学校的学生事务发展到一定阶段后，现实遭遇的问题需要理论研究作出回应。从办学主体来讲，办学实效与成本的考量需要厘清各种关系与人力资源配置，学生事务是重要的范畴。从学生及学生事务角度本身而言，该类学校发展过程中通过解决各种现实问题，逐步规范和提升效能，也能带动研究的发展。

近几年来，随着中外合作办学尤其是中外合作大学的相继诞生和发展，对该类学校学生事务工作的探索也日益成熟，相关工作者积累下很多宝贵的实践经验和教训。不过，就科研领域而言，中外合作办学高校的学生事务工作研究还是比较少量且未成气候。当前中外合作办学高校的学生管理与思政理论课的教学如何有机密切结合，发挥两者间的协调作用，亟须有较为深入的研究和探索。

本章着力探讨中外合作办学高校的学生事务和思政理论课之间的关切，通过分析思政理论课教师和学生辅导员这两大关键育人要素之间的协作，从大方向上指出两者之间的张力关系，探讨两支育人队伍分别在课堂教学和日常管理中通过彼此之间的密切配合、沟通交流与团结协作形成育人合力，达到“1+1>2”效果的可能性，同时进一步探讨该类大学的学生事务工作与思政理论课教学协调共进、同频共振所能带来的良好愿景，提出有针对性的可行建议。

## 第一节　中外合作办学高校学生事务工作与思政理论课教学的内在统一性

“大学生事务”的概念是建立在“学生事务”概念基础之上的。学生事务（student affairs）的概念最早源自美国，它是一个与学术事务（academic affairs）相对的概念。多数学者认为“学术事务”是与学生的学习、课程设置、课堂教学、科学研究、认知发展等相关的事务，而“学生事务”则主要是与学生的课外生活、生活服务、学生活动、就业指导、心理咨询与辅导、情感困惑、奖励处分等相关的事务和问题（李方裕，唐书怡，2015）。在我国，专职从事大学学生事务管理岗位的教师称为学生辅导员，他们是大学生思想政治教育的管理者和组织者，是高校正常教学秩序的直接维护者，是大学精神的直接营造者和传播者，是大学生的人生导师和知心朋友（卞庆华，2013）。

高校思政理论课作为高校实现“立德树人”根本任务的主渠道、主阵地，在落实“立德树人”根本任务、实现根本教育目的上起着十分重要的作用。从历史发展脉络来看，高校学生事务工作和思政理论课有着相当的“亲缘”关系，可谓“本是同根生”，都属于“学生工作”这个大系统。从我国高等教育目前以及未来的发展趋势来看，学生工作应由两个子系统构成。一个是思想政治教育子系统，包含学生思想教育、党团教育、道德教育、法制教育等；另一个是学生事务管理子系统，内容涉及学生的学习、生活、活动等各个方面，包括招生与学籍管理、日常行为管理、社团及课外活动管理、奖惩管理、资助管理、宿舍管理、心理咨询、学生事务指导、就业指导、各类信息服务等。高校思想政治教育属于思想政治教育学科研究范畴，重点关注主流价值观、道德观、民族文化、多元文化等对大学生成长的影响及其传承和发展的规律。学生事务管理则属于高等教育学研究范畴，重点关注高等教育自身发展对学生成长的影响和学生事务管理专业化的规律。

中外合作办学高校作为我国高等教育系统的重要组成部分，是我国实现教育国际化、塑造一流的国际化大学的重要途径，相应的，其学生事务管理和思政理论课教学也有自身的运行方式和特点。在实践工作中，学生事务工作和思政理论课之间有着千丝万缕的关系，可谓“一荣俱荣、一损俱损”，互相间的默契配合、互助互补至关重要。思想政治理论课是思想政治教育的主渠道，是落实立德树人根本任务的关键课程，我国高校的学生事务管理工作是加强和改进大学生思想政治教育的有机构成部分和拓展延伸，是人才培养不可或缺的重要组成部分。中外合作办学高校的学生事务工作和思政理论课教学工作各有分工和职责，但从根本上而言，两者具有内在的高度统一性。具体可表现为以下几个方面。

## 一、学生事务工作与思政理论课教学具有高度一致的目标

高校是人才的培养基地，是孕育人才的摇篮。它既是传授科学文化知识的园地，担负着为国家培养和输送社会主义现代化建设各种专业人才的重要任务；同时又是思想理论的重要阵地，承担着巩固和发展社会主义意识形态的重要使命。这是高校思政理论课和学生事务管理团队的根本任务和存在意义所在（方魏，2014）。

高校的思政理论课承担着培养社会主义建设者和接班人的政治任务，具有深刻的政治属性，它以马克思主义理论和马克思主义中国化的最新理论成果来塑造学生的思想意识、思维方式、价值观念。中外合作办学高校的思政理论课在教学目标和教学内容上与传统高校的思政理论课高度一致。2005年的《中共中央宣传部教育部关于进一步加强和改进高等学校思想政治理论课的意见》明确指出：“高等学校思想政治理论课承担着对大学生进行系统的马克思主义理论教育的任务，是对大学生进行思想政治教育的主渠道。充分发挥思想政治理论课的作用，用马克思列宁主义、毛泽东思想、邓小平理论和‘三个代表’重要思想武装当代大学生，是党的教育方针的具体体现，是社会主义大学的本质特征，是党和国家事业长远发展的根本保证。”这就鲜明地揭示了高校思想政治理论课的本质属性是社会主义的政治性，揭示了高校思想政治理论课的主要功能与任务是进行马克思主义理论和社会主义意识形态教育。

高校学生事务管理在不同的历史时期有着不同的含义和内容。总的来看，我国高校辅导员工作比较突出思想政治教育，辅导员的角色具有显著的政治化特征和鲜明的政治引导性，辅导员肩负党和国家赋予的神圣使命，以培养社会主义建设的建设者和接班人为目标，应国家和学生的号召对大学生的思想政治

教育进行有序的组织和管理。虽然不同的高校类型（如：研究型、教学研究型及教学型；传统高校、中外合作办学高校）决定了不同的学生特点和组织结构，相应也决定着学生事务管理模式的侧重点有所不同。但在新时期，我国高校学生事务管理在大方向上坚持“以人为本”“以生为本”的教育理念，通过灵活的工作方式和多样化、现代化的手段，不断发挥学生的主体作用与高校本身的教育、管理、服务职能有机结合，从而促进学生的全面发展，实现管理育人、服务育人，这是现代高等教育不可分割的组成部分。辅导员工作的政治职能在一定程度上保证了社会的稳定和和谐，维护了高校的安全与稳定，在工作中主动预判和及时干预学生活动，引导学生思想，并对错误思想和做法及时教育和指正。

从以上分析可见，中外合作办学高校的学生事务管理与思政理论课教学均呈现出极强的政治性，具有高度一致的使命目标。思想政治工作是两者工作的重中之重，其目的和任务是保证党的政治路线的实现，通过全面贯彻执行党的方针、政策，发展社会主义教育事业，坚持社会主义办学方向、为满足社会主义现代化建设的需要而培养全面发展的人才，对大学生进行以理想信念教育为核心的世界观、人生观和价值观教育，以爱国主义为核心的民族精神教育和以改革创新为核心的时代精神教育，以基本道德规范为基础的公民道德教育，以大学生全面发展为目标的素质教育（方魏，2014）。

## 二、学生事务工作和思政理论课均需接轨国际、创新思维

诚如胡威（2014）所述，中外合作办学最大的难题是中外文化冲突，也就是外来文化与我国民族文化的融合问题，具体表现为不同的价值观、文化习俗、行为方式等异质文化与本土文化在合作办学实践中的交合，并不总是能表现为一种趋向一致的价值观的融合，而是更多地表现为不同文化之间的冲突和矛盾。这为该类高校的思政理论课和学生管理工作带来传统大学的相关工作经验无法应对的困境和挑战。

中外合作办学在客观上培养了学生国际竞争力。为了实现高等教育国际化的目标，满足市场对人才的需求，中外合作办学高校必须在课程中增加国际化的内容，或者，有些课程本身就是国际化的课程。中外合作办学高校尤其是中外合作大学的专业课程大多采用境外的原版教材，学生在课堂接触到外国文化传统、价值观念、社会制度及生活方式，对西方社会的认知渠道更加丰富和直接。同时，该类学校的学生有更为便利的条件去境外合作学校学习交流，有很多机会体验境外合作学校的学生管理理念、制度和方法。对于中方

授课教师来说，这既是机遇，也是挑战，中方教师在经过一段时间的训练和磨合后，在外语水平、知识广度、科研能力方面必将有质的提升。中外合作办学要求学生不仅能用外语听专业课、提问和回答问题、与教师交流，还需要能用外语撰写论文。所以中外合作办学在增加不同文化间的相互了解、促进中西文化交流的同时，改变了传统的教学模式，有利于师资和学生的国际化（曾健坤，2010）。

世界经济的全球化和一体化趋势对高等教育国际化提出了必然要求。因此各国的高等教育也要跨越国家的边界而走向国际化的发展。中外合作办学为我国高校追赶世界先进教育水平，提供了史无前例的契机，也是最直接和最有效的途径之一。中外合作办学对于我国高校引进境外优质教育资源，借鉴其先进教学和管理经验，提升我国教育综合国力举足轻重。高等教育国际化与中外合作办学之间的关系，是一种相互促进、相辅相成的关系。更重要的是，国际合作办学使我国的高等教育改革有了国际参照系，推动了高等教育的国际化，并融入国际教育的大环境，促进了中国高等教育的改革与发展，提高了我国高等教育的国际竞争力（曾健坤，2010）。

整体来看，不同的中外高校合作模式决定着不同的学生事务工作、思政教育思维，但不管何种合作模式，中外合作办学高校的学生事务和思政理论课教学普遍面对国际化、专业性的要求，因为其学校办学宗旨，是要培养出面向国际的高素质人才，这决定了该类高校的工作人员无论从事哪方面工作，都要充分借鉴境外经验，保证学生的塑造与实际需求相结合，真正实现合作办学的意义。具体来看，中外合作办学高校的教学管理、行政运行、教学理念、考核方式等均受到境外合作大学风格的影响而具备自身的特色。

合作办学的过程是一个专业教学、管理经验吸收和引进的过程，同时也是中外高校学生管理、意识形态教育相互交流和展示甚至冲突、碰撞的过程。在实际工作中，既不能照搬中方合作高校的管理理念、管理制度、工作定位和措施方法，也不能照搬境外合作高校的做法和经验。在工作中，我们不能简单粗暴地回避西方意识形态，应该以“兼容并包、取其精华、去其糟粕”的态度去对待西方教育理念和教育思想带给我们的冲击。坚持以社会主义核心价值观统领思想和工作，无论是学生管理还是思政理论课教学，中外合作办学高校的相关工作者都需要借鉴外方合作院校的理念和经验，了解与认识境外大学，尤其是欧美等发达国家大学教育与管理的基本理念与运作方式，熟悉其在特定的文化背景和意识形态语境下的话语体系和言说方式、大学教育与管理的基本理念与运作方式。中外合作办学高校作为国家发展高等教育战略部署之一，相关工作者应该有使命感和紧迫感，有更为强烈的了解自身和他者的意愿，具备对自身工作和他者情况进行分析和判断的能力，促进相互间的理解，开拓实际工作者的视野，以创新的思维去适应新时期中外合作办学人才培养形势的发展需要，从而有能力展示作为中国人的自信和自立。

## 三、学生事务工作和思政理论课均面临学生相对特殊的身心状况和政治心理状况

据学者调查分析，中外合作办学高校大学生群体的身心特点和政治心理状况都具有相对独特的个性。在身心特点上，从积极方面来看，由于受良好的家庭环境的影响，部分学生从小就接受良好的教育，家长比较重视孩子兴趣和综合素质的培养，这使得学生表现出了非专业方面的知识涉及面较广，对新生事物的接受能力较强等特点；从消极方面来看，家庭背景相对优越，一些学生表现出了自私自利、独立性差、集体观念意识淡漠等的特点。同时由于他们对社会上新鲜事物接触得比较多，容易受到各种思潮的影响，对社会都有自己的理解和看法，意识更加多元化（何华玲，严瑶婷，2013）。在政治心理上，何华玲和严瑶婷（2013）认为，中外合作办学高校学生表现有以下几方面的特征：

（1）政治认知上，学生的思政理论课教学效果不是很明显，学生对一些基础知识的掌握不够牢固或不够清楚。

（2）政治意愿上，学生能够积极地参加各种党团组织和社团组织的活动，但是，学生关注更多的是就业和实习方面的信息。

（3）政治评价上，该类学校的学生首先表现出对改革开放以来国家建设事业伟大成就的肯定，对当前关涉到社会经济发展的各方面问题总体上持相对较为积极和正面的评价。对于当前中外合作办学高校思想政治教育工作的学生辅导员、思政理论课教师工作总体评价也较为满意。

（4）政治情感上，该类学校的多数学生拥有浓厚的爱国主义情操，也能坚持把马克思主义指导思想和贡献社会的价值取向作为自己的指导思想，肯定我国社会主义主流价值观。

（5）政治动机上，多数学生对入党、学生社团和校园文体活动有着较强的参与意识，但在参与方面，主动性和积极性还不是特别强。

## 四、学生事务工作和思政理论课均需开拓境外教育工作

我国地方院校开展中外合作办学的主要培养模式可分为双校园模式和单校

园模式。双校园模式是一种分段培养模式，被广大地方院校普遍采用。我们可将它称作“X + Y”模式。即境内本科、专科学生在境内院校完成前“X”年的学习后，通过考核，被选送到境外院校完成剩余“Y”年的学习，修完所有课程。两校互认学分，顺利毕业即获得境内和境外两所学校的毕业证和学位证。另一种国际合作办学模式我们称之为“X + 0”模式。即境内院校本科、专科学生只需在国内完成“X”年的学习，即可获得境内外两所学校的毕业证和学位证。以上两种模式各有千秋，是我国开展国际合作办学的两种主要模式。两者目的都是培养高素质人才，以高等学历教育为主，即合作双方共同制订专业培养计划，在课程设置、教学安排和实践环节制定统一的实施标准，双方互相承认对方所承担课程教学的学分，学生修完相应专业教学计划规定课程成绩合格后，由合作双方共同颁发两校学历证书，符合学位授予条例的颁发学位证书（曾健坤，2010）。无论何种模式，我国多数中外合作办学机构的学生均有相当多的条件和机遇赴境外学习。像“2 + 2”模式就是比较常见的办学模式，除此而外，夏季短学期、交换生或留学生等项目也比较丰富。

这种境内和境外学习地区的划分，为学生事务工作和思政理论课的教学均带来很大程度的挑战。首先，中外合作办学学生个体素养差异大。学生在境外学习期间，有些学校因设置弹性学分制而致使毕业时间差异很大，呈现毕业年龄跨度比境内大的特点。不同年龄阶段的中外合作办学学生面临的主要问题也大不相同，由单纯体现在学业和就业方面扩大为需要考虑家庭经济压力和境内外发展等问题。这种多样化的群体必然导致这些个体在思想发展程度、工作经验积累和生活阅历等方面难以一致。这种个体之间的差异就要求我们要实施区别对待、分类指导。其次，中外合作办学学生集中教育难。与境内学习时的集中性学习不同，境外学习主要以自我学习为主，尤其是进入毕业论文撰写阶段后，更加分散在各个实验室和实习研究场所，难以对这些学生集中统一，思政工作不能按国内既有思维开展。但是，这些学生又因在境外学习生活环境面临的种种问题而不同程度地需要境内教师给予专业指导和关心，这样，境内给予这些学生的教育又面临问题复杂、因人而异的情况。最后，中外合作办学学生阅历相对丰富而全面，学生群体汲取知识的渠道更加多元，他们一般储备丰富、思维开阔，在境外学习阶段又增加了更多的独立自主能力、异质环境生活能力以及境外社会生活实践经验，这就对思政教育工作者提出了更高的要求。教师在人格魅力、专业技能、知识储备、沟通技巧、亲和力等方面都需要磨砺提高（霍春艳等，2018）。

## 第二节 中外合作办学高校学生事务工作对思政理论课教学的支撑力

### 一、学生事务工作对校园文化氛围的积极影响

校园文化与思政教育关系紧密，因为校园文化是学校教育的重要组成部分，是实现社会主义教育目标的具体体现之一，而高校思想政治教育的最终目的是培养有理想、有道德、有文化、有纪律的“四有”社会主义建设接班人，两者在最终目的上体现了其内在的一致性。

大学校园文化是高校生活的每个成员所共同拥有的校园价值观和这些价值观在物质、行为与精神上的体现，它反映了高校整体的精神面貌、办学方针、教育和管理水平，反映了师生员工整体的思想道德素质、心理素质和普遍的工作、学习、生活状况，也反映了学校对每一位成员的基本素质要求。校园文化是发展高校先进文化的重要内容，是教育改革和课程实施的深层决定因素，是促进学生全面发展、塑造学生健全人格的重要外因。良好的校园文化建设，可以振奋人的情绪，激励人的意志，调节人的心理，规范人的行为，发挥着社会规范和风气所不能替代的作用，对大学生的思想政治教育起到潜移默化的功用（杨晓东，2013）。

大学校园文化与思政理论课教学密切相关，起到课程教学所不具备的“润物细无声”的作用。整体来看，首先，高校校园文化承载着思政理论课的思想内涵，对学生具有思想导向作用。每一种校园文化都蕴含着该大学独特的校园精神，校园精神是一种为师生所认同的价值观和信仰，具有无形的不可低估的凝聚力、向心力。校园精神一旦形成，就能够强化师生的校园归属感、荣誉感，把师生紧密联结在一起，凝成一股力量。好的校园文化可以促使学生规范自己的言行，为学生奋发向上提供源源不断的驱动力。其次，高校校园文化是思政理论课向外辐射的必要载体，对全校师生具有价值导向作用。校园文化所包含的行为方式和价值取向不容低估，具有较强的吸引力和渗透性，它的这种作用实质上是一种积极引导大学生的导向作用。再其次，高校校园文化为思政理论课教学奠定基础，对大学生具有人格塑造作用。青年学生思维活跃，好奇心强，愿意接受新鲜事物，同时个性塑造、气质品格等尚未定型，校园文化内容丰富、形式多样、参与者众，对大学生个性的健全、人格的完善有非常重要

的影响作用。最后，高校校园文化为思政理论课教学烘托气氛，对形成良好学术风气和人文氛围具有积极影响。积极健康的校园文化生活促成学生形成集体意识和为他人服务的意识，培养学生个性的发展，产生群体归属感、认同感和群体的支持力量。丰富的校园文化活动体现着爱国为民的奉献精神、科学民主的人文精神、改革创新的开拓进取精神、严谨求实的学术科研精神和海纳百川的团结兼容精神（杨晓东，2013）。

学生事务工作对校园文化的建设起到至关重要的作用，中外合作办学高校也不例外。首先，学生事务工作能够对大学生建设校园精神文化产生方向性指导，能够引领校园精神文化朝着高校辅导员所预定、所期望的方向发展。其次，学生事务工作能够架起师生间桥梁，起到不可或缺的媒介作用。辅导员工作在高校学生思想政治工作的第一线，能够全面、快捷、便利地掌握学生信息，从而给予针对性的引导。最后，学生事务工作通过相关活动的展开（例如主题团日活动、晚会、座谈会、讲座和辩论赛等），能够搭建中西文化的交流平台，使学生更多地了解西方文化，扩大国际视野，实现东西方文化有益的互补，形成正确的人生观和价值观，提高学校师生队伍思想觉悟。学生能够从日常生活中发现理解政治，关注时事焦点，从而加深他们对于思政理论课课堂知识的理解，提升他们学习思政理论课的兴趣（何华玲，严瑶婷，2013）。

## 二、学生事务工作对学生心理健康的积极作用

大学生心理健康教育是思想政治教育的重要组成部分，是一项专业性较强的助人工作。我国历来高度重视大学生心理健康教育。2001 年 3 月，教育部印发了《关于加强普通高等学校大学生心理健康教育工作的意见》，阐明了高校开展心理健康教育的重要性和紧迫性；2004 年 4 月，教育部印发《普通高等学校大学生心理健康教育实施纲要》，就进一步加强大学生心理健康教育工作进行了全面部署（罗栋，2010）。心理健康也被一些学者作为大学生德育工作的重要组成部分而研究。所谓大学生心理健康教育，是指在高等学校中面向大学生开展的、以实现立德树人为目标、有目的有计划地，通过一系列有益于心理素质提升的教育方式，传播心理健康知识与技能，完善大学生人格，调适大学生的心理状态，防治心理疾病，增进其德智体全面发展的系统工程，是大学生思想政治教育的一部分，是辅导员工作的主要职责与抓手之一（陈新星，2016）。目前，这方面的研究正蓬勃开展，如辽宁大学张卫平（2015）的博士毕业论文《大学生心理健康教育德育功能研究》认为，心理健康教育是大学生思想政治教育子系统之一，具备德育功能；同时，德育对大学生心理健康教

育同样具有功能；应建立“心育—德育”整合的优化模式。（陈新星，2016）。有学者认为，大学生不但要有良好的思想道德素质、科学文化素质和身体素质，还要有良好的心理素质。大学生心理健康教育是大学生素质教育的重要内容，是落实立德树人根本任务、促进学生全面健康成长的重要途径，是提升大学生思想政治教育质量、推动工作内涵式发展的重要任务（冯刚，2014）。中外合作办学是我国高等教育的重要组成部分，在我国已经走过了十多年的历程，其特殊的双校园模式、接轨国际的课程设置、独特的教学方式和评价体系等，都对中外合作办学中的大学生提出了不同的环境适应要求，也不同程度带来了大学生心理上的波动与焦虑，影响到中外合作办学项目的顺利开展。其特殊的教育环境、教育模式和项目学生的类群特点，要求必须大力加强和改进中外合作办学中大学生的心理健康教育。

据学者研究发现，心理健康教育与思政理论课教学之间构成密切关联，两者目标一致、互相配合、联手呼应。首先，在指导思想上，两者都以马克思列宁主义、毛泽东思想、邓小平理论、“三个代表”重要思想，科学发展观和习近平新时代中国特色社会主义思想形成大学生思想政治教育合力。其次，在工作特性上，心理学的研究对象是人内隐的心理及其外化的行为；而思想政治教育的逻辑起点是人内隐的思想以及在思想指导下的行为。心理是人对客观世界的主观反映；而思想是人对存在与环境关系的主观反映。可见，心理与思想，从内涵上看，二者就有许多相似、相涵盖的地方；思政理论课教学需要心理健康教育的支撑，而心理健康教育的许多工作虽然需要用到心理学的知识、原理和方法，但绝不是心理学学科教育的照搬照抄。最后，在工作效果上，辅导员的心理教育能够起到思政理论课教学所不能具备的“疏导”和“建设”的效果。在工作中，辅导员可以借鉴心理学的理论、方法、技巧，把思想政治教育隐蔽地、渗透性地、有针对性地融合在日常师生谈话、团日活动和班会课等非学术环境中，这样的工作形式能够使思政教育以更为柔和、细腻的形式进行，有效弥补课堂欠缺，取得事半功倍的成绩。正如有学者分析的，在当下这个资讯爆炸的新媒体世界，社会思潮与价值观愈发多，多元价值观对主流价值观的冲击越来越大，大学生虽身处象牙塔，但也呈现出了种种思想上、心理上的矛盾、冲突。因此，单靠“堵”，无法杜绝不良思想的侵袭，单靠“灌输”，无法触及大学生的心灵。唯有靠“疏导”与“建设”，构筑大学生正确的、坚定的思想防线，造就健康的、坚强的心理状态，才能培养出德才兼备的祖国未来的接班人（陈新星，2016）。

总体来看，学生工作的本质属性决定了辅导员必须开展心理健康教育工作，而辅导员的身份和素质让他们不但能够开展大学生心理健康教育，而且有其突出的优势做好这项工作。大多数辅导员结合自己的日常工作开展着大学生的心理疏导、朋辈心理辅导、心理社团活动等，力所能及地参与心理健康教育课程授课，协同进行大学生心理危机预防和干预工作。由于辅导员的参与，使大学生心理健康教育与思想政治教育结合得日益紧密。心理健康教育融入思想政治教育为后者增强了实效性、人文性和科学性（罗栋，2010）。

## 三、学生事务工作对教育国际化的内在保障

正如张羚羚（2019）所述，经济全球化、世界多极化、文化多样化、社会信息化、教育国际化，新时代的这五大特征为我们指明了当今的国内外形势和发展态势，也为我们认识新时代、把握新时代、服务新时代提供了方向和支持；其中，教育国际化是经济全球化的有力支撑，是世界多极化的必然要求，是文化多样化的关键助力，是社会信息化的重要保证。

中外合作办学既是教育国际化的内容，也是教育国际化的成果，在此环境之中，思政教育必然面对如何应对教育走向国际化的命题。中外合作办学高校在教育国际化方面尤其走在全国的前列，像宁波诺丁汉大学，其本身就是一个高度国际化的“大家庭”，目前，学校有来自全球70多个国家和地区的师生；外籍教师占学术教师的75%，留学生占学生总数的12%。该类学校的学生在国际化舞台上参与竞争和施展才华的愿望日趋强烈，学生的国际视野日益开拓，校园的国际化氛围非常浓厚。时间、空间、师资、文化等诸多因素是思政教育必须面对的客观难题，多元文化的冲击迫切要求思政教育筑牢学生的意识形态防线，守好学生的精神家园。在此情况下，中外合作办学高校的思政理论课尤其面临考量和压力。

面临高度国际化的校园环境，中外合作办学高校的思政理论课教学一方面需紧跟形势，针对学生国际化经历的丰富、国际化视野的开阔和国际化素质的现状，认真研究学生特点和人才发展需求，在国际化人才培养目标的引导下，不断改进完善教育理念和实践；在教学设置、教学内容、教学质量、教学方法、教学服务等方面着力，以打造有影响力的一流课程为目标，在校园内外具有一定的学术口碑，带给学生一流的教学体验。另一方面，思政理论课面临教育国际化所不可避免带来的校园中非中国立场意识形态和学术话语的传播和影响，因此需要采取合适的途径和恰当的手段，增强教学理论深度和专业能力。通过学术研究、国际交流、实地考察等方式学习借鉴西方发达国家高校学生意识形态教育的精华，提升思政理论课的整体水平，同时紧紧围绕大学生思想政治教育这条主线，坚持社会主义核心价值体系，把握学生工作国际化的主导

权，保证思政教育贯穿于学生培养全过程，增强大学生对民族文化的认同感，让思政教育切实在学生中发挥作用、产生影响。引领学生坚守中国立场，形成健全、高尚的道德人格，在学术领域和非学术领域都能表现出作为中国人的自立、自信和自强精神。

大学生是整体性的存在，学生成长的各阶段、学校管理的各方面、思政工作的各部门、学生事务的各因素，密不可分，具有整体性质。思政教育也只有坚持整体观念和整体性协调，才能取得良好的成效。中外合作办学高校的思政教育工作人员只有团结协作、互相支撑，才能最终落实国际化教育背景下的工作要求和根本目标。面对高等教育的国际化趋势，特别是该类学校因学生国际化经历的丰富、国际化视野的开阔和国际化素质的提升，迫切需要思政理论课教学部门加强与其他部门的配合，共同认真研究国际化背景下的学生特点、人才发展需求和学生工作科学化规律，不断完善工作的理念、方法、途径和体制机制，努力加快自身的国际化步伐。就这一点而言，学生事务工作的水准和能力为思政理论课教学的前行带来强大的支持和后盾。首先，学生事务管理与思政理论课教学的影响有别，发挥力量的方式和效果也不互相重合。学生辅导员能够在非学术事务和学生课外活动领域保证学生行为符合社会规范和学校要求，促进学生全面发展，促进其品格发展和行为养成，这方面是思政理论课教师所无法达致的。所谓“非学术性的组织活动”，是指高校学术事务和课堂教学等知识传授系统之外的一种促进学生成长成才的方法和途径，是试图在课堂教学形式之外寻找教育管理的载体（方魏，2014）。其次，学生辅导员队伍专业化服务水平日益提高，能够以服务促管理，服务教学与学生的各种活动需要，提高思想政治引领的有效性和针对性。学生事务管理在欧美国家高校长达数百年的历史演变过程中得到不断发展和完善，已经走上了科学化、职业化和专业化的发展道路，可以说管理理论扎实，运作高效。这不仅有力地支持和服务欧美国家高校人才培养的使命，而且目前已经成为欧美国家高等教育管理体系中一个不可或缺的组成部分。我国与欧美国家虽然在意识形态、社会制度、价值观念等方面存在很大的差别，并且高等教育的生存环境、指导思想、管理体制、运作方式也截然不同，但是欧美国家高校学生事务管理在适应和应对高等教育国际化过程中的一些基本做法及成功经验对于改进和完善当前我国高校学生事务管理具有积极的借鉴意义（王丰昌，2013）。目前，我国高校尤其是中外合作办学高校，从事学生工作的人员有越来越多的机会到世界一流高校进行实地考察，在情景式、体验式、交互式的考察过程中，更加清醒地理解、准确地认识差异，在实践中将国际一流高校的先进经验和国情、校情、学生特点有机结合起来，增强工作的主动性和主体性，从而提升工作的针对性和有效性，提高学生管理与服务的效率和效果。在此背景下，学生事务管理团队能够通过良好的服务促成良好的管理，通过设立配套完善的服务机制、设置功能齐全的服务设施，并配备专业人员，为学生提供心理健康咨询、困难学生慰问帮助、饮食住宿协调服务、危机处理、就业指导等生活服务内容，取得学生的信任和尊重，从而从容、正面、积极、和谐地实施德育，在学生中开展意识形态引导工作。最后，学生辅导员能够在日常工作中有意识地培养学生的责任和担当意识，增强学生的归属感和荣誉感，鼓励学生积极参与学校事务，在实践中体会和认识思政理论课的课堂知识。学生辅导员在工作中能够充分重视大学生主体意识和参与意识的培养，通过班委、团总支、青年志愿者协会、学生会、社团等大大小小组织，锻炼大学生才干，让他们积极投身实践，参与高校发展规划、大政方针及相关学生事务管理规章的讨论和制定，鼓励他们提出合理化的建议和意见，让他们感觉到自己是学校的主人，从而增强大学生的学校归属感和荣誉感，使学生承担起自我教育与自我发展的责任，最大限度地发挥和提高学生的自我定向、自我规划、自我驱动、自我控制、自我评价和自我发展的能力，促进大学生科学文化素质和思想政治素质的提高、道德品格的塑造；在具体的实践中增长才干、培养品格、锻炼毅力。

## 第三节 中外合作办学高校思政理论课教学对学生事务工作的加强力

思政教育最常见的方式即话语，话语泛指人们的言语，是社会人沟通、互动的基本途径，也是展开思想交流与互动的主要手段。一旦话语产生，必然传达出一定的价值观念，因此，借助话语可以产生影响力，而这种影响力即话语权。大学生思政教育要取得成效，很大程度上有赖于思政理论课话语权的有力把控与科学运用。所谓思政理论课话语权，即在大学生思政理论课教育活动中，教育工作者以引导大学生树立科学的人生观、价值观为目标，通过语言符号的设置、表达、传播，将思想理念、政治理论、道德规范、行为准则等加以传授，从而实现对大学生思想与行为的影响与引导。思政理论课话语权不仅具有话语权的一般特质，还具有引领性、权威性、可信性等独特属性（陈丽萍，2018）。虽然大学中承担思政教育职责和功能的有很多部门，但要论思政教育的根本落实，其主力还在于思政理论课，它是思政教育的主渠道，是落实立德树人根本任务的关键课程①。思政理论课把握了学校整个思政教育工作的方向，夯实了思政教育的基础，奠定了思政教育的思想性和学术性、价值性和科学性，对学生事务工作起到坚强的后盾和保障作用。

## 一、思政理论课教学对思政教育科研能力的引领

当今环境，各种社会思潮潜滋暗长，社会环境的复杂与多变使得大学生思想政治教育工作日趋复杂，新的矛盾和问题不断涌现。高等教育的国际化，伴随着高校扩招、学生就业分配的市场化等一系列新形势下的高等学校相关政策变革，也给高校思政教育带来新的课题。在此情形下，德育工作者，迫切需要从单一经验型向复合研究型转向，以适应新时期大学生思想政治教育工作的需要。在这方面而言，思政教育工作者的科研能力亟须得到提升和锤炼，其队伍职业化、专业化和专家化必须以科研能力为基础。正所谓“打铁还需自身硬”，思政教师必须加强自身理论修养，强化理论功底，以便对社会热点与现实问题有一个全面、科学的认识和解读，全面激发思政理论的魅力，充分发挥其引导作用。随着社会的转型和发展，良好的科研能力，有助于工作者敏锐觉察大学生思想政治教育过程中存在的问题，通过分析工作对象和工作环境的变化，提出有针对性的对策以提高工作实效。同时，科学研究的过程是工作者将理论运用于实践并指导实践的过程，不仅有利于解决实际问题，同时通过科研实践的反思与总结有助于工作者创新工作思路和方法，进一步指导工作实践。因此，提升高校工作者科研能力是增强高校德育工作实效的现实诉求。

就思政教育工作者的科研能力而言，思政理论课教师一般都是硕博以上学位，拥有较高的理论水平和精湛的教学技能，科研能力较强，且其所学专业和其在教学过程中所讲授的内容也是关联度较高的。而高校在辅导员招聘时要求应聘者学历条件达到硬性指标外，更多的是考量应聘者的管理能力和学生工作的业务技能，以及应聘者在读期间的学生干部经历，对于专业的要求并不严格苛刻，大部分辅导员招聘中专业要求是“不限”或者“马克思主义理论、思想政治教育相关专业优先”。当然这是由高校培养马克思主义理论相关专业的毕业生供不应求的现状所决定的，这就造成了辅导员队伍的专业多元化和队伍整体思想政治理论水平的偏弱的局面（苏李杰，2019）。有学者经研究认为，当前高校辅导员科研能力总体态势良好，多数辅导员具备科学研究的基本能

① 习近平．用新时代中国特色社会主义思想铸魂育人，贯彻党的教育方针落实立德树人根本任务［N］．经济日报，2019－03－19（16）．

力，但也有一些问题客观存在，主要表现为：高校辅导员科研能力总体发展水平不高、科研能力结构要素发展不均衡、科研能力发展动力不足、科研能力个体发展不平衡（聂小丹，2016）。也有学者认为，当前，高校辅导员学术话语体系构建存在难以调和的矛盾，并集中表现为高校辅导员职业身份的内在冲突，这已经成为制约高校辅导员队伍专业化建设和学术研究能力建设的瓶颈（刘佳，陈昭颖，2017）。还有学者认为，在以学术为核心的大学场域中，各类主体尤其是专业教师往往动用各类资源去寻求科研以立身，而广大青年辅导员由于各种原因被隔离或散落在学术场域的边缘，进而导致他们在经济收入、教学、科研、管理以及心理等方面遭遇着一系列现实的冲击和困惑；而这种冲击和困惑很大程度上来自其自身双重身份的尴尬角色，或者说这种双重身份的薄弱性（朱飞，秦永和，马素伟，2013）。曾有学者对江苏省 3 所高校 100 名辅导员的科研成果进行统计分析，结果显示从事学生工作科学研究的高校辅导员所占比重很小；《高校辅导员学刊》陈九如主编对该刊5 年来发表文章情况进行统计分析，结果表明一线专职辅导员发文量只占期刊文章总数的1/3，同时高校辅导员撰写的学术论文存在质量低等问题（刘佳，王林清，2017）。

这一情况在中外合作办学高校的学生辅导员群体中也很显见。中外合作办学高校的学生事务管理大多与境外合作学校的学生管理接轨。据学者考察，境外学生事务管理组织有三种模式：外部事务型，以法、德等国为典型代表，由专门校外机构负责学生事务；内部事务型，以英、美等国为典型代表，高校自己承担大部分学生事务管理工作；内外部事务混合型，如日本等国，兼有以上两种类型（方魏，2014）。这些管理方式虽有细微差别，但大方向上都主张“学生事务”是与“学术事务”相对，涵括各类辅导、经济资助、校园活动管理、生活服务、就业协助等涉及学生的各方面事务，工作内容主要在对学生日常生活的服务和管理上（方魏，2014）。

可见，思政理论课教师对于大学思政教育的科研实力的支撑力是不言而喻的，学理性是思政理论课的基础属性。思政理论课虽然具有鲜明的政治性，但其教学内容不是政治口号，而是科学理论。思政理论课具有自身的学术内涵，思政理论课教学既需政治性，又需学理性，需要思想性与政治性两者的辩证统一，既以政治性引导学理性，坚持正确的政治方向，又以学理性支撑政治性，增强思政理论课的说服力。“思想政治理论课”关键词是“政治”，“思想”是“政治思想”，“理论”是“政治理论”（冯刚，2019）。学生辅导员需要加强与思政理论课教师之间的沟通交流与合作，不断提高自身的理论水平和马克思主义素养，从而不断提高为学生解决实际问题和思想问题的能力，加强日常思想政治教育的深度。在日常工作中，两支队伍可结合各自工作特点，发挥所擅长的点，互相补益不足，既弥补思政理论课教师缺乏对学生深入直观了解的不足，也弥补学生辅导员理论基础薄弱的情况，两者合作科研探索，实现共赢，并在育人工作方面也将取得新突破。

## 二、思政理论课教学对思政教育话语权的引领

习近平总书记曾强调：我们必须把意识形态工作的领导权、管理权、话语权牢牢掌握在手中，任何时候都不能旁落，否则就要犯无可挽回的历史性错误①。

话语权是语言运用过程中所体现出的思想力量，理解语言是理解思想政治教育话语权的前提基础。思想政治教育话语权既是意识形态主导权实现的主要方式，又是意识形态主导权的具体表现（杜敏，2018）。思政教育工作者掌握思想政治教育话语权，将我国的发展优势成功地转化为话语优势、发挥思想政治教育话语应有的影响力和支配力至关重要，因为思想政治教育是主流意识形态的主导和灌输，是党的意识形态工作的重要组成部分，推进思想政治教育话语权建设既是党掌握意识形态领域的领导权、管理权、话语权的题中应有之义，又是实现党在意识形态领域的领导权、管理权、话语权的手段和途径。当前，从世界范围来看，“西强我弱”的话语格局依然没有改变，话语权争夺呈白热化状态；从国内社会来看，思想文化领域话语样态驳杂。国内外复杂的话语态势迫切需要思想政治教育在冲击中站稳脚跟、在分化中凝聚共识、在多种声音中唱响主旋律，进而以思想政治教育话语权的确立来维护社会主义意识形态安全（杜敏，2018）。

在中外合作办学高校，对话语权的引领和掌握尤为迫切而重要。中外合作办学在运行过程中，一般都有外方办学者的参与，尤其是一些具有独立法人资格的中外合作大学其在教学的核心功能上是西方化的，在确保该类学校顺利引入世界一流大学的先进教育理念、教学内容和教学方法、教学活动的同时，该类学校要坚持在多元中确立主导、在分化中凝聚共识、在多种声音中唱响主旋律、在负面信息中弘扬正能量，在西方文化面前展示中国文化的个性和魅力，进而以根本话语权的确立来维护意识形态安全，引导学生理解中国国情，确立祖国意识，在“认识中国”“瞻望世界”的基础上形成“中国话语”、彰显

① 中共中央文献研究室．习近平关于社会主义文化建设论述摘编［M］．北京：中央文献出版社，2017：21.

"中国智慧"、提供"中国方案"。这就需要该类大学的思政教育工作者齐心协力、步调一致，主动推进话语权建设，打造话语共同体、增强思政教育的话语影响力，掌握思政教育话语权。其中，思政理论课教学团队是主力，表现在以下几个方面。

### （一）在理论层面，思政理论课教学领域率先开启话语权研究

人们对话语权的把握，不能停留在现实表达操作层面，而需要通过长期深入的理论研究，才能形成系统扎实的经验，正如杜敏（2018）所述，话语本身不具有力量，话语的力量来源于思想理论的力量，离开一定思想理论支撑的思想政治教育不能称为思想政治教育，更加谈不上拥有思想政治教育话语权。在思政教育领域，率先研究话语权的相对集中在思政理论课这个角度。杜鹏（2015）指出，当前思政理论课专任教师话语权存在弱化的态势，应从转变高校教育理念、提高思政理论课专任教师素质、加强相关政策落实及新举措推进等方面重构思政理论课专任教师话语权。孙英（2016）指出，思想政治理论课话语权具有言说任务的引领性、言说者的权威性、言说内容的可信性的内在特性，思想政治理论课话语权建设要与思想政治教育发展规律、意识形态安全的本质、思想政治教育的任务和目的相契合，通过设计主题、把握导向、贴近生活世界提升思想政治理论课话语权。李庆霞（2016）指出，高校思想政治理论课话语权存在着三个方面的挑战，即社会体制转型中的各种矛盾对思想政治理论课话语权主体的冲击、各种社会思潮对思想政治理论课话语权阵地的侵蚀、复杂的国际社会变化对思想政治理论课话语权的挑战，我们要积极应对挑战，牢牢掌握话语权。魏佳（2017）指出，在高校思想政治理论课话语权建设中，需要处理好思想政治理论话语的意识形态性与科学性的关系、理论性与实践性的关系、思想性与政治性的关系、创造性与趣味性的关系。还有学者指出，通过思政理论课话语权的提升可以推动主流意识形态话语权的建设，而要提升思政理论课话语权，首先应该厘清思政理论课话语权的生成逻辑（陈忠梅，2018）。这些研究的存在，推动了思政教育话语权研究的发展，也引领着思政教育者掌握意识形态话语权的思维方式和路径方向。

### （二）在实践层面，思政理论课教学团队掌握着丰富的话语权把握的经验和资源

思政教育以一定的话语为中介来进行引导，尤其是思政理论课教师，在课堂中以精准的语言、流畅的表达、准确的数据、严密的逻辑进行教学交流。在

教学实践中，思政理论课教师时常面临传统话语与现代话语、西方话语与中国话语、理论话语与实践话语等多种话语之间的衔接、转化、调适的挑战（杜敏，2018）。全球话语的潜在霸权、现代话语的多元分化、网络话语的插科打诨，在某种程度上构成了思政教育的时代语境，思政理论课教师需要运用灵活的课堂组织经验、扎实的理论功底素养、广博的社会实践阅历、富于亲和力的人格魅力等浑身解数来应对，以期促使马克思主义理论及其最新成果传之即广、达之即深，致力于从马克思主义立场、观点和方法出发，理顺多种话语之间的关系，提升思政理论课的影响力、说服力、传播力，建构一套具有中国特色、中国风格、中国气派的思想政治教育话语体系。在此过程中，思政理论课教师所积累的丰富的话语权把握的实践经验是其他思政教育工作者所不具备的。

## 三、思政理论课对媒介素养教育融入思政教育的引领

媒介素养（media literacy）最初是从西方传入中国的一个概念。学术界大多认为，世界上最早提出“媒介素养”这一概念的国家是英国，也就是 1933 年英国学者 F. R. 利维斯和丹尼斯·汤普森在《文化与环境：批判意识的培养》一书中，首次提出应将媒介素养教育引入学校课堂，这被视为开启了英国乃至世界媒介素养研究的起点。随着网络技术和数字技术的不断进步，媒介素养研究也逐渐受到学术界关注。1995 年，美国学者詹姆斯·波特在其著作《媒介素养》中指出：媒介素养是一种观察方法，即人们面对媒介信息时，能通过自身的知识结构主动选择应该采取的方法（王静，2018）。目前，关于媒介素养的概念，中国学术界尚未形成一致的见解，就一般理解而言，媒介素养是一种能力，是人们关于媒介信息的分析能力、选择能力、理解能力、评价能力以及创造能力等。刘津池（2012）对“媒介素养”“媒介素养教育”等概念进行了较为系统的梳理和探讨。他认为，媒介社会是当前乃至未来社会发展的基本趋势，它根本上是生产力发展的重要表现，直接对应的是媒介发展的程度及其社会影响。媒介社会的发展，使得“媒介化生存”成为一种可能的生活方式，也就内在地要求提高人的基本媒介素养，以适应媒介社会发展的要求。媒介素养所关注的中心话题一直以来主要是：如何将媒介信息服务于个人的发展；如何通过媒介的使用让人们变得更加睿智；如何通过媒介赋权于民众，提高人们的沟通能力，使其获得自由和解放；如何通过媒介素养教育营造良好的媒介环境，推动社会的良性发展（张开，2018）。媒介素养教育本质上就是教育，应当将其表述为：有目的、有计划、有组织地以“培养人”为使

命而展开的关于培育和提高人的基本媒介素养的社会实践活动。

在我国，据学者考证，媒介素养最早可以追溯到20世纪二三十年代，那时的新闻代表人物尽管没有提出“媒介素养”一词，但是都看到了媒介运行机制及受众媒介认知的重要性。发表于1979年第一期《国外外语教学》的《为使学生主动接收电视影像（实验报告）》的文章为现代意义上媒介素养相关研究的第一篇（赵丽，张舒予，2015）。有学者认为，1997年，中国社科院副研究员卜卫教授所发表的《论媒介教育的意义、内容和方法》一文，可被看作我国大陆地区对媒介素养教育的系统研究的开端（刘亚飞，2016）。然而过去一段时间，媒介素养教育的开展局限于技术层面上的一般操作，被窄化为信息技术教育，主要进行的是程序性知识的传播和多媒体技能的培养，并被当作抵制不良媒体信息、减少媒介负向作用等的基本途径。近些年，媒介素养教育正逐渐为越来越多的学者所看重，媒介素养已经成为一种教育权利的标识和赖以生存的资本，而媒介素养教育则要为在未来社会里生存的能力和条件作准备。我国的媒介素养教育虽然起步较晚，有关的实践和理论研究均尚未成熟有型，但媒介素养教育在我国业已成为一个热门的话题。刘津池（2012）分析，媒介素养教育在我国的兴起主要有以下两方面的原因：一方面，作为实践层面的媒介素养教育，在培养人的整个教育过程中扮演着越来越重要的角色，凸显出了极为明显的育人价值；另一方面，虽然我国媒介素养教育的开展时间较晚，体系化的理论研究和具体实践也并没有形成，但作为学科层面的媒介素养教育正在独立出来，并显示出日渐繁荣的发展态势。查阅知网可知，近20年来（2000年1月到2020年1月）以“媒介素养教育”为主题的论文达2200多篇，并且文献数量随时间发展呈直线上升趋势。不同的学者基于不同的角度对媒介素养教育加以分析和研究，均不约而同地认为，在我国开展媒介素养教育势在必行。比如，陈玲（2019）认为，加强媒介素养教育可以使人们在社会发展中正确利用信息传播技术促进自身发展。随着社会的快速发展以及信息技术的不断更新，各种媒介相互渗透不断深入人们的生活，成为社会运行机制中不可或缺的一部分，报纸、电视、网络、智能手机等传播媒介对人们的人文素养也有着越来越深刻的影响。媒介技术的兴盛推动现代社会发展的同时，也产生了许多新的社会问题。如何在海量信息的媒介世界中获取信息、辨别选择合适的媒介信息并加以利用成为人们当前所急需解决的问题。比如，刘朋（2017）认为，高校思想政治工作者有必要审时度势充分认识到新媒体的多元化影响，致力于在思想政治教育工作中融入媒介素养教育。现代社会网络经济不断发展，信息技术已经成为人们生活中不可或缺的一部分，新媒体具备新型媒体传播的各种性质，如便捷的传播通道、广阔的信息平台、超大容量的数据统计，这些优势使得新媒体快速地抢占大学生市场，并成为大学生生活中不可缺少的重要途径。也正是这种新媒介环境的产生，不断加强信息技术在人们日常生活中的渗透力度，对于人们的学习、娱乐与生活方式产生重要的影响。

在当代，媒介素养已经成为一种教育权利的标识和赖以生存的资本，有学者甚至认为，不接受媒介素养教育在很大程度上就意味着无法获得在未来社会生存的能力和条件。高等院校由于师生思想较为开放、知识结构体系相对成熟，已经成为媒介素养教育的主要实践场所。因此，在我国当代的媒介素养教育实践中，高等院校是其中最为主要的力量（刘津池，2012）。媒介素养教育纳入大学思政教育体系已成为必然趋势，思政教育中的媒介素养教育，旨在通过教育引导大学生形成科学价值的判断，建立广泛和系统的立体结构，进而成为一个现代社会中的“媒介人”。具体而言，要掌握及时获取信息的能力，要掌握正确识别和理解信息的能力，要掌握恰当评估和整合信息的能力，要掌握创造及传播信息的能力。思想政治教育与媒介素养教育是相互影响、相互作用、互动发展的，媒介素养教育为思想政治教育提供具体的素质支撑，思想政治教育为媒介素养教育提供思想保证。在当今社会思想政治教育所面临的环境下，媒介素养教育已经成为思想政治教育中的新课题、新途径、新视野，需在借鉴西方媒介素养教育理论和实践基础上开展本土化研究，在思想政治教育体系下进行价值与实践探索（刘亚飞，2016）。

改革开放以来，各类社会思潮传入我国，不断传播渗透，引起了我国社会不同思想意识间的相互激荡、多元价值间的相互碰撞。近年来，包括新自由主义、后现代主义、历史虚无主义、民主社会主义和所谓“宪政民主”“普世价值”“西方新闻观”在内的不良社会思潮，仍然不同程度地干扰着青年学生的思想认知，对传统的马克思主义信仰教育产生冲击和抵消作用（冯刚，2019）。从我国社会的发展来看，市场经济体制运行下带来的竞争格局、大众传播媒介形成的媒介环境、互联网技术的发展和广泛运用等，既带来社会的进步，也涌现和折射出在思想、道德以及政治等方面的问题。从世界范围来看，经济全球化发展和信息的流动，不同国家之间各种思想文化互相渗透，加速了不同意识形态下思想政治的交汇，并涌现出各种矛盾和冲突，这种现象在中外合作办学高校尤为突出而显见。该类高校尤其是中外合作大学，往往引入世界一流的教学体系，在教学的软硬件方面都力争与世界接轨。比如，在教学方式上，采取“研讨型”的“小班化”课堂教学模式。这种教学模式使得不同文化背景的师生之间可以在课堂进行较为频繁而深入的切磋交流；在课外，学生又经常组成三至五人的研讨小组，共同完成教师布置的课程作业。由于团队合作精神是评价学生能力的重要指标，因此很多课程作业均要求小组成员之间经常进行学术辨析和研讨；在课程设置上，学生常有机会到境外交换学习，在这一过程中，广大中外师生之间的多元观点始终处于有意识或无意识的比较、判断、选择中，多元化的价值观、意识形态和生活方式亦得到了潜移默化的相互渗透。在教学内容上，该类学校的学生所接受的是境外合作学校的教育模式和知识体系，所使用的大多是原版英文教材，学生在受到国际先进的教育理念、知识体系传授的同时也长期受到境外各种社会思潮、意识形态的影响。在社会大背景方面，当前人们正面临“碎片化”的阅读环境：时间的碎片化、信息的碎片化、思维的碎片化、思想的碎片化、阅读的碎片化。总的来说，中外合作办学高校的学生亟须媒介素养教育的系统引导，建立理性、成熟的判断能力，克服在媒介接触动机方面的“盲目自发状态”，具备科学、合理的甄别意识和鉴赏评价能力。

在媒介素养教育融入中外合作办学高校思政教育过程中，思政理论课教学团队显得尤为重要。

首先，思想政治理论课教师是推动培养大学生媒介素养的主力军。思想政治教育从本质来讲也是一种信息传播活动，是教育者通过一定的教育手段将思想政治教育信息传递给大学生的一种实践活动。思政教育工作者只有自身具备较高水准的媒介素养，同时也掌握媒介素养教育较为成熟的方法和理论，才能为大学生提供相关的教育，也才能更好地提升大学生思想政治教育的实效性。如前文所述，思政理论课教师在思政教育工作者中具备较高的学历和较强的科研能力，具有系统培养学生媒介素养能力的较好条件。同时，专业化的媒介素养教育应以理论教育为基础，媒介素养教育的起点应当从对媒介基本知识的认知开始，要帮助学生对新媒体技术开放性、虚拟性等特征有理性把握，媒介素养教育需要植入系统的思政理论课堂中，教师采取一定的教学时间、教学内容和教学手段引导学生，这就势必需要思政理论课课程的系统安排。欧美国家虽没有专门的思政理论课程，但思政理论课的内容渗透在公民教育、道德教育、法制教育、历史教育等课程中，教师在将媒介素养内容融入这些课程中时，已形成较为成熟的教学形式，如“文本解析”“核心概念”“媒介消费反省”“模拟与动手”“媒介监测”等。由于教学内容鲜活生动，教学方法实践性强，媒介素养的融入有效地提高了原有课程教学质量，也推动本国主流价值观的传播和现代信息人才的培养。境外较为成熟的融合经验为我国思政理论课教师规范、有效传播媒介信息提供了良好的借鉴（赵世环，燕善敏，2016）。在我国，思政理论课教师通过“大课堂”和“小课堂”，运用合理、巧妙的方式向学生传播媒介素养内容。如让学生了解媒介的性质和特征，培养大学生媒介接触的良好习惯，帮助他们形成有效获取信息的技能，引导他们自觉审视媒介动机和媒介伦理道德，鼓励大学生利用网络合理表达自己的想法等。其最终目的是使学生能够更好地与媒介打交道，并利用媒介服务于自己的学习、生活（陈娜，2015）。

其次，思政理论课是推动媒介素养教育中批判质疑能力养成的重要一环。如何引导大学生正确面对主要由网络环境带来的“碎片化”信息，以及超越专业局限而追求普遍知识，由普遍的知识而建构对自身及迎“我”面而来的世界的相对整全性的把握，这已然成为目前大学生思政教育中必须考量的一个命题。有学者提出，从本质上说，媒介素养教育要达成对人的培养，不仅仅是在知识上使学生得到充实，也应当给学习者以一定的技能培养和道德熏陶（刘津池，2012）。思政理论课教师通过在课堂对各类信息的分析、探讨和比较，来培养学生的心灵、启迪学生智慧，帮助大学生提升媒介素养，这是思政理论课教师媒介素养教育的落脚点和最高目标。思政理论课教师通过课堂，引导学生能够运用自己的知识，结合正确的世界观、价值观来分析媒介信息尤其是在互联网络上的信息，能够对媒介的报道提出质疑，批判地分析某些报道和细节的真实性和准确性，能够辨别媒介信息背后的商业或情感诉求、意识形态诉求，形成自己的独立判断和见解。

最后，思政理论课教师自身的媒介素养是深入开展媒介素养教育的前提。在2007年《巴黎宣言》中，联合国教科文组织进一步界定，一个全面的媒介教育概念应该包括三个主要目标：第一，人人都有接触各种媒介的机会，这些媒介可能是人们理解社会和参与民主生活的工具；第二，培养公民对媒介信息（不管是新闻还是娱乐信息）的批判性思维，从而加强个人的自主能力和积极使用媒介的能力；第三，鼓励个体参与各种媒介制作、利用媒介表达意愿和参与媒介互动（陈晓慧，刘铁珊，赵鹏，2013）。可见，媒介素养教育是一项系统的教育工程，要开展良好的媒介素养教育，无疑，教师自身首先必须具备较高的媒介素养，并具备将媒介素养应用到教学中的意识和能力。在此过程中，教师既是媒介信息的受众又是媒介信息的传播者和创造者，在学生中发挥着“意见领袖”的作用，其媒介素养的高低不仅与自身水平相关，更会影响大学生媒介素养水平。可见，媒介素养教育不是简单靠实践活动的体认获得，媒介素养教育也不是某方面知识和能力的培养，更核心的是要培养学生的批判性思维，促进其全面发展，这从根本上需要系统专业的讲解、严密的逻辑训练和深入的理论指导。从这个方面来看，思政理论课教师通过课堂传授在媒介素养教育中起到的作用至关重要。思政理论课教师只有不断拓展知识领域，优化知识结构，努力学习现代科学技术知识，以之指导教育实践，并积极利用不同媒介和自媒体平台，才能加强与学生的交流和互动，才能更好地将知识传授于学生。只有提高自身的媒介素养，思政理论课教师才能有效利用媒介，通过媒介来宣传正确的观念，推进社会主义核心价值观的传播，同时有效甄别和判断媒介信息，去伪存真，通过课堂教学和课余交流来影响学生，帮助学生判断媒介信息，引导学生树立正确的价值观和人生观。

## 第四节　中外合作办学高校学生事务与思政理论课教学加强协同育人的可能性

如前所述，中外合作办学高校的学生事务与思政理论课教学之间有着极强的关联性，可概括为以下几点：在根本目标上两者均为中国特色社会主义建设事业的顺利进行、为实现中华民族伟大复兴的“中国梦”、为广大人民群众的幸福生活提供强有力的思想精神保障；在具体目标上，两者都致力于培养胸怀祖国、视野开阔、富于理性思辨能力的青年学生；在指导思想上，两者都以马克思列宁主义、毛泽东思想、邓小平理论、“三个代表”重要思想、科学发展观、习近平新时代中国特色社会主义思想作为指导思想，以科学的世界观和方法论开展实践工作。两者都是在中国共产党的领导下，为广大人民群众的根本福祉提供思想精神保障的工作，两者都依据人们思想观念、政治观点和道德规范形成的基本规律开展具体实践工作。

近年来学术界研究的一个热点问题之一就是“协同育人”问题。著名学者王学俭（2017）指出：“协同指的是系统中多个子系统（或要素）之间相互协调、相互合作的或同步的联合作用，它广义地包含了竞争与合作，但重点强调的是合作。”不少学者提倡思政教育运用系统论、协同学、合力论等理论，发挥整合作用、协同作用，产生合力效果。“思想政治教育协同育人”即是指在开放的思想政治教育大系统中，各思想政治教育工作子系统不断从外界获取物质、信息、能量，相互产生影响、交换和互动，在协同作用的机理下朝着有序化的方向运行和不断完善（李渝萱，2019）。

在协同育人方面，相关工作者还有很大的开拓探索空间。赵婷（2019）认为，纵观当前思想政治教育工作的育人现状，存在着不少现实问题：如面对思想政治教育工作不会管、不愿管、不敢管；只注重管理，而轻视德育，思想政治工作无“同”可“协”，缺乏“协同意识”，思想政治工作人员在教学中往往形成“单打一”的局面；在具体工作面前往往推诿和互相扯皮，协同意识较差，不能形成一种整体行为。诸如此类现实问题，如任由其发展，很有可能严重影响到高校思想政治教育整体功能的发挥，从而关系到高校学生的思想指引问题。

大学生是国家和民族的未来，大学生不仅仅要发展智育，具备担当民族复兴的能力，更要重视德育，成为品德高尚的人，只有德育与智育协同发展的大学生才是健全的大学生。中外合作办学高校，其办学的优势和成效绝不在办学项目和机构自身的数量和规模，也不在其合作的方式和制度，根本落实在我们培养的学生。要实现该类学校学生的全面发展、脱颖而出，首先要发挥全方位的教育合力，避免任何一类教育主体“单兵作战”的现象。在综合分析了中外合作办学高校学生事务与思政理论课教学之间的张力关系后，接下来我们探索两者间如何进一步密切合作，发挥协调共进、同频共振效应，实现“1 +1 >2”的合力效果。

## 一、深挖学生事务与思政理论课教学队伍之间的深度融合内容

如前所述，中外合作办学高校的学生事务与思政理论课教学队伍均为该类学校育人系统中的两大关键要素，尽管这两支育人队伍在对大学生进行思想政治教育的过程中充当了不同的角色，有着各自的职责分工和育人优势，但这恰恰为二者间的深度融合提供前提和基础。我们认为，在既有基础上，两支队伍间可在以下领域加强彼此的合作，通过多领域携手提高思政理论课教师和学生辅导员的协同育人意识，使两支育人队伍加强彼此之间沟通与合作。

### （一）提升协同育人意识

马克思主义唯物辩证法认为意识对物质世界具有能动的反作用，培养各主体的协同意识和团队合作精神至关重要。当思想政治教育各协同主体有了一致的育人目标时，它们之间的协同效应就为育人机制的发展提供了最原始的驱动力，使每一个主体之间相互帮助、相互促进及相互勉励，最终形成一种主体间和谐自然的状态（赵婷，2019）。

从思政教育来看，我们对学生的观察、培养与帮助应是全面而灵活的。一方面，学生需要知识的传授、专业的导引、方法的和能力的培养；另一方面，学生也需要心灵的倾诉、创伤的抚慰、生活的交流以及人文的关怀。思政理论课教师作为思想政治教育过程中的主导者，需要在协同育人过程中充分发挥自身高尚的思想意识，正确利用主导地位，遵循育人规律，组织、引导协同育人活动；辅导员、班主任则在与学生的日常工作接触中，充分重视学生的成长规

律，深入学生的内心，纠正学生的不良思想，为思想政治教育协同育人的顺利进行贡献力量（李亚丹，2019）。同时，两支队伍间形成畅通的联络沟通机制，思政理论课教师通过与学生辅导员的密切交流，能够多渠道深入了解学生、关爱学生，在了解学生实际情况和思想动态的基础上开展教学，拉近师生间的距离，切实提升学术厚度、理论深度和人文温度，开展有针对性的教学，提高大学生的思想道德、法律意识和马克思主义理论素养，增强大学生的历史责任感，培养大学生的健全人格。学生辅导员通过与思政理论课教师的紧密配合，得以深度理解思政工作的路线、方针和政策，提升自身的马克思主义理论修养、知识厚度和工作水平，在日常管理与服务中开展思想政治教育，向大学生传播正确的价值观念和社会思潮，及时遏制自杀、交通事故、火灾等不良事件的出现，在为大学生解决实际问题的过程中深入了解学生，有针对性地对其实施思想政治教育（苏李杰，2019）。

中外合作办学高校应该将思想政治教育融入教育管理全过程，强化教师“立德树人”责任，将价值塑造与知识传授、能力培养有机结合，促进思政教育与学术启发、管理服务有机融合，形成协同育人效应，促进思想教育与生活教育融合，切实实现全员育人、全过程育人、全方位育人。

### （二）加强科研互助合作

思政理论课教师长期从事科研与教学工作，在问题切入、方法探索和理论建构上具有经验优势，但在贴近学生、获取一手案例方面并不擅长，即便与学生交流，也多集中在知识答疑、论文构思等学术领域，导致很多研究无法及时得到检验和反馈，容易造成“不接地气”的局面。许多思政理论课教师被教学、科研占据大部分时间而无暇深入了解学生的实际情况和思想动态，导致思政理论课育人缺乏针对性。学生辅导员队伍时常与学生在“非学术领域”自如交流，获取很多一手信息，但也存在实践经验丰富、理论知识欠缺的短板，不易将宝贵的一手实践经验及时提炼总结、上升为理论层面，许多辅导员的专业背景多元，日常事务繁杂，往往无法深入学习研究马克思主义理论等相关业务知识，凝聚不起富有深度和条理的问题意识。加强中外合作办学高校中思政理论课教学和学生辅导员队伍之间的科研合作是二者深度融合的必要选择，也有助于提升学校整体协同育人效果。学校应多渠道、多方面提供支持，鼓励思想政治理论课教师与辅导员开展常态部门往来交流活动，互通有无、互相取经，鼓励两者间联合申报各类思政教育相关科研项目，实现思想政治教育的跨学科交叉研究，组建两支队伍共同参与的研究团队，协同攻关。学校党委建立定期专题研讨制度，思政理论课教师定期开设学术讲座，帮助辅导员队伍提高理论修养与科研能力。学工队伍与思政理论课教学队伍定期组织交流，互相帮助了解掌握学生思想动态，为二者的合作搭建平台，通过提供资助计划、奖励政策，助推两类人员主动融合、合作，实现双赢。

### （三）形成互补融合工作内容

高校思想政治教育本身是一个系统工程，需要各环节密切合作。中外合作办学高校的育人工作面临复杂的局面，需在吸取境内大学传统思政理论课的成功经验和境外先进教育理念、教学方法的基础上，有效实施思政理论课教学，适应国际化教学环境，激发学生内在的学习需求。在这方面，我们可以尝试显性教育结合隐性教育的形式，显性教育与隐性教育作为高校德育方法中两种基本方法，既相互区别，又相互联系、相互补充，在高校德育过程中发挥着重要的作用。思政理论课教师与学生辅导员两支队伍密切配合联系，建立思政理论课堂显性教育与思政育人日常工作隐性教育相得益彰、互为补充的育人机制。在课堂教育中，思政理论课教师应充分考虑学生的感受力、接受度，采取有效的授课方式、选择合适的切入角度、表现良好的教学态度、彰显有品位的个人魅力，充分发挥思政理论课在价值引领中的核心地位，理直气壮地讲好中国故事，激励学生自觉把个人的理想追求融入国家和民族的事业中，勇做走在时代前列的奋进者、开拓者；学生辅导员则应在其隐性教育过程中，与思政理论课同向同行，开展春风化雨、润物无声的教育，精心设计教学环节，加强其预期性、潜伏性意图，并与课堂显性教育形成积极的长期的动态的互补。学生辅导员队伍实施隐性思政教育是对传统以显性为主的思政教育的有效补充，有利于全过程育人、全方位育人，有利于培养出有理想、有本领、有担当的一代青年。

## 二、开拓学生事务与思政理论课教学之间的深度融合平台

当前我国处于全面建成小康社会决胜阶段，是中国特色社会主义进入新时代的关键时期，国内外形势正在发生深刻复杂变化。高校承担着培养德、智、体、美、劳全面发展的社会主义建设者和接班人的重任，致力于培养民族复兴大任的时代新人。在此背景下，中外合作办学高校的思政理论课尤其需要挖掘多向度的育人渠道，加强校内外、跨部门联合，使多元主体、部门、平台等得以在协同育人中充分整合智慧和正能量文化，始终坚持走在改革发展前进的道路上，切实全面提升思政教育的亲和力和实效性，与其他育人主体共同打好配合战，同向同行，开创新时代高校思政教育工作的新局面，促进新青年成长。

### （一）创建网络思政“隐性教育”平台

对于今天的全球网络环境与大学生成长间的关系，刘欣欣（2018）曾这样分析：在经济全球化的背景下，当今世界正在发生深刻变化，世界各国之间的联系以及在政治、经济、文化上的往来日益密切。各种文化和思潮相互激荡，对人们的思想意识产生巨大的影响。全球化、网络化在促进交流和开阔人们眼界的同时，也对人们的思想带来了深刻影响。一方面，在全球化进程中各种思潮通过网络迅速传播，给人们带来海量信息的同时也带来了各种不良信息，对人们的思想产生负面影响；另一方面，西方敌对势力利用世界社会主义处于低潮的契机，加紧对我国进行“和平演变”的攻势，企图“西化”和“分化”我们；国际敌对势力与我们争夺青年一代的斗争更加尖锐复杂，大学生面临着大量西方文化思潮和价值观念的冲击，某些不健康的生活方式对大学生的影响不可低估（刘欣欣，2018）。这种形势在中外合作办学高校自然更加严峻和复杂。思政工作者除了思政理论课讲台这一主流渠道之外，还需充分调动整合各方资源，开展隐性思想政治教育工作。

一般而言，高校隐性思政教育是指高校思政工作者（高校教育者和管理者）在充分把握思想政治教育内涵及受教育者情感、认知的基础上，将教育的目的、内容寓于除专门的思政教学课程之外的大学生生活环境和特定形式的实践活动中，使大学生在不受时空局限的情况下不知不觉地接受教育，达到思政教育的最优效果和最终目的。高校隐性思政教育具有教育过程的内隐性，即把传统思政教育的正面过程内隐于学校的物质、精神环境或特殊形式的活动中，不表露教育目的，不宣扬教育内容；高校隐性思政教育还具有教育内容的丰富性，即从丰富多彩的大世界和学生们身边的小生活着眼发掘更丰富的教育内容，包括经济、文化、娱乐、健康、环保等；高校隐性思政教育具有教育主体的多元化，即高校的所有教师和管理者都可加入教育主体的行列，从不同的职责出发点进行思政教育活动的有益实践；高校隐性思政教育具有教育效果的渐进性，即其效果在一个潜隐的状态下发生发展，涉及生活的方方面面，它不仅仅局限于校园内部，还要保持与社会发展的同步性，要在不断调整和纠错中不断达到新的高度（李翔宇，2016）。

毫无疑问，隐性思政教育与网络平台的结合是时代的选择。中外合作办学高校的思政理论课教师和学生辅导员需加强配合，充分运用互联网思维，联手打造一支思想觉悟高、品德作风佳、业务素质精、熟悉网络应用技术、创新能力强的网络隐性思政教育新型精英团队。团队成员要具备学术理论知识、信息分析素质、数据分析能力、语言沟通能力、敏锐的网络洞察力和心理分析能力，有相当老练的鉴别取舍的眼光，创造符合大学生口味的内容，利用活的信息有效地形成思政教育内容的实时性和实效化。团队成员在思想上，要有坚定的政治信仰。坚持发展的眼光和科学的立场，能够有自己的底线和担当，能够坚持马克思主义方法论的指导，与大学生既有充分互动的意愿，又有准确判断舆情危机的眼光，能够及时化解危机，甚而化“危”为“机”。团队成员在能力上，要有深厚的文化底蕴，要懂得隐性思政教育相关理论和作用机制，牢固掌握计算机的相关知识并能够熟练应用，有良好的沟通意愿和水平，善于在日常的各种社交平台等网络生活中，利用自己的思想、经验和信息优势，用正确的观点和合适的方法对大学生施加积极的影响；团队要利用合力，优化平台建设、合理设计内容，注重与当前社会时政问题的结合，聚焦社会热点，关注社会民生，通过时政热点的讨论争鸣活跃网络的气氛，让大学生在学习知识的同时获得思想认识上的提高。充分利用博客、微博、微信、抖音、QQ、哔哩哔哩、BBS论坛、语音邮箱、社交空间留言板等多样化的信息沟通渠道，在带给大学生多重选择的基础上保证思政隐性教育阵地的全覆盖，从而实现师生间更大范围的交流互助，进行友好平等畅通的交流。

### （二）打造第一、第二课堂合力平台

第一课堂是以课程教学为主的方式融合德育职能，教育的实质是师生的有效沟通，教师只有真正了解学生所思所想，才能提升教学水平，达成教学效果。第二课堂以辅导员为主，通过日常生活接触为契机，组织培养学生综合素质的系列实践活动，促进学生全面发展（刘兵勇等，2015）。

中外合作办学高校应以全方位育人为旨归，注重育人空间的多面性，重视有益学生发展的所有节点与层面，将第一、第二课堂教育合力衔接，构建适合学生全方位发展的环境，将统合育人贯彻于教学、管理服务期间的所有具体教育活动当中，并对两者的协作、配合给予高度关注和支持。

思政理论课教师与学生辅导员队伍合力打造思政教学联合平台。一方面，思政理论课教师参与日常思想政治教育活动，深入学生日常生活细节，及时掌握学生思想动态，搜集学习效果反馈，引领第二课堂朝着学术方向纵深发展，为学生在成长过程中的困惑提供富有学理性和深层次的解答，在思政理论课堂外与学生建立良好的情感交流，以反补思政理论课堂的不足，与学生成为知心朋友。思政理论课教师可以凭借其专业特长，在组织学生开展学术竞赛、人文科学研究等活动时，依托其学术功底和学术视野，为学生提供指导帮助。另一方面，学生辅导员要积极提升自身学术深度，拓宽沟通渠道，创造机会鼓励师生在课堂教学之外的相互联系，拉近师生距离，让学生更加真切感受到专业课

教师的学术魅力、人格魅力，让思政理论课教师成为学生的“人生导师”，构筑和谐师生关系。

在具体的融合平台搭建方面，两支队伍合作创办中国优秀传统文化教育，是一项可行的方案。中国优秀传统文化是在人类文明不断发展转变过程中逐渐积累下来的精华，是体现民族个性、思想精神及综合素养的重要文化，具有显著的民族特征，是宝贵的精神财富（赵康健，2019）。但由于受到思政理论课教学内容和教学课时等方面的限制，中国优秀传统文化尚不能在思政理论课课堂上展开长期、深入的教学。而在第二课堂的实践中，由于学生辅导员队伍科研学术条件的欠缺，亦很难长期担负起开设中国优秀传统文化相关教学工作的使命。在这一情况下，两支队伍融合，联合开设相关课程是一个双赢的举措。尤其是在中外合作办学高校，引领学生探寻中国优秀传统文化，能够在西式的教学环境下给予学生必要的中国传统优秀文化养分，引导学生的文化自觉意识，培养民族文化自信。中国传统文化中蕴涵悠久的立德树人理念，这一理念从一开始即与随着全球化而蔓延的“个人主义”有着根本区别，前者在其发端时即已规定，个人的修身立业从来不是一个个体独立进行的精神道德历练。相反，个人总是处身于家庭、社会与国家的个人，其个人抱负的实现始终落在个人和家庭、社会与国家相辅相成的关系网络中。这样的思想在今天来看，既是对西方文化的有益补充，又能够解决现代社会人类的很多困境。在具体内容选择上，我们可大力研发与当代大学生政治素养、道德思想、人格品行、爱国主义情怀紧密相连的教学内容，通过理论阐释、经典故事介绍、案例讲解等方法来进一步弘扬优秀传统文化精神，让学生更加全面、更加深入地了解与掌握优秀传统文化，从而促进他们的身心健康发展。

### （三）共建优秀思政理论课实践教学基地

实践教学是课堂理论教学的有效延伸，是大学整体教育的重要组成部分，思政理论课积极开设实践环节，可以让大学生走进社会，深切体验中国特色社会主义理论的成功实践，使大学生真正理解书本上、课堂里所传授的知识、理论的科学性和正确性。通过见证现实，反刍心灵，可以佐证思想，诠释理论，从而深化大学生对课堂理论教学的认识和理解，真心接受课堂上老师的知识传授和理论分析（华正学，2017）。

“为谁培养人”，这既是思政理论课教学工作的核心目标、也是核心任务。为加强教学与实践之间的关联，提升教学体验、提高课程品质和拓展专业深度，中外合作办学高校应积极开辟具有学校特色的、符合学校办学实际和治学理念的社会实践基地，开创学校与社会有机融合、互动交流的平台，为学生营造良好的课外活动氛围，在活动中促进领导力、社会责任感、艺术修养等多个方面的健全和提升，达到全人培养的目的。

中外合作办学高校，特别是中外合作大学一般都建在沿海开放城市，属于中国改革开放的前沿阵地，学生如能通过教师正确引导，深入社会，主动参与到丰富的社会生活中，亲身接触、感知、了解社会，认知、感悟社会，可以使学生们真实感受改革开放40多年来中国社会发展的成就。当然，实践教学环节的设计和安排至关重要，是教学活动与学生思想观念形成之间有机结合的纽带和桥梁。正如艾敏、赵国良（2013）所述，高校思政理论课的特殊性决定了高校思政理论课实践教学不仅是有形的技能和动手能力的培养，更主要的是通过实践加深大学生对所学科学理论的理解和把握，并逐步实现从思想观念到行为实践的转化。在思政理论课实践教学中，广大学生直接接触社会、了解人民群众、置身具体情境之中，亲身感受党的政策的正确性，体会马克思理论的科学性和实效性，这样他们才能从内心真正认同和接受马克思主义科学理论，进而将其转化为自身的品德修养和理想信念，指导和规范自己的行为。

这方面，宁波诺丁汉大学思政实践教学基地的建立，可以作为一个较好的案例。为促进宁波诺丁汉大学师生深度理解宁波城市风貌、传播宁波帮人文精神，提升学生的传统文化素养，促进宁波城市文明的对外宣传，宁波诺丁汉大学陆续与城市周边富有特色的场馆建立了思政理论课实践教学基地。宁波诺丁汉大学理工学院学生总支“诺有所习，知行合一”学习小组在学校党委和思政理论课教研室、学生事务发展中心和理工学院老师引领下开展相关活动。该学习小组自成立以来，致力于围绕阳明文化探索中国优秀传统文化，注重理论与实践的有机结合，与余姚阳明故居开展深度合作，共建了宁波诺丁汉大学阳明文化研习基地。这一行动不仅为中国籍学生深入理解王阳明思想带来良好契机，同时也能够推动更多的外国友人了解阳明文化，促进中华文明弘扬传播。2019年12月15日，宁波诺丁汉大学理工学院组织一批来自12个国家的29位国际师生与21名中国师生共同参观了余姚阳明故居。当天，理工学院学生总支“诺有所习，知行合一”学习小组推荐四名同学担当英文讲解员，每位讲解员带领5~7位同学组建一个小组，对国际师生做了阳明故居景点全面而细致的介绍。为进一步推动阳明文化在以大学生为主的青年人群体中传播，同学们计划通过制作王阳明故居的手绘地图和余姚市主要文旅景点的手绘地图等年轻人喜闻乐见的形式来宣传王阳明故居和阳明文化。除此而外，宁波诺丁汉大学人文学院、商学院还和思政理论课教研室一起合作，共同开辟了宁波帮博物馆和余姚河姆渡遗址作为思政理论课教学实践基地。

## 三、创设学生事务与思政理论课教学之间的深度融合机制

思政理论课教师与辅导员队伍的融合是一个系统工程，不是简单地相加，而是要从融合的机制上做好顶层设计，确保融合的有效性，理应在健全组织领导机制、健全发展激励机制、健全经费保障机制、健全考核评价机制等方面下足功夫，中外合作办学高校也不应例外。

### （一）健全组织领导机制

思政理论课教师与辅导员队伍有效融合的核心是要建立健全组织领导机制，从统一领导上彻底解决队伍融合过程中学生管理系统与教学系统长期分离的状态，进一步发挥学校党委在学校工作中的政治核心作用，强化中外合作大学党委的地位和职能，加强对思政理论课教学的指导。

中外合作办学高校的思想政治理论课建设工作应由学校党委直接领导，分管校领导具体负责，联合思政理论课部门和学生事务工作部门。在具体落实上，应成立学校党委领导下的思政理论课教学工作领导小组，党委常委每年至少召开 1 次专题会议，研究思政理论课建设相关问题，加强思政理论课建设方面的统筹职能，夯实顶层设计及保障落实，并协调沟通教务、财务、科研、资产等部门，为思政理论课教学的有效落实和推进提供强力支持和必要保障。以学生的全面发展为目标，以开放的姿态、灵活的方法面对课程发展，动态地调整组织领导机构，使其适应高等教育全面深化改革的客观要求。这样，有利于教学工作和学生工作的同向进行，进而提高工作效率和合力育人的质量。

### （二）健全发展奖励机制

健全的发展激励机制是思政理论课教师与辅导员队伍有效融合的动力保障，应该把他们的工作绩效作为职务晋升、工资待遇、科研立项、“评优评先”等的重要依据。学校应按照有关文件规定严格落实两支队伍的具体师资数量要求，确保两支队伍的人员配备齐全到位，并采取多种有效措施，鼓励和支持其他领域教师从事思政育人工作，充分利用当地社会资源，为思政理论课教师的教学开拓思政育人新途径、新平台、新渠道。例如，学校可以鼓励申报和执行省部级重点科研项目为抓手，加快推进和检验学校思政育人课程工程建设。大力支持教师积极参加各级各类业务能力培训和比赛，积极推荐申报各类思想政治理论精品课程，促进学校思政理论课程教学团队的能力提升。每年划拨一定名额鼓励辅导员在职攻读博士学位，留出一定岗位用于思政理论课教师

的挂职锻炼。开展“结对计划”，鼓励思政理论课教师在工作之余以个人名义融入学生事务团队，以经典阅读指导、基地实践带队等各种形式参与有意义的活动，体验当代学生思想和生活。学校要对在高校思政工作中业绩优秀、表现突出的思政理论课教师和辅导员给予表彰奖励，秉承有奖必有惩的原则，根据实际情况选树典型、抓好典型，加大宣传的力度和广度，辐射带动所有教师积极投入学生思政工作中来，增强思政理论课教师与辅导员队伍共同育人的责任感。同时，健全持续培养激励机制，可根据学校的实际情况，每年选送一批优秀的思政理论课教师骨干和辅导员骨干进行国内外培训、研修、深造，了解境外学生事务和意识形态教育的方式方法；鼓励教师继续攻读本学科相关专业研究生，提升其理论水平和实践能力，避免因理论功底不扎实或实践能力低等不自信情况。

### （三）健全经费保障机制

思政理论课教师与辅导员队伍的融合需要大量的经费作为支撑和保障，这直接决定着有效融合的效果。反过来，有效的融合能够为学校的长远发展节省成本，达到资本利用的最优化效果。学校应高度重视两支队伍的融合建设，加大思政理论课教师与辅导员队伍深度融合的专项经费投入，明确思政理论课在学校教育教学体系中的重点建设地位，加强学科建设、课程建设和教学改革投入力度，严格落实教育部规定的思政专项经费。鼓励和支持两支队伍的协同发展。当地教育行政部门和学校要合理确定两者深度融合工作方面的经费投入科目，并列入财政预算，设立教学实践活动专项基金，确保在融合过程中各项工作顺利开展。同时，要加强资金管理，提高经费使用效率。学校要建立健全与法律法规相协调、与学校规章制度相符合的专项经费管理办法，并以学校文件的形式加以规定和实施，从制度层面做出顶层设计，确保专项经费的合理使用。要由学校学生管理部门统一协调专项经费使用，科学规划培训、研修、深造、学术沙龙等方面的有效使用，避免过度浪费，鼓励采取项目化运作方式，着力提高专项经费的使用效率。这样可以提高思政理论课教师与辅导员队伍融合的物质基础，扩大有效融合的深度和广度，提升合力育人的有效性。

### （四）健全考核评价机制

健全考核评价机制是促进思政理论课教师与辅导员队伍深度融合的机制保障。学校应制定一套科学量化的考核评价标准，明确岗位职责，学生工作部门和思政理论课部门的评价要在党委的正确领导下，统一考核评价的口径，制定精细量化的细则，对教师的教学能力、日常管理能力、科学研究创新能力、学生引导的亲和力等实行严格考核和科学评价，坚决杜绝考评过程中的宽松软问题。学校可参考境外合作院校的学生评课和评师方式，与国际上比较通行的教师考评方式相接轨，以期科学、全面地衡量教学的质量，创新考核评价的手段和方法，也可以定期开展民主评议会，互相交流、互通情况，共同提升（王良盛，2017）。

# 第三章　中外合作办学高校思政教育培养目标与思政理论课教学的关切

中外合作办学是我国在教育国际化进程中出现的特殊办学形式。在高等教育领域，它突出中外双方办学者在办学过程中的合作，借以引入境外优质的高等教育资源。近年来，高等教育中外合作办学发展有序、质量提升、家长学生比较满意、社会评价良好，已经成为我国高等教育事业的重要组成部分。该类高校由于涉及中外双方办学者，引入了外方高校的课程体系和教育模式，从而成为了中西方文化的交汇之地，表现出较高的国际化特性。面对这种国际化特性，这类高校在进行思政课教学时不能直接照搬照抄传统高校思政课的教学方法，而是迫切需要根据本校的实际进行思政课教学方法创新，以期为中外合作办学的思政教育开辟新的路径。

思政课作为高校思政教育的主渠道，其在实施时所使用的教学方法对于是否能够有效发挥这种主渠道的作用具有非常重要的意义。就中外合作办学高校来说，其思政课的教学方法创新会受到多种因素的影响，例如，因时代社会普遍过度运用工具理性思维、该类学校大多数缺乏纯文科专业等因素，导致校园人文氛围薄弱、学生哲学根基不实、历史经验缺乏、社会历练不足、思考无法深入、理解易致单向度、行为易走极端等现状，有鉴于此，首先要给该类高校制定一个切中实情的培养目标。

高校教育的最终目标是培养学生具备符合社会和个人身心发展需要的核心素养，内容涉及德、智、体、美、劳等方方面面。在众多核心素养中，学生的思想政治素养是最为重要的方面。作为高校思政教育的培养目标，学生的思想政治素养不但关系到大学立德树人根本任务的完成，对于学生其他核心素养的发展也起着导向和引领的作用。鉴于此，高校除了要构建关乎大学生全面发展的核心素养体系，还应该着力构建大学生思政教育核心素养体系，将其作为整个核心素养体系的必要组成部分，以更有针对性地指导大学思政教育的开展。明代大儒王阳明曾说：“夫良知之于节目时变，犹规矩尺度之于方圆长短也。节目时变之不可预定，犹方圆长短之不可胜穷也……良知诚致，则不可欺以节目时变，而天下之节目时变不可胜应矣。”① 由此观之，思政教育的核心素养恰似“规矩尺度”般的“良知”，只有使学生将此内化于心，才能以不变应万变，成为能够服务于社会主义现代化建设的合格人才。可见，在研究中外合作办学高校的思政课教学方法创新问题之前，首先要探讨这类高校如何设定思政教育培养目标、如何构建大学生思政教育核心素养体系，以及如何培养大学生的思政教育核心素养，才能为其思政课教学方法的创新指明方向。

## 第一节 中外合作办学高校思政教育培养目标的指标体系构建

中外合作办学高校思政课教学方法的创新是为了更有效地完成教学任务，更好地实现将学生培养成社会主义事业的建设者和接班人这一根本目标。学生想要成为社会主义事业的建设者和接班人就必须成为全面发展的人，学生的全面发展需要具备多方面的核心素养，思政教育是学校全部教育教学工作的重要组成部分之一。那么构建思政教育的培养目标需要将哪些核心素养纳入培养目标的指标体系？这需要通过理论和实践相结合的方法进行研究。在这方面，我国的第一所中外合作大学——宁波诺丁汉大学进行了有益的探索。该校为了促进思政教育模式的改革，首先对学校的思政教育核心素养指标体系进行了研判，除进行了相关的理论研究之外，还采用实证研究的方法向全校师生进行了相关的核心素养调查，体现了理论与实践相结合的特点。为此，我们拟以宁波诺丁汉大学为例，对中外合作办学高校思政教育核心素养指标体系的构建问题进行探讨。

### （一）宁波诺丁汉大学学生发展核心素养的指标框架构建

由于宁波诺丁汉大学的思政教育核心素养是学校整体的学生发展核心素养的组成部分，因此构建思政教育核心素养指标体系的前提是构建宁波诺丁汉大学学生发展核心素养指标体系。在构建 21 世纪学生发展核心素养指标体系方

---

① 王阳明. 传习录［M］. 南京：江苏凤凰文艺出版社，2015：130.

面，世界上已有许多国家以及相关国际组织发布了不同版本的阐释核心素养的文本。针对诸多版本，世界教育创新峰会（WISE）与北京师范大学中国教育创新研究院已经进行了相关研究。他们于2016年共同发布了名为《面向未来：21世纪核心素养教育的全球经验》的研究报告，全面分析了世界上24个经济体和5个国际组织所提出的核心素养，总结归纳出了世界各国及国际组织普遍关注的核心素养。该核心素养体系将全部素养划分为了两个方面。一方面属于领域性素养，即与具体的学习科目或学习内容有关的素养。领域性素养又被划分为基础领域和新兴领域两个方面，前者包括语言素养、数学素养、科技素养、人文与社会素养、艺术素养、运动与健康素养等，后者包括信息素养、环境素养、财商素养等。另一方面属于通用性素养，即学生在各种学习领域以及各种活动情境中都普遍需要的可迁移性技能。通用性素养又被划分为高阶认知、个人成长、社会性发展三个方面。其中高阶认知包括批判性思维、创造性与问题解决、学会学习与终身学习等，个人成长包括自我认识与自我调控、人生规划与幸福生活等，社会性发展包括沟通与合作、领导力、跨文化与国际理解、公民责任与社会参与等。该核心素养体系既对不同性质的素养进行了合理的分类，又全面总结了世界各国关注度较高的素养，因此我们拟以此核心素养体系为基础，对宁波诺丁汉大学学生发展核心素养体系进行尝试性建构，一方面以期助益学校的思政工作，另一方面也为其他高校的相关工作提供借鉴。

在上述核心素养的基础上，我们结合该校实际对其进行了修正，尝试研究“宁波诺丁汉大学学生发展核心素养的指标框架”，主要修正调整之处表现在以下几个方面：

第一，学生发展核心素养是指学生应具备的能够适应终身发展和社会发展需要的关键品质和能力，不应具备太强烈的时效性，因此在领域性素养方面，我们拟用“综合领域”来代替“新兴领域”的表述，以突出综合领域不同于传统学习内容的跨学科性。

第二，基础领域的“数学素养”和“科技素养”被作为了两类素养进行分开表述，但我们认为，从学科归属的角度看，“数学”应该属于自然科学的一个门类，可以被科技领域所囊括，因此在这里拟将“数学素养”并入“科技素养”中去，并考虑到与“人文素养”的名称相对应，将之改名为“科学素养”。基础领域的艺术素养虽然属于传统学科的知识范畴，但由于宁波诺丁汉大学没有艺术方面的专业，学校主要通过学生的社团活动来培养学生的艺术修养和审美情趣，因此拟将该素养放在“综合领域”之中，并改名为“审美素养”。基础领域的运动与健康素养并不属于传统学科的知识范畴，因此将其划归“综合领域”，并改名为“健康素养”。

第三，我国相关研究人员开发了《中国学生发展核心素养》，该文本是在广泛吸收国际经验的基础上，结合我国实际开发出的一套适合中国学生的核心素养体系，因此我们在开发"宁波诺丁汉大学学生发展核心素养"时也借鉴了该文本的一些指标及表述。

第四，由于在此处课题组所要构建的是宁波诺丁汉大学学生发展核心素养的指标框架，所选的指标应该能够体现学校的特色和需要，为此我们参考了宁波诺丁汉大学制定的"宁波诺丁汉大学 2020 战略规划"，将其重点提到的素养在本指标框架中予以了保留。如追求"学术卓越"是宁波诺丁汉大学的重要战略目标之一。学术的基本分类可以划分为自然科学和人文社会学科两大类，因此在本框架中保留了"科学素养"和"人文素养"。宁波诺丁汉大学为丰富学生的校园经验提出了多项战略措施，其中一项是通过推出具有宁波诺丁汉大学特色的课外体育活动，培养其坚毅品质，增进其健康和运动技巧，[①] 从而较为全面地关注到了对学生健康素养的培养，因此在本框架中保留了"健康素养"。"宁波诺丁汉大学 2020 战略规划"中提到，学校的一项重要战略使命是"将学生培养成负责任的全球公民，具有社会和环境意识"。这里的环境意识当属环境素养的组成部分，因此我们保留了"环境素养"。由于学校在培养学生的环境素养时更强调培养学生具备环境保护的意识和能力，因此在本框架中将"环境素养"改成了"环保素养"。宁波诺丁汉大学在教学方面致力于将学生培养成各个学科领域的领导者和创业者，而成为领导者便需要具备领导能力，因此领导能力是学校要培养学生具备的核心素养，所以在本框架中保留了"领导能力"。

为了能够凸显宁波诺丁汉大学的特色，本研究精选最为学校广大师生关注的指标作为学校的核心素养（见表 3－1）。

**表 3－1　　宁波诺丁汉大学学生发展核心素养的指标框架**

| | | |
|---|---|---|
| 领域性素养 | 基础领域 | 科学素养、人文素养 |
| | 综合领域 | 审美素养、信息素养、经济素养、健康素养、环保素养 |
| 通用性素养 | 高阶认知 | 批判思维、探究精神、问题解决、终身学习 |
| | 个人成长 | 自我管理、人生规划 |
| | 社会性发展 | 领导能力、社会责任、国家认同、跨文化交流 |

① University of Nottingham Ningbo China. Student learning and Campus Experience［EB/OL］. https：//www. nottingham. edu. cn/en/about/strategy－2020/strategy－development/student－learning－and－campus－experience. aspx，2019－10－23.

### （二）宁波诺丁汉大学学生发展核心素养的问卷调查

本研究针对学校师生进行了宁波诺丁汉大学学生发展核心素养的问卷调查。

**1. 调查设计与方法**

本研究根据表3－1的指标开发了“宁波诺丁汉大学学生发展核心素养调查问卷”，由被试人员依据每个核心素养的重要程度在A. 完全不重要、B. 不太重要、C. 一般、D. 比较重要、E. 非常重要等五个选项中进行选择，并在最后一道半开放问题中补充认为重要但未在问卷中列举的素养。在问卷正式发放之前，课题组对问卷进行了试测，并进行了信效度检验。在信度方面，统计显示该问卷的Cronbach α系数为0.891，大于0.8，因而说明研究数据信度质量高。在效度方面，本研究使用KMO和Bartlett检验进行效度验证，所得KMO值为0.702，介于0.7～0.8之间，研究数据效度较好。

在试测之后，本研究面向宁波诺丁汉大学的中外籍师生发放正式调查问卷，共回收有效问卷739份，其中学生705份（中国学生686份，外国学生19份），教师34份（中国教师28份，外国教师6份）。可见，在所回收的所有问卷中，中国学生占绝大多数，所以该问卷调查的结果应主要反映了中国学生对各核心素养的态度。

**2. 调查结果与分析**

为了在所有指标中筛选出人们认为最重要的指标，本研究只关注“非常重要”选项，根据选择该项人数的多少对所有指标的重要性进行排序，具体情况如下：

（1）中国学生更加关注“高阶认知”方面的素养。

为了解中国学生对各核心素养指标的看法，研究者按照选择“非常重要”的人数比例对所有指标进行排序（见表3－2），为突出重点这里仅就表3－2中排名前五的指标进行分析。首先，从整体上看，中国学生最为关注“高阶认知”类指标。在排名前五的指标中，属于“高阶认知”类的达到了3个，分别是“批判思维”“问题解决”“终身学习”，可见中国学生都非常关注在认知方面的发展。其次，在个人成长维度中，中国学生最为关注“自我管理”素养。在整个列表中，认为“自我管理”素养非常重要的人数比例达到了78.89%，高居榜首，这可能与学校教学模式的特点有关，对于学生的自我管理和自学能力具有较高的要求。最后，在领域性素养中，中国学生最为关注“健康素养”。在列表中排名前五的指标中，“健康素养”是唯一上榜的领域性素养，说明了学生已经充分意识到健康对于一个人成长发展的基础性地位。

表 3－2　　被调查的中国学生对各核心素养指标的重要程度排序　　单位：%

| 序号 | 核心素养 | 完全不重要 | 不太重要 | 一般 | 比较重要 | 非常重要 |
|---|---|---|---|---|---|---|
| 1 | 自我管理 | 0.81 | 0.68 | 3.11 | 16.51 | 78.89 |
| 2 | 批判思维 | 0.68 | 0.54 | 2.30 | 18.67 | 77.81 |
| 3 | 问题解决 | 0.68 | 0.41 | 2.44 | 22.87 | 73.61 |
| 4 | 健康素养 | 0.81 | 0.54 | 4.47 | 22.06 | 72.12 |
| 5 | 终身学习 | 0.68 | 0.54 | 5.82 | 22.87 | 70.09 |
| 6 | 信息素养 | 0.54 | 0.41 | 3.11 | 26.52 | 69.42 |
| 7 | 人文素养 | 0.68 | 0.68 | 4.60 | 27.74 | 66.31 |
| 8 | 人生规划 | 0.81 | 0.14 | 5.82 | 26.93 | 66.31 |
| 9 | 探究精神 | 0.54 | 0.81 | 4.87 | 28.42 | 65.36 |
| 10 | 社会责任 | 1.49 | 0.41 | 6.90 | 25.85 | 65.34 |
| 11 | 跨文化交流 | 1.22 | 0.81 | 4.60 | 32.61 | 60.76 |
| 12 | 国家认同 | 1.62 | 2.44 | 9.47 | 26.52 | 59.95 |
| 13 | 环保素养 | 1.49 | 1.08 | 6.50 | 33.29 | 57.65 |
| 14 | 科学素养 | 0.54 | 0.95 | 8.12 | 35.18 | 55.21 |
| 15 | 经济素养 | 0.68 | 0.68 | 9.61 | 36.81 | 52.23 |
| 16 | 审美素养 | 0.68 | 1.76 | 12.58 | 35.32 | 49.66 |
| 17 | 领导能力 | 0.54 | 1.49 | 18.40 | 37.35 | 42.22 |

（2）思政系列教师更加关注“社会性发展”方面的素养。

由于本研究的最终目的是构建思政教育的核心素养体系，因此除了要考察中国学生对各核心素养重要性的看法，还要考察思政系列教师对各核心素养重要性的看法。为此，笔者将所有思政系列教师所填写的问卷进行了单独筛选，并按照选择“非常重要”的人数比例对所有指标进行排序（见表 3－3），并仅就表 3－3 中排名前五的指标进行分析。第一，从整体上看，思政系列教师最为关注“社会性发展”类指标。排名前五的指标可以归属为 4 个维度，其中只有属于“社会性发展”维度的指标数量达到了 2 个（其余皆是 1 个），分别为“国家认同”和“社会责任”，其中“国家认同”在重要性上排名第一，可见思政系列教师更加注重培养学生对国家和社会的责任感。第二，在“高阶认知”维度中，思政系列教师最为关注“终身学习”。在整个列表中，认为“终身学习”素养非常重要的人数比例达到了 89.58%，与“国家认同”并列第一，可见该素养不但是学生非常关注的素养，也是思政系列教师最为关注的素养之一。第三，在个人成长维度中，思政系列教师最为关注“自我管理”素养。在这个维度中，思政系列教师认为最重要的素养是“自我管理”，这一点与中国学生的整体认识基本一致，说明无论是教师还是学生都认为培养“自我管理”能力是非常重要的。第四，在领域性素养中，思政系列教师最为关注“人文素养”。在列表中排名前五的指标中，唯一上榜的领域性素养是“人文素养”而不是“健康素养”，这可能跟思政系列教师的工作性质有关，因为思政教育需要培养学生能够明辨是非善恶，知己识人，审时度势，而这又要依赖于人们是否具备相关的人文素养，体现为是否能够掌握古今中外人文领域的基本知识和基本方法的掌握，是否能够形成以人为本的意识和对人类幸福的关切。

**表 3－3　　思政系列教师对各核心素养指标的重要程度排序**　　单位：%

| 序号 | 核心素养 | 完全不重要 | 不太重要 | 一般 | 比较重要 | 非常重要 |
|---|---|---|---|---|---|---|
| 1 | 终身学习 | 0 | 0 | 2.08 | 8.33 | 89.58 |
| 2 | 国家认同 | 0 | 0 | 2.08 | 8.33 | 89.58 |
| 3 | 自我管理 | 0 | 0 | 0 | 12.50 | 87.60 |
| 4 | 人文素养 | 0 | 0 | 0 | 18.75 | 81.25 |
| 5 | 社会责任 | 0 | 0 | 2.08 | 18.75 | 79.16 |
| 6 | 健康素养 | 0 | 0 | 0 | 25.00 | 75.00 |
| 7 | 探究精神 | 0 | 0 | 6.25 | 20.83 | 72.94 |
| 8 | 问题解决 | 0 | 0 | 0 | 31.25 | 68.75 |
| 9 | 批判思维 | 0 | 0 | 6.25 | 27.08 | 66.67 |
| 10 | 信息素养 | 0 | 0 | 2.08 | 33.33 | 64.59 |
| 11 | 审美素养 | 0 | 0 | 6.25 | 33.33 | 60.42 |
| 12 | 科学素养 | 0 | 0 | 8.33 | 31.25 | 60.41 |
| 13 | 跨文化交流 | 0 | 0 | 10.42 | 29.17 | 60.41 |
| 14 | 人生规划 | 0 | 0 | 8.33 | 33.33 | 58.33 |
| 15 | 环保素养 | 0 | 0 | 4.17 | 39.58 | 56.25 |
| 16 | 经济素养 | 0 | 0 | 10.42 | 43.75 | 45.83 |
| 17 | 领导能力 | 0 | 0 | 16.67 | 47.92 | 35.41 |

（3）中国学生和思政系列教师对各核心素养重要性的认识存在较大差异。

为了对中国学生和思政系列教师对各核心素养的认识作进一步的对比，笔者按照每个核心素养在表 3－2 和表 3－3 中的排名分别对其进行赋分。由于本研究中所列的核心素养总共有 17 个，因此每个排序表中排名第一的赋 17 分，依次递减，排名最后一位的赋 1 分，并通过折线图对全校整体的情况和思政系列教师的情况进行比较，具体如图 3－1 所示。

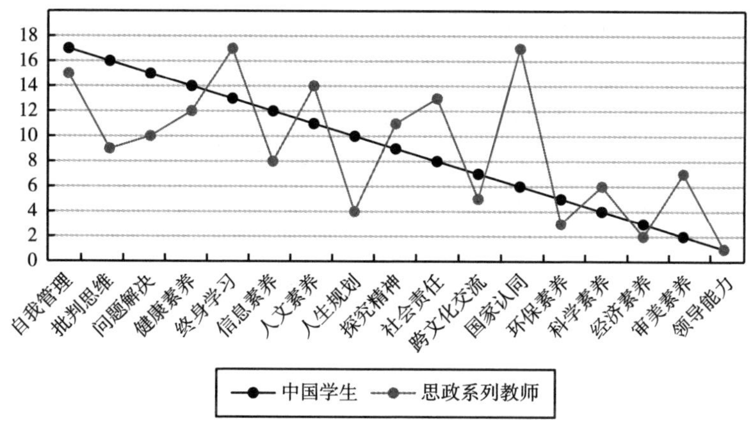


**图 3－1　中国学生和思政系列教师对各核心素养重要性认识的对比**

通过比较可以看出，中国学生和思政系列教师在指标重要性的认识上存在两个方面差异。其一，在中国学生认为最重要的大多数指标上，思政系列教师并不认为最重要。如在中国学生认为最重要的 5 个指标中，有 3 个思政系列教师并不认为是最重要的，包括“批判思维”“问题解决”“健康素养”。另外，值得一提的是，“自我管理”素养虽然在思政系列教师的排序表中也名列前 5，但在重要程度上还是稍逊于中国学生的排序。

其二，在思政系列教师认为最重要的大多数指标上，中国学生也并不认为是最重要的。如在思政系列教师认为最重要的 5 个指标中，有 3 个中国学生并不认为是最重要的，包括“国家认同”“人文素养”“社会责任”。另外，值得一提的是，虽然“终身学习”素养在中国学生的排序表中也是名列前 5，但在重要程度上还是稍逊于思政系列教师的排序。

### （三）宁波诺丁汉大学思政教育核心素养指标体系的构建

#### 1. “国家认同”“人文素养”“社会责任”

通过对宁波诺丁汉大学学生发展核心素养问卷调查结果的分析可知，该校中国学生较为注重认知能力的发展，对社会责任感等思想道德方面的素养却未提升到相当程度，这正体现了该类学校开展思政教育的重要意义，以及创新思政教育模式以提升思政教育效果的必要性。在构建思政教育核心素养指标体系时，我们比较重视参考思政系列教师对核心素养重要程度的评价结果。思政系列教师基于对于学校立德树人工作重要性的准确把握，其选择出的核心素养主要偏向于学生的思想道德方面。在思政系列教师所认为的重要程度高于全校整体的 4 个指标中，除了“终身学习”这个并不单单由思政教育重点培养的素养外，其他3个，即“国家认同”“人文素养”“社会责任”皆应作为思政教育的核心素养，以统领该类学校思政前行的目标方向。

**2. “自我管理”“健康素养”**

在中国学生所认为的重要程度高于思政系列教师的素养中，也有一些是与思政教育有关的，将其列为思政教育的核心素养也可以用来弥补当前思政教育领域内部的不足。中国学生所认为的重要程度高于思政系列教师的素养有4个，即“自我管理”“批判思维”“问题解决”“健康素养”。其中就“自我管理”来说，虽然思政系列教师对其重要程度的判断要稍弱于学校整体，但它也是思政系列教师认为的最重要的5个素养之一，理应作为思政教育的核心素养，并在未来思政教育实施的过程中进一步加强培养该素养的工作。

就“健康素养”来说，这种素养的培养表面上看似乎是“体育”的职能，但仔细分析却也是思政教育的基本要求。从身体健康的角度讲，我国传统文化中的身体观是一种群体导向的身体观，即一个人的身体虽然在于自己，但却来源于父母，不可随意处置，正如《孝经》所说：“身体发肤受之父母，不敢毁伤”[①]。就身体的用途而言，它不仅要服务于个人生存和发展的需要，更要服务于家国天下。这样一来，保持身体健康就与思想道德联系了起来，它不仅仅是个人的愿望，也是家庭和国家的期盼（章必功，2012），因此培养学生理解生命的意义，掌握自我保护和增进健康的知识，就成为了培养社会主义建设者和接班人的应有之义。此外，培养学生的健康素养不仅仅是要增进学生的身体健康，同时也要培养学生的坚毅品质，而这已经涉及心理健康的内容了。向元琼（2011）认为，大学生的心理健康问题从表面上看是心理问题，从根本上看却是文化价值观问题；很多大学生在人生价值、人生目标、金钱观和真理观等方面出现了迷惘，表现在心理上就是会出现悲观厌世、自卑抑郁、心理脆弱、抗挫折能力差等问题。可见，只有在传统文化中汲取营养以建立起正确的价值信仰，才能增长智慧以破除迷惑，实现内心安乐，具备积极健康的心理品质。

**3. “跨文化交流”**

在“宁波诺丁汉大学2020战略规划”的“愿景”部分提到，学校要“通过具有全球视野的卓越学术来改造学生、教师和当地社区的生活和生计”[②]，

---

① 侯仰军. 孝经译注［M］. 北京：中国文史出版社，2012：1.

② University of Nottingham Ningbo China. Vision and Mission［EB/OL］. https://www.nottingham.edu.cn/en/about/strategy-2020/vision-and-mission.aspx. 2019-10-23.

突出了对培养学生“全球视野”的重视。“全球视野”体现了一种对人类文明进程和世界发展动态的开放性的认识和态度，是“跨文化交流”能力的重要组成部分。“跨文化交流”能力是中外合作大学在培养国际化人才时需要重点培养学生具备的素养。因为国际化人才必然需要有能力更好地参与全球化进程，因此需要形成对世界各国的正确认识和态度，具有跨文化交流和沟通的能力，能够在多元文化背景中理解他者文化，并与他人进行有效的沟通和合作。尽管在表3－2和表3－3中，“跨文化交流”能力的排名都不高，在前者中排在第11位，在后者中排在第13位，但在当今时代，“跨文化交流”的重要性不言而喻，对这一素养的培养不容忽视。鉴于此，宁波诺丁汉大学在开展思政教育工作时也应该将促进学生“跨文化交流”能力的发展作为其重要任务之一，因此应将“跨文化交流”能力单独提出，列入思政教育的核心素养，以促使思政教育工作者在未来更加重视培养学生的国际化能力。

在以上论述的基础上，我们认为作为思政教育核心素养的指标应包括“国家认同”“人文素养”“社会责任”“自我管理”“健康素养”“跨文化交流”等6项，每项的主要表现具体如表3－4所示。

**表3－4　　宁波诺丁汉大学“生活思政”核心素养体系表**

| 素养类型 | 核心素养 | 主要表现描述 |
| --- | --- | --- |
| 领域性素养 | 人文素养 | ①具有以人为本的意识，尊重、维护人的尊严和价值；②热爱并尊重自然，具有可持续发展理念及行动；③具有艺术表达和创意表现的兴趣和意识，能在生活中拓展和升华美 |
| | 健康素养 | ①理解生命意义和人生价值；②具有积极的心理品质，自信自爱，坚毅乐观；③有自制力，能调节和管理自己的情绪，具有抗挫折能力；④具有安全意识和自我保护能力；⑤掌握适合自身的运动方法和技能，养成健康文明的行为习惯和生活方式 |
| 通用性素养 | 自我管理 | ①能正确认识与评估自我；②依据自身个性和潜质选择适合的发展方向；③合理分配和使用时间与精力；④具有达成目标的持续行动力 |
| | 社会责任 | ①自尊自律，文明礼貌，诚信友善，宽和待人；②主动参与家务劳动、生产劳动、公益活动和社会实践，具有团队意识和互助精神；③能主动作为，履职尽责，对自我和他人负责；④能明辨是非，具有规则与法治意识，积极履行公民义务，理性行使公民权利；⑤崇尚自由平等，能维护公平正义 |
| | 国家认同 | ①了解本国国情历史，认同国民身份；②具有对本国的文化自信，能传播弘扬本国先进文化；③理解、接受并践行本国的核心价值观，为促进国家的发展而不懈奋斗 |

续表

| 素养类型 | 核心素养 | 主要表现描述 |
| --- | --- | --- |
| 通用性素养 | 跨文化交流 | ①具有全球意识和开放的心态，了解人类文明进程和世界发展动态；②关注人类面临的全球性挑战，理解人类命运共同体的内涵与价值；③能尊重并包容世界多元文化的多样性和差异性，具有较强的国际理解能力；④具有与来自不同文化背景的人进行沟通和合作的能力 |

## 第二节　思政教育核心素养培养理念的创新与思政课教学方法

中外合作办学高校的思政教育核心素养指标体系在构建好之后，对于这类高校思政课教学方法的创新能够起到方向引领作用。然而，思政教育核心素养指标体系还只是静态的思政教育目标，究竟要如何达到目标则还需要核心素养的培养过程作为中介。高校对人才培养过程的设计主要涉及各种不同的教育方法和手段的组合和安排，而在不同培养理念的指导下，所选用的方法类型，以及不同方法的组合方式必然会有所不同。在这种情况下，思政课教学方法作为全部教育方法的组成部分也必然会受整体方法的影响而变化，因此在研究中外合作办学高校思政课教学方法创新的问题之前，需要探讨思政教育核心素养培养理念的问题。在高校思政教育核心素养培养理念的问题上，我国在国家层面已经指出了大致的方向，如习近平总书记在 2016 年的全国高校思想政治工作会议中指出："要坚持把立德树人作为中心环节，把思想政治工作贯穿教育教学全过程，实现全程育人、全方位育人。"① 这样一来，思政课便不再是思政教育的唯一渠道，思政课在进行教学方法改革时也要突破课堂教学的局限，在全程、全方位的着眼点上下功夫，实际上就是要更加突出实践在教学过程中的作用。在实践与认知的关系上，王阳明的"知行合一"思想在近年来备受瞩目，对于扭转我国高校思政课教学重知轻行的弊端或有助益，接下来，我们尝试从王阳明的相关思想出发来探讨思政教育核心素养的培养问题。

① 习近平在全国高校思想政治工作会议上强调：把思想政治工作贯穿教育教学全过程，开创我国高等教育事业发展新局面［EB/OL］. http：//cpc. people. com. cn/shipin/n1/2016/1209/c243247 - 28938971. html.

## 一、“大规矩”：王阳明思想中的“思政教育核心素养”

习近平总书记在党的十八大以来的多次重要讲话中都提到了王阳明的“知行合一”思想，并高度赞扬其所蕴含的中国文化和中国智慧。王阳明的思想中非常重视主体在生活中对“道”的切己感受，而这对于扭转我国的思政教育在近年来出现的因脱离生活而出现的教条化弊端，具有极为重要的启示意义，笔者认为，可以以王阳明思想为突破口，探讨思政教育的创新问题，而思政教育创新的第一步则是重新认识作为思政教育目标的思政教育核心素养。

思政教育核心素养非常类似于王阳明思想中的“大规矩”理念。王阳明说：“是非两字，是个大规矩，巧处则存乎其人。”① 教育的目标是使人知是非，但这是非并不是某个外在的原则，而是由生活、人与是非之理共同构成一个主体的生存空间，从而使人在忘我地投入生活时感受、显现出“良知”，因此这“大规矩”实为本体意义的“良知”。为此，思政教育在选择教育目标时不应照搬现成的、细化的思政教育内容标准，而应在国家关于思政教育总体精神的基础上确定几条基本的核心素养作为“大规矩”，旨在为学生构建一个较为宽阔的生活空间，以使学生达到“工旋而盖规矩，指与物化而不以心稽”的境界。以宁波诺丁汉大学为例，该校所构建的思政教育核心素养指标体系便类似于王阳明所说的“大规矩”，它只有6个指标，且每个指标的主要表现也只是较为简短地概括该指标所包含的素质和能力，而不是详细罗列学生所要掌握哪些知识和理论。

以“大规矩”作为思政教育的教育目标不仅是王阳明生活哲学的理论要求，也特别切合中外合作办学高校的教育实际。中外合作办学高校具有高度国际化的特性，外籍师生为数众多，因此该类大学中的思政教育从学生的角度看需要覆盖到国际生，从教师的角度看也需要外籍教师的配合。由于中外历史文化、价值观念、意识形态、发展道路及民族国家利益的不同，我们倡导在平等对话交流中尊重各国差异，坚守中国立场，全面客观地评价中西发展成就和问题，消除媚外自卑心理，增强民族自信，坚定中国道路。在这种情况下，“大规矩”的设立为中外籍师生提供了一个对话的平台，因为它以相关的核心素养为内容，其本质是“良知”，因此是要培养学生具备素养体系中最本质、最

① 王阳明．王阳明全集［M］．上海：上海古籍出版社，1992：111.

关键的部分，具有较大程度的普适性。正如王阳明所说："人孰无良知呼？独有不能致之耳。自圣人以至于愚人，自一人之心以达于四海之远，自千古以前以至于万代之后，无有不同。"① 可见，"大规矩"可以在一定程度上弥合来自不同文化背景的人之间的文化差异，扩大思政教育在实施过程中对不同群体的适应性。

## 二、基于王阳明思想看思政教育核心素养的分类

一个人是否能够表现出有道德的行为主要取决于其是否有一颗有良好思想道德品质的"心"，正如王阳明所说："心者，身之主也。而心之虚灵明觉，即所谓本然之良知也。"② 因此，一个人只有能够"致良知"才能拥有一颗充满善念的"心"，进而这颗心才能主宰人之身去行好事。由此来审视大学生的思政教育，其实质就是要让学生具备"良知"，从而能够表现出良行的"良知教"，所以在探讨何谓"良知"，以及如何"致良知"时便可借鉴王阳明的"致良知"思想。在王阳明看来，"良知"既是人的内在本性，也是宇宙的最高本体"天理"。儒家对宇宙最高本体的理解向来具有伦理化的倾向，即将宇宙的普遍法则等同于人的道德原则（李志军，2007）。儒家思想中有关道德原则的表述是非常丰富的，但其核心原则是"仁"，而王阳明思想中的"良知"总体上也可以概括为"仁"。王阳明说："若良知之发，更无私意障碍，即所谓'其恻隐之心，而仁不胜用矣'。"③ "仁"作为人的良知本性对于大学生思想道德教育来说固然具有核心素养的意义，而上文中所列的思政教育核心素养则大都是与"仁"有关的素养。此外，上文中所列的思政教育核心素养有些属于领域性素养，即与某些领域的具体知识有关的素养，而这应不属于王阳明所说的"良知"范畴，因为"夫以知识为知，则轻浮而不实，故必以力行为功夫。良知感应神速，无有等待，本心之明即知，不欺本心之明即行也，不得不言知行合一"④。因此，在思政教育的核心素养中，应归属于"良知"范畴的素养应仅包括通用性素养，具体如下：

---

① 王阳明．王阳明全集［M］．上海：上海古籍出版社，1992：279.
② 王阳明．传习录［M］．南京：江苏凤凰文艺出版社，2015：125.
③ 王阳明．传习录［M］．南京：江苏凤凰文艺出版社，2015：16.
④ 黄宗羲．明儒学案［M］．北京：中华书局，1985：179.

### （一）自我管理

自我管理是人进行正确的自我认识、自我教育、自我评价、自我调控的能力，而若想保证这一系列行为的正确性则必须保证以理性为指导，并自觉地使自己的认识和行为符合理性原则，因此可视为一种理性自觉。王阳明对理性的认识与朱熹的认识有所差异。朱熹眼中的“天理”是一种外在于人的先天理性，因此对人而言难免具有一些异己性和强制性。王阳明眼中的“天理”虽然也具有先天理性的形式，但却内在地要求主体对以道德规范形式存在的“天理”自觉理解和认同，即是一种发自于内心良知的道德自律（胡万年，2003），因此也是“良知”的本质属性之一。

### （二）社会责任

社会责任是大学思政教育的另一核心素养，它要求思政教育在开展的过程中注重培养学生的社会责任感。丁愉等（2016）认为，所谓社会责任感是对他人、家庭、集体和社会所承担责任的一种认知和判断能力，它不仅表现为相应的行为，同时也是王阳明思想中“良知”的重要内容。王阳明说：“知是心之本体，心自然会知。见父自然知孝，见兄自然知弟，见孺子入井自然知恻隐，此便是良知，不假外求。”[①] 可见，人们在家孝顺父母、友爱兄弟，在外帮助他人、诚信友善都属于社会责任感的组成部分，而这些素养并非仅仅有赖于后天培养，而是发于自身的先天良知。

### （三）国家认同

“仁”作为“良知”的本质属性发端于孝悌，并依据人际关系的范围大小逐渐向外扩展，扩展到个人与国家的关系便涉及了国家认同的素养。在传统儒家文化中，国家认同可等同于“忠”，在王阳明那里则将“忠”视为良知的重要方面。王阳明说：“盖良知只是一个天理。自然明觉发见处，只是一个真诚恻怛，便是他本体。故致此良知之真诚恻怛以事亲便是孝，致此良知之真诚恻怛以从兄便是弟，致此良知之真诚恻怛以事君便是忠。”[②] 可见，“忠”只不过是良知在与事君有关的情境中的具体表现。在当代社会，“忠”不再被理解为对君主的忠诚，但可以理解为对祖国和党的忠诚，表现为要了解祖国的国情历史，认同国民身份，具有文化自信等，它并非是需要通过说教才能使人了解的

---

① 王阳明．传习录［M］．南京：江苏凤凰文艺出版社，2015：12.

② 王阳明．传习录［M］．南京：江苏凤凰文艺出版社，2015：200.

知识，而是一种只要处于特定情境就会被激发出的“良知”。

### （四）跨文化交流

如果说国家认同这一素养是“仁”在人对待自己的国家时的具体体现，那么跨文化交流便需要将“仁”扩展到国际关系中。跨文化交流能力要求学生具有全球意识和开放的心态，能尊重世界多元文化的多样性和差异性，反映了人们对待其他国家和文化所应具有的全球视野和态度。虽然现代全球化、国际化概念来源于西方，但在中国传统儒家的“天下观”中早已蕴含了有关全球视野的真知灼见。中国的“天下观”突破了狭隘民族国家的界限，将宇宙自然和人类社会统摄为一个有机联系的整体，体现了“天下一家”的博大情怀（靳凤林，2018）。在处理与其他国家的关系方面，儒家倡导“贵中尚和”思想，用恭敬和礼貌的态度对待其他国家和民族，从而实现与其他国家人民的互敬互爱，亲如兄弟。正如《论语·颜渊》中所说：“君子敬而无失，与人恭而有礼。四海之内，皆兄弟也——君子何患乎无兄弟也?”王阳明作为儒家文化的重要代表人物之一，其“致良知”思想实际上也在一定程度上纳入了全球视野。王阳明认为，良知普遍地存在于所有人的内心，“自圣人以至于愚人，自一人之心，以达于四海之远，自千古之前以至于万代之后，无有不同。是良知也者，是所谓‘天下之大本’也。”① 既然中国人的良知和远在四海之外的他国人的良知一般无二，那么人们对待家人和国人的态度自然应与对待他国人的态度一般无二，“夫圣人之心，以天地万物为一体，其视天下之人，无外内远近，凡有血气，皆其昆弟赤子之亲，莫不欲安全而教养之，以遂其万物一体之念。”②

我们基于王阳明的“致良知”思想进行分析，中外合作办学高校的思政教育核心素养实际上可以划分为两个部分（见图3－2）。其一是作为“良知”的思政教育基本核心素养，包括自我管理、社会责任、国家认同和跨文化交流等。这些基本核心素养发自于人的善良天性，是当代人之所以为人的必要条件，因此不但是思政教育所应当培养的基本素养，也是整个大学教育应当培养人具备的基本素养。其二是思政教育的其他核心素养，包括人文素养和健康素养等。这些素养虽然不直接与“良知”有关，但却是作为21世纪的合格人才在认知和能力上所应该具备的，且能够通过思政教育进行培养的素养。

---

① 王阳明. 王阳明全集（全三册）[M]. 上海：上海古籍出版社，1992：279.

② 王阳明. 传习录 [M]. 南京：江苏凤凰文艺出版社，2015：138.

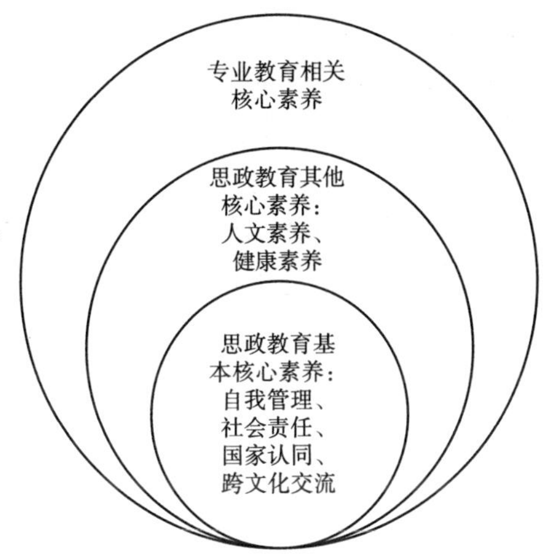


**图3－2　中外合作办学高校学生发展核心素养结构**

## 三、思政教育基本核心素养的培养与其他核心素养培养的关系

在具体的思政教育过程中，应该如何看待基本核心素养的培养和其他核心素养培养的关系呢？在此王阳明“致良知”思想中有关“本体”和“功夫”的论述具有启示意义。在王阳明看来，“良知”是本体，是人的至善本性；“功夫”是良知的发动和扩充，是人的各种活动和实践，所有的工作和活动都必须遵照内心的“良知”去做，并以成就和践行“良知”为终极目的。王阳明说：“下至闾井田野，农、工、商、贾之贱，莫不皆有是学，而惟以成其德行为务。何者？无有闻见之杂、记诵之烦、辞章之靡滥、功利之驰逐，而但使孝其亲、弟其长、信其朋友，以复其心体之同然。”① 可见，人们无论从事何种行业，是学习还是谋生，都应以“致良知”为第一要务，而不应舍本逐末，将功利性的追求作为根本目的。然而在王阳明所在的时代，主次倒置、舍本逐末的现象非常普遍。“于是乎有训诂之学，而传之以为名；有记诵之学，而言之以为博；有词章之学，而侈之以为丽。若是者纷纷籍籍，群起角立于天下，又不知其几家，万径千蹊，莫知所适。世之学者如入百戏之场，欢谑跳踉、骋奇斗巧、献笑争妍者，四面而竞出，前瞻后盼，应接不遑，而耳目眩瞀，精神恍惑，日夜遨游淹息其间，如病狂丧心之人，莫自知其家业之所归。”② 这种状

① 王阳明．传习录［M］．南京：江苏凤凰文艺出版社，2015：138.
② 王阳明．王阳明全集［M］．上海：上海古籍出版社，1992：56.

况与当代大学中的教育现状有一定的相似之处，各种专业学科种类繁多，学派林立；学校中的课程和课外活动种类丰富，五花八门，但仔细分析便可发现，这些课程和活动大多与某一具体专业相关，虽然也有旨在提升学生思想道德的思政教育，但已沦为与专业教育并列的一种教育活动类型，且就思政教育领域内的状况而言，也多以记诵辞章等具体知识的学习为要务，“良知”失去了其对各种活动的指导地位而被埋没在纷纷籍籍的百戏喧嚣中。鉴于此，思政教育在实施过程中应复归“良知”之本体，在其基本核心素养中明确哪些具体内容可归为“良知”的范围，这样一来其他核心素养的培养便应被归为“功夫”之列，相关活动可视为“良知”的自然衍生。例如，相关教育工作者可以在思政课上向学生传授古今中外人文领域的相关知识，帮助其掌握马克思主义的理论成果，使其形成必要的人文素养，但培养其人文素养并不仅仅在于增加其理论知识，其宗旨还是要借由此“功夫”以致学生之“良知”，使之知“仁”、知“义”，自觉形成对社会的责任感、对国家的认同感以及海纳百川的全球视野。

“良知”不仅对思政教育的其他素养的培养具有指导作用，对于主要与专业课程相关的素养的培养也有指导作用。在王阳明看来，一个人在任何职业领域中从事的任何工作都只是“致良知”的功夫，如王阳明有一属官是负责簿书讼狱的，认为在这种繁难的专业工作中无法为学致良知，而王阳明则说：“尔既有官司之事，便从官司的事上为学，才是真格物。如问一词讼，不可因其应对无状，起个怒心；不可因他言语圆转，生个喜心；不可恶其嘱托，加意治之；不可因其请求，屈意从之；不可因自己事务烦冗，随意苟且断之；不可因旁人谮毁罗织，随人意思处之。这许多意思皆私，只尔自知，须精细省察克治，唯恐此心有一毫偏倚，杜人是非。这便是格物、致知。簿书讼狱之间，无非实学。若离了事物为学，却是着空。”① 可见，人们的专业工作作为“致良知”的“功夫”不仅是可能的，而且是必要的。相应地，在现代大学教育领域，专业教育在培养学生各种专业素养的活动也应被当成“致良知”的功夫，而不该以促使学生掌握相关的专业理论和实践技能为最终目的，导致王阳明所说的“务外遗内”的弊端。

近年来，我国为了增进思政教育的效果提出了“课程思政”的概念，旨在要求专业课教师在教学中也渗透思政教育的元素，从而达到全面育人的效果。笔者分析认为，“课程思政”在开展过程中或可借鉴王阳明的“致良知”思想，在专业课程中的思政因素并不能仅仅局限于思政教材中已有的某种知识

① 王阳明．传习录［M］．南京：江苏凤凰文艺出版社，2015：227－228.

或观念，而是要以“良知”为根本，通过相关的专业素养培养活动，启发学生的良知天性。在专业课程中“致良知”并不能仅仅视为帮助学生理解专业伦理，使之成为有职业道德的专业工作者，还要视之为修已以成圣的重要路径，帮助学生在处理专业事务的过程中探究和实践人生的终极意义。

可见，思政教育核心素养培养理念的创新必然会导致人们对思政教育方法的重新思考，而思政课教学方法作为思政教育方法的重要组成部分，也相应地会实现某种变革。如果我们将中外合作办学高校的思政课教学看作一个系统，那么教学方法可以看成该系统的一个重要方面，而一个方面的变革进展是否顺利取决于系统的其他方面是否能够有效配合。因此，中外合作办学高校在进行思政课教学方法创新时，还需要考虑可以借助哪些教育途径、需要遵循哪些教育原则等问题。

## 第三节　基于切实感受途径的中外合作办学高校思政课教学方法创新

思政教育的目的在于培养学生具备社会主义事业的建设者和接班人所需要的思想道德品质，当前大学主要面临学生群体多样复杂、升学就业压力大、家境普遍宽裕、自理能力薄弱、校园文化丰富多元等状况，很多学生学到的知识与真实生活经验脱节，不能真正认同所学之观念和理论。这一点在中外合作办学高校中或许会更加突出。中外合作办学高校是由中外双方办学者合作举办的高等教育机构，其最重要的特点就是全面引入外方大学的课程体系和教学模式，从而使整个校园文化深受西方文化的影响。在这种情况下，学生在学习和生活中对西方国家的文化和习惯有着更加深切的感受，而在思政教育中如果还照搬传统大学的说教模式，则会使学生的课堂所学与其生活经验脱节的现象更加严重，从而对思政教育的效果造成更加严峻的挑战。针对这一问题，笔者认为应该借鉴王阳明思想，在思政课教学方法创新时注重利用“切实感受”这一教育途径，以期对中外合作办学高校思政教育的实施方式有所创新和发展。

### 一、切实感受：思政课教学方法创新应借助的教育途径

对于大学思政教育来说，其所提供的各种教育途径和方法无非都是“致

良知”的功夫，而对于思政教育模式的创新来说，最重要的便在于这一“致”的功夫的创新，即教育途径的创新。总的来说，新的思政教育模式在教育途径上与传统思政教育模式的主要区别在于它强调通过学生在道德实践中的切实感受来扩充学生的“良知”。这种途径对于中外合作办学高校的思政教育来说较为适用，这是因为这类大学受到西方大学文化的影响较大，而西方大学中普遍奉行学术自由、科学至上等原则（魏波，2017），因此具有鲜明政治倾向性的观点很少会出现在学校中，即便有也会采用隐性化的方式将之渗透到相关课程和活动里。鉴于此，在中外合作办学高校具有西方色彩的校园文化氛围中，若还是像在传统大学那样在课程中高喊各种政治口号，不但学校中的外籍师生难以理解，对于中国学生来说其教育效果也未必会很好。在这种情况下，思政教育要突破传统思政教育模式，将思政课堂扩展到真实的校园生活情境中，让学生通过自己的感受使良知本体能在具体真切处活泼、自然地流露，而不需单纯假借外在的单向性的说教和灌输。

具体来说，基于切实感受的思政教育途径又可划分为体验式途径和行动式途径两种。体验式途径的重点在于创造机会将学生带入某种生活角色或场景，通过其亲身体验引发其道德观念变化，它虽然也有可能会包含相关的活动，但学生并非活动中的主要当事人，而主要以旁观者的身份参与活动。行动式途径的重点则是使学生成为相关活动中的主要当事人，通过其意向明确的行动来促进其反思自己的已有观念，虽然在该过程中也必然伴有其对外在事物和内心世界的体验，但体验必须以由学生自己指导的身体活动为载体，具有较强的主观能动性。

### （一）体验式途径

在中外合作办学高校，通过这种体验式途径来进行思政课教学又可以关注两个方面：

**1. 优化校园环境**

其一，体验式的教育途径在认识方式上具有非逻辑、超思辨的特性。在这种模式中学生作为认识的主体与认识客体之间没有明显的界线，旨在让学生在相关的真实情境中通过具体感受来体悟形而上之思，以此来获取自己精神生活的自由（孙利天，2001）。与此相反，传统的课堂教学在认识论上却有明确的主客二分性，其教学一般采取逻辑性和思辨性较强的语言，旨在让学生通过对既有文本的学习和理解来获得预定的知识，并通过思辨和推理将其内化于其内在知识结构，而学生自身的生命主体性则容易受到压抑。因此，中外合作办学高校在创新思政课教学方法时，当与改造校园环境、丰富文化体验等方式相结合，将学校要传递的文化要素非逻辑地转移到学生的心理系统中，从而使学生能够不需要经逻辑思辨过程将其内化为自己的心理特征，显然这对于思想道德教育来说是一个更好的教育途径。以宁波诺丁汉大学为例，该校新年之际在学生公寓区设置了多种“新年标识”，如挂花灯、贴春联等，使公寓区洋溢着浓浓的年味。这种做法不但能够使中国学生感受到中国文化，也能够使外籍师生对中国文化产生更强的情感体验。他们通过这种途径对中国文化产生的认同是因为被优美独特的中国文化元素所打动，从而自精神上产生愉悦情绪而不知不觉接受该文化。这种教育效果或许要胜过在课堂上听教师讲授中国文化方面的知识，尤其是对于外籍学生来说，由于在课堂上教师讲授知识和学生接受知识之间要通过前后相继的推理步骤和知识线索相衔接，这一过程能否顺利进行还会受到新知识和学生原有知识结构之间差异的影响，而外籍学生自身的文化背景与中国文化差异巨大，从而增加了将新知识纳入学生原有知识结构的难度，从而为相关的课堂教学带来更大的挑战。

其二，体验式的道德教育途径所处的情境应具有真实性。这种教育途径中的情境应为现实生活情境，反对将道德教育从生活中抽离，变成课堂中单纯的求知活动。正如杜威所说：“有意识的教育就是特别选择的环境。这种选择所根据的材料和方法都特别能朝着令人满意的方向来促进生长。”[①] 对于学生来说，校园生活环境亦是真实的生活环境，如果这种环境中充满着各种丑恶、虚假现象，自然对学生的良知发展不利。反之，如果校园环境中所充满的是各种真诚、美好的因素，那么这种真实的生活环境自然就会演变成道德教育的情境。以宁波诺丁汉大学为例，该校校园内宿舍区中的商业街在 2018 年被评为“浙江省放心消费示范区”，引入了放心消费评价体系，建立了消费维权通道，实行了现行赔付、7 天无理由退换货等制度，从而营造了良好的消费环境[②]。校园商业街的建设不仅仅是在消费方面为师生提供了更好的服务，从道德教育的角度看，它在真实的校园生活中为学生营造了一个以人为本、诚信友善的环境，使学生能够通过在购物中的切实感受体验到真善美，而非将之视为外在规则要求学生。

**2. 提升教师觉悟**

学生能够体验到的不仅仅是校园环境，还有思政课教师，乃至学校全体教

---

① 转引自邹广文，崔唯航．从现成到生成：论哲学思维方式的现代转换［J］．清华大学学报（哲学社会科学版），2003（2）：42.

② 宁波发布 2018 年浙江省放心消费示范区 倡导诚信经商［EB/OL］．［2018－12－18］．http：//news. cnr. cn/native/city/20181218/t20181218_524453144. shtml.

师的一言一行。孔子曾言："其身正，不令而行；其身不正，虽令不从"，实际上揭示了在教学中身教重于言教的道理。就基于学生切实感受的思政教育途径来说，学校在为学生创设有道德意义的现实生活情境时，应该将教师自身的影响力也考虑在内，这是因为对于包括思政课教师在内的全体教师来说，如果他们在课上课下的言行都能够符合思政课教材中的相关原则，那么即使教师在思政课课堂上没有三令五申地讲授各种道德原理，学生在教师以身作则行为的感召下也会自觉遵守相关原则，表现出"不令而行"的效果。鉴于此，中外合作办学高校在进行思政课教学方法创新的同时，还要采取措施提升广大教师的思想觉悟，要求他们在其他专业课教学中其言论也要与思政教育的相关要求一致，实际上便涉及了课程思政的问题。课程思政是我国高校思政教育中的一个特有概念，习近平总书记在 2016 年的全国高校思想政治工作会议中指出，高校不仅要上好思政课，"其他各门课都要守好一段渠、种好责任田，使各类课程与思想政治理论课同向同行，形成协同效应"。[①] 各类课程与思政课的同向同行实际上便是"课程思政"的要义所在，即将思想政治工作贯穿到各类专业课程中，使专业课程在向学生传递专业知识和技能的同时，也向学生传递马克思主义的立场、观点和方法以及社会主义核心价值观。因此，我国的各级各类高校都应该重视"课程思政"的开展，这其中自然包括中外合作办学高校。中外合作办学高校的特点是全面引入外方大学的课程体系、教学模式和管理制度，从而使西方文化在校园中的影响力颇大，尤其是其专业课教师绝大多数都是外籍人士，这些大学开展课程思政工作面临独特挑战。

中外合作办学高校因全面引进了外方大学的课程体系和教材，在专业课教师的配置上也具有较大的国际性。这些大学要么直接从外方大学引入教师，要么依据外方大学的师资标准面向全球招聘教师，这就使得有些中外合作办学高校，尤其是具有独立法人地位的中外合作大学中的专业课教师中外籍人士的比例占到了 75% 以上，在一些新成立的中外合作大学中，这个比例甚至接近 100% 。因此，大多数中外合作办学高校在学术方面难免会出现外方主导的倾向。虽然思政教育从本质上讲是一种思想道德教育，这是世界各国的大学在人才培养活动中普遍重视的教育行为，但在具体实施时中西方大学存在着较为不同的教育理念。

---

① 习近平在全国高校思想政治工作会议上强调：把思想政治工作贯穿教育教学全过程，开创我国高等教育事业发展新局面［EB/OL］. http：//cpc. people. com. cn/shipin/n1/2016/1209/c243247 - 28938971. html.

首先，中国的思政教育要培养学生具备的思想道德素养是实质性的，而西方大学要培养学生具备的思想道德素养则是程序性的。例如，西方大学普遍认为公民应具有的美德包括愿意与他人合作，从而实现单个人所难以成功实现的目标，但对于什么样的目标才是好的目标并不要求有一致性的意见，甚至连“自由”“平等”这些西方社会较为流行的价值观也不具有先验的合法地位，这就使得在大学中无论是学术教师还是教育行政人员都不愿意向学生传递特定的价值观（Keohane，1998）。这一状况与我国的思政教育差异很大，在我国高校中全部教师和管理者都被赋予了思想道德教育的使命，他们要成为特定价值观的支持者和传播者，并引导学生认同这些价值观。

其次，中国思政教育的特点在于有着明确的政治目标，无论是思政课程、学生活动还是管理工作，都是要旗帜鲜明地引导学生认同马克思主义、中国特色社会主义等理论和价值观，这些与执政党的治国理念是一致的。西方大学普遍认同大学自治和学术自由理念，在政治上大多保持中立态度，在这种情况下政府部门只能利用经费投入等政策来对大学的发展进行宏观调控（孔垂谦，2002），而无权在大学的课堂上直接宣传执政党的政治主张。

既然中国的思政教育与西方大学的教育理念存在较大分歧，这是否意味着中外合作办学高校不能要求学术教师在课堂上宣传党和政府的教育理念呢？答案无疑是否定的。即便是在西方大学，人们也不反对专业课教师在课堂上引导学生讨论与专业有关的社会问题或伦理问题，但教师在课堂上发表的言论必须代表自己的真实见解。西方的“学术自由”虽然禁止学校管理者随意干涉教师的课堂教学，但并未否定其采取措施影响教师的思想，从而使教师真诚地认同国家的主流观点。鉴于此，中外合作办学高校要提升学术教师，尤其是外籍教师的思想觉悟，使之能够积极开展课程思政工作，首先需要关注的问题并不在于专业课课程内容和教学方法的设计，其根本路径在于加强对广大专业课教师的影响和教育，让他们能够自觉认同中国的文化与制度。

近年来随着“一带一路”倡议的推进，我国大学中的来华留学生数量不断增加，相应的来华工作的外籍教师的数量也在不断增多。为了增进留学生对于中国文化的认同，很多大学都为他们提供了形式多样的中国文化类课程，但是针对外籍教师开展的中国文化教育却并不多见。中外合作办学高校作为中西文化的交汇之地，外籍教师的比例远高于传统大学，理应将自身打造成传播中国文化的窗口。因此，中外合作办学高校可以考虑多对外籍教师开展一些中国文化方面的教育和活动，从传统民俗、特色美食和名胜古迹等浅层次的文化活动入手激发他们的兴趣，并逐渐过渡到中国思想传统、政治制度、历史文化等深层次的理念和精神，使之能够真诚地体会到中国文化的博大精深，认识到中国相关制度的优越性。在这种情况下，外籍教师可能不需要外在的刻意要求，便会自发在课堂上谈及有关中国社会主流文化的内容。这时，如果学校或学院出台一些有关课程思政的教学改革项目，外籍教师有可能也会主动申报，而不会因感觉到“学术自由”被侵犯而出现抵触情绪了。

### （二）行动式途径

其一，行动式的教育途径当有利于养成学生的道德知识。基于切实感受的教育途径，思政课在教学方法创新方面可以将传统的课堂扩展到学生的真实生活中去，因为生活中无处不可实施道德教育，无处不可进行道德修养。然而，在当代大学的思政教育中，若对学生的任何活动都放任自流，不加任何教育引导，则教育的意义便被冲淡了。因此学校针对与思政教育有关的各种实践活动，可以由学校相关部门牵头组织，而在选择活动主题时可考虑其与思政教育所要传递的理念的关联性。

其二，行动式的教育途径当注重引发学生的道德情感。中外合作办学高校在组织各种活动时可以通过引发学生道德情感的方式，促使学生形成真知。以宁波诺丁汉大学为例，该校采取“文明寝室”评比方式。虽然是否参加评比由寝室自愿申报，但内部人际关系不和谐，或成员有违规违纪现象的寝室是没有参评资格的，且在评比中排名较后的寝室也不会得到奖励。这样一来，若是有寝室失去了参评资格，或在评比中落选了，虽不会遭到惩罚但毕竟容易引发该寝室学生的羞愧之心；反之在评比中排名靠前的寝室虽然获得的奖励有限，但得到了荣誉自然会使人心生欢喜之情。

## 二、思政课教学方法创新应遵循的教育原则

中外合作办学高校思政课教学方法的创新当借助基于切实感受的教育途径，这就意味思政课的教学当更加重视实践教学环节，但如何使实践活动中的“行”不脱离“知”而存在，实现知行合一，则需要教师在安排相关教育活动时注重遵循以下几个原则：

### （一）快乐教育原则

英国教育家斯宾塞曾说，快乐教育应是“符合生命的规律”的，因此，“儿童爱好某种知识的时候，亦就是他正在发展的心灵适宜于吸收这种知识，以满足其生长需要的时候；反之，当他厌恶这种知识的时候，亦就是标志着这

种知识非教之过早，即是教之不得其法，而为儿童所不能接受。”① 对于大学的思政教育来说，其希望学生掌握的都是作为合格公民应具备的思想道德素养，不存在教之过早的问题，但教之不当的问题却是可能存在的，同时也可能存在虽然能使学生快乐，但并未使学生具备理应具备的知识和素养的问题，因此在实施快乐教育原则时需注意方法和技巧，具体来说包括以下几个方面：

**1. 学生主导的活动：引导活动主题方向**

思政教育想要培养学生的完善人格和道德，说到底还是要借助学生自己的力量，因此需要鼓励学生从事各种学生主导的活动。对于中外合作办学高校来说，由于其思政课教学需要与学生的真实校园生活相结合，因此需借助一些学生组织的活动开展实践教学，教师对学生相关活动进行干预的范围和力度都会相对缩小，需要发挥学生的自主性来促使相关活动的推进。同时，中外合作办学高校对学生活动的组织管理特点也使学生的自主性更容易在活动中得到发挥。与传统大学相比，中外合作办学高校的学生社团活动具有高度自治的特点，大多数社团活动都由学生自己发起和组织，学校相关部门仅仅为其提供必要的监管和支持，因此学生在参与自己组织的活动时自然具有较大的自主性和较高的愉悦情绪，这就为快乐教育原则的实施提供了有利的条件。在这种情况下，相关教师需要采取措施对这些活动的方向进行引导，例如，给予某些特定主题相关的活动以更多的经费支持。这样一来学生为了获得相关支持在设计活动时会主动向这些主题靠拢，从而使学生一方面能够在活动中满足自己兴趣爱好需要，另一方面又能在活动中不知不觉感知到思政教育想要传达的价值观，使得愉悦情绪和道德原则之间贯通起来。

**2. 教师主导的活动：启发学生主动思考**

古希腊思想家柏拉图也提倡快乐教育原则，他说：“我认为快乐和痛苦是儿童最先的知觉，这些也就是善与恶对他们最初的呈现形式。至于智慧、真理和卓见，一个人如果能够获得它们，即使在垂暮之年，也是愉快的。凡是能够掌握这些，并且因此而产生了各种幸福，那便是一个完人。”② 可见，柏拉图认为快乐是善的呈现形式，这与中国古代“乐学”思想认为快乐是道德本体的表现的理念不谋而合。在此基础上，柏拉图认为掌握了美德真理的完人必然是快乐的，而要培养这样的完人则必须采用能引发快乐的方法，如采

① 张焕庭．西方资产阶级教育论著选［M］．北京：人民教育出版社，1979：436.

② 华东师大教育系，浙江大学教育系．西方古代教育论著选［M］．北京：人民教育出版社，2001：70.

用启发诱导的方式来教育学生，使之在冥思苦想后茅塞顿开，从而收获理智的喜悦。

启发诱导的方法主要适用于由学校或教师组织的教学活动，在这一类的活动中学生可能免不了要花一些时间听取教师讲授相关的知识或信息，但在此过程中教师可以通过启发诱导的方式引起学生对相关问题的关注和思考，避免采用强制灌输等手段引起学生对相关内容的厌学情绪。以宁波诺丁汉大学为例，该校为加强对学生的思想道德和人文素质教育，于 2019 年 12 月 31 日与宁波帮博物馆签署了合作协议，依托该馆的人文教育资源成立了“宁波诺丁汉大学人文素质教育基地”，并计划每年组织相关师生赴该馆参观考察。该基地的建立是学校思政教育的一个组成部分，同时也可以看成是思政课的重要补充。对于一般的博物馆参观活动来说，讲解员一般会按部就班地将与展品相关的内容介绍给学生，虽然这种讲解不会给学生带来因学业压力导致的厌恶情绪，但平铺直叙的灌输也有可能难以引起学生的兴趣，从而给思政教育的效果打折扣。从“生活思政”快乐教育原则的角度出发，讲解员在介绍时可适时通过提出问题来激发学生的求知欲，如可问学生：“为何宁波帮会在众多商帮中脱颖而出？”这类提问可启发学生主动思考，而讲解员最终的解释在印证了学生心中的答案或帮助学生解决了心中的疑惑时，学生自然能够体会到豁然开朗般的喜悦，从而对展品所体现的宁波帮精神产生深刻的印象。

### （二）“忘记思政”原则

中外合作办学高校在思政课教学方法创新时要遵循的另一个教育原则是“忘记思政”。主体达到了“万物一体”的状态时即会消除“物”与“我”的界限，从而使“物”变成“称手”之物，变成“我”的组成部分。因此，思政课教学在设计各种活动时需要通过让学生“忘记思政”来加强思政，在通过各种活动实现思政目标时尽量在表述上抹去思政的痕迹，从而使思政在不知不觉间成为学生的那双“合适的鞋”。当然，由于思政课的教学内容中必然会包含一些马克思主义的原理和理论，这些理论无论如何包装都不可能看不出马克思主义的痕迹，因此“忘记思政”这一原则在使用时是有条件的，即在某一理论并非马克思主义的纯理论问题时才可以使用，要尽量从学生的生活实际和社会热点出发，引导学生分析问题时不知不觉运用马克思主义的立场、观点和方法，使学生在尚未意识到时就已经对马克思主义的相关理论产生了深刻的认同感。

“忘记思政”的教育原则对于中外合作办学高校来说尤其适用，由于中西方教育理念的差异，若思政教育直接打出“思政”的旗号，似乎自然就将国际生排斥在外了。然而，思政是无国界的，中外合作办学高校在教育学生时不应只培养中国学生具备良好的思想品德，而不管国际生的品德培养问题。因此，中外合作办学高校的思政课教学在设计各种相关活动、采取各种相关措施时应取消各种政治色彩过强的标语和口号，淡化思政与学生主体的界限，因为思政教育的理想状态便是使学生在践行马克思主义理论和社会主义核心价值观时能达到“不思而为”“不勉而中”的境界。当学生在生活中遇到与思政教育之“理”相符合的事物时，能“如好好色”一般自觉产生喜爱情绪，并主动接近，按其要求去做；在生活中遇到与思政教育之“理”相违背的事物时，能“如恶恶臭”一般自觉产生厌恶情绪，并主动按照正确的思维方式来思考问题和采取行动。

### （三）因材施教原则

因材施教原则是指，思政课在开展相关活动时不应强求所有学生都参加同样的活动，而是要给予学生自主选择的空间，允许其在一定范围内根据自身的兴趣和需要来决定要参加哪些活动。在有些中外合作办学高校，学生在参与社团活动方面有着较高的自由度，因为这类大学引入了西方大学的学生活动管理模式，社团的建立、活动的组织皆由学生自己负责，学校管理部门只是提供必要的支持和帮助，而由学生自己组织的活动必然契合其自身的个性和需要，有利于发挥其活动的主动性和积极性。在这种情况下，为了使思政课教学的效果更好，课堂教学可以和学生活动相结合，教师要做的只是在活动的组织和开展的相关环节对学生进行必要的引导，促使学生在行动中产生对思政教育之“理”的感悟，并最终实现“心”与“理”的统一。

## 三、反思内省以促习惯养成：思政课教学的创新方法

### （一）反思内省

教育的核心环节是教学，而教学要最终实现目标则需要借助于各种教学方法。中外合作办学高校思政课教学方法的创新虽然要借助基于切实感受的教育途径，强调学生在各种真实的生活情境中通过自己的感受来领会良知天理，但也不能过度依赖学生自己的感受，还是要通过某些教学方法对学生进行引导，因为即便是面对同一个事物，不同的人也可能对其有不同的感受，而若在没有任何教育引导的前提下，或许会有人对事物中所蕴含的道德意义始终熟视无

睹。因此，在思政课教学中，教师需要利用适当的时机引导学生进行反思内省。具体来说，引导学生进行反思内省的方法包括以下几种：

**1. 提出问题**

首先，教师的提问应能关涉相关理论。教师的提问内容应当服务于思政教育的目的，即引发学生对相关道德问题的反思，使之能够通过自己的思考和内省，得出与思政课教材中相关理论一致的结论。由于任何一种理论或学说的真理性都不是由该学说本身决定的，而是由该学说与现实的一致性来决定的，因此为学生提供体验或行动的机会，只是为学生提供现实情境，而教师的提问则是要促使学生去思考其所处的现实与相关理论的联系。虽然教师的提问最终指向理论，但提问的方式若过于类似于书本中的口号式命题，则又有可能引发学生的反感情绪，而不能真正激发学生思考。所以，教师的提问当紧密结合于学生所处的真实情境或活动内容，看起来是由现实情境所触动而油然生发的问题，但如果深入思考该问题又会发现无法绕开思政课本中提到的相关理论。由于学生被教师提问所引发的思考已经是一种主动的反思内省过程，学生为了解决问题而去思考课本中的相关理论也是一种主动的行为，而不会觉得是被迫迎合外在的要求，这样学生的思考会自觉进入思政课教学内容关涉的领域，自己去发现和领悟到课本中的相关真理。

其次，教师的提问需具有非预设性。教师的提问在内容上虽应与思政课中的相关理论和原理相关，但从形式上看应是非预设性的，因为教师提问的目的不是想要听到正确答案，而是要作为一个激发学生思考的引子来引发学生反思，即依据其所处的情境反思所学的相关理论，而是否能够确定理论的正确性则需要根据内心的良知来判断。若书本上的理论确能与学生内心的良知相沟通，则学生无论是否回答教师提问其心中皆有正确答案，若相关理论未能与内心良知相通，则即使学生正确回答了教师的提问，也最终未能实现道德教育培养人德性的目的。

**2. 交流探讨**

首先，教师在交流探讨中可辅以推理方法指导。反思并不意味着学生可以天马行空地胡思乱想，虽然有时面对一个问题的顿悟需要借助非逻辑性的直觉式思维，但这并不是反思内省所需要的思维活动的全部，有时还是要借助严谨的逻辑推理过程。逻辑推理的主要任务是以概念、范畴作为思想工具，对自己的认识进行系统化的理性推演，并在这种理性推演中不断修正、完善自己的认识，最终得出合乎理性的结论（杨道宇，2015）。然而，很多学生在以往的学习过程中并没有接受过系统的逻辑推理训练，因此他们在思考问题时可能充满逻辑漏洞而不自知，得出的结论便会有失偏颇而不中肯。为此，教师在参与学生的讨论时可以根据学生发言的情况适时给予思想方法上的指导，在指出某一个学生发言中的逻辑问题的基础上，对与该问题有关的思维方法做较为系统的介绍。但需要注意的是，推理方法的指导始终只是辅助性的，引导学生在讨论中不断反思自己的已有观点才是主要任务，教师在学生的讨论活动中莫要喧宾夺主。

其次，教师在交流探讨中要尽量避免抛出现成结论。传统的课堂教学有时也会设置小组讨论环节，但讨论的目的是通过师生互动加深学生对相关问题的理解，最终学生需要在教师的引导下认同教材上或教师预定的结论。然而，根据王阳明的“致良知”思想，道德真理并非来自外界他人的告知，而是就隐藏在每个人的本心之中，需要个人通过感知体悟去发现内心的“良知”。所以在讨论中，若教师在最后直接告知学生结论，很难保证这外在的道德规范能够与学生的良知本性合二为一，若二者并未合二为一，则教师抛出的结论对于学生来说便不能发挥道德养成的作用。因此，在思政课教学的讨论环节中，讨论的目的仅仅是要激发学生对相关问题的反思和探索。在有些时候，教师也可以通过提问或发表自己的见解等形式对学生进行启发引导，但其目的并不是直接告诉学生何为对错，而是在学生的思考遇到瓶颈时向学生提示其他的思路，或在学生的讨论明显跑题时将其拉回到应有的轨道，而最终对良知德性的发掘还是要通过学生自己的思维活动去实现。另外，思政课中的讨论也不一定只能局限在课堂中，还可以与学生生活中的各种活动相结合，这样讨论的主题更能与学生的生活实际相结合，更容易激发学生的反思。以宁波诺丁汉大学为例，该校的学生公寓部在每年的新年来临之际都要组织由生活老师和学生共同参加的“新年茶话会”，通过组织讨论来进行思政教育。学生的宿舍生活除了涉及学校提供的生活服务之外，主要涉及如何处理与其他同学的关系，而培养同学之间团结友爱的精神自然是思政教育的应有之义。到目前为止，这种茶话会尚未与思政课教学相结合，因此未来可考虑邀请思政课教师参加茶话会，或请生活老师在会上履行思政教育的职责，不但能够提升思政教育的效果，还能够在一定程度上满足国家全员育人的要求。

**3. 感想反馈**

在很多中外合作办学高校中，学生在社团活动的参与和管理上具有较高的自主性，除了少数由学校相关部门发起和组织的活动外，大多数活动是由学生社团自行组织的，学校只是在学生有需要时提供必要的帮助。在这种情况下，中外合作办学高校的大多数学生社团活动都缺少教师的参与，教师难以在活动中通过提问或组织讨论等形式来对学生进行引导。在教师不能在活动过程中直接进行引导的情况下，教师可以通过要求学生在活动结束后撰写感想等形式发挥间接引导作用。由于学生在活动结束后需要完成教师布置的撰写感想的作业，因此在活动中或活动后则需要对与活动有关的事宜进行反思，从而发展自己的德性。

首先，感想反馈应该具有半结构性。感想反馈作为引发学生反思内省的方法应服务于思政教育的目的，因此若是在让学生撰写感想时对内容完全不做限定，则学生所写的感想有可能完全与思想道德方面的主题无关，这样一来思政教育就没有达到目的。因此，教师在让学生撰写感想之前，可根据活动内容列出几个开放性的问题，使学生在撰写材料时能够围绕相关问题去进行思考。在具体问题的设计时，可参照上文中“提出问题”的方法，即问题要紧密联系学生活动的实际，其与思政课教学内容的深层相关性应巧妙隐藏于问题中，而不要过于直白明显。

其次，感想反馈形式可具有灵活性。感想反馈的目的是促使学生通过任务的完成而对相关问题进行反思，因此只要是能够实现这个目的，那么反馈的具体形式可以多种多样。传统的感想反馈形式是让学生写一份论文式的文字材料，但由于中外合作办学高校中的各种学生活动往往是灵活多样、不拘一格的，因此在所有活动结束后都让学生写一份论文式材料有时不具有太大的可行性。鉴于此，感想反馈可以有其他变化形式，如可以让学生在活动结束后填写一份简短的调查问卷，在活动结束后随机选择一些学生对其进行访谈或采访，让其针对相关问题发表一些感想等。另外，对于有些中外合作办学高校来说，其思政课在实践教学的开展方面往往具有较大的创新性。如宁波诺丁汉大学巧妙地实现了思政课实践教学与学生社团活动的结合，即充分利用学校中学生社团活动丰富多彩的特点，允许学生在满足一定条件的前提下将其社团活动转化为思政课实践教学学分。这种做法的操作方式是，如果学生认为他们所组织的某个活动符合思政课实践教学的特点，那么可以向学校相关部门提出申请，详细陈述其符合实践教学要求的具体情况，若获得批准，则参与该活动的学生都可以获得实践教学的相应学分。这样一来，学生自主组织各种活动时就不再是盲目的，或单纯出于自己的兴趣爱好，而是会对思政教育的相关内容有所考虑，而当他们在活动结束后申请实践教学学分时，便会自觉对其活动的思想道德意义进行反思，而其所填写的申请材料本身也就相当于某种形式的感想反馈，从而在学生具有充分主动性的情况下，完成了思政教育的部分任务。

### （二）习惯养成

上文所说的教学要引导学生进行反思内省是在思政课课堂教学上或相关的

实践教学环节中要使用的教学方法，而在教学评价环节，则需要采取措施测量学生的习惯养成情况。根据王阳明的“致良知”思想，思政教育的结果是使学生形成非对象性的“知”，而在传统课堂教学中所形成的对象性的理论知识只有转化为非对象性的“知”才能成为真知。由于这种非对象性的“知”并非现成的实体，而是若“虚”若“无”，能驱动万物周流而无碍，因此若考察其在学生身上的呈现形式，当归之于“习惯”的养成。“习惯”又可以划分为思维习惯和行为习惯，是一种逐渐养成的如自然般的行为，其背后必然蕴藏着某种“知”，但由于其已成为人的天性的一部分，使人并不会产生役于外物之感，因此可以看作“生活思政”教育结果的较好呈现方式。

思政教育结果的呈现方式决定了应采用观察法、调查法等手段来观测学生思维习惯和行为习惯的改变情况。如教师可通过观察学生是否养成了不乱扔果皮纸屑、主动进行垃圾分类的习惯；或者可通过问卷调查了解学生参与公益服务的意愿、与来自不同文化背景的师生交流的意愿等是否有所提升，以考察其思维习惯的改变情况等。

## 第四节　基于课堂讲授途径的中外合作办学高校思政课教学方法创新

虽然中外合作办学高校的思政课教学方法创新当更多地利用基于切实感受的教育途径，但这并不意味着要取消传统的课堂讲授方法。相反，对于思政课教学来说，课堂讲授方法永远都是思政课教学最为重要的方法之一，而对于它的创新和发展同样要从相关的哲学思想中寻找理论依据。

### 一、基于课堂讲授途径的思政课教学方法创新的哲学基础：文化哲学

文化哲学是欧洲十八九世纪兴起的一种新的哲学范式，旨在扭转传统哲学的“自然科学化”倾向，突破启蒙时代追求普遍主义的思维定式，从而弥合文化与哲学的断裂。康德在《纯粹理性批判》中提出，哲学不应将知识作为唯一的研究对象，而是要关注道德理性、审美意识和人的实践世界，而这些问题恰恰属于“文化哲学”的研究范畴（徐椿梁，郭广银，2018）。对于思想政治理论课来说，它作为思政教育的主渠道，其目的在于培养学生具备符合

社会要求的思想道德素养，但要培养这些素养并非仅仅让其掌握相关知识便足够，还需要发展其道德理性和审美情趣，并使之能够主动将相关思想转化为实际行动，因此思政课教学的改革需要汲取文化哲学的养分。文化哲学在分析问题时，表现出了历史主义的原则和文化多元的导向（张鹏，2018），而这些对于在中外合作大学思政课教学中引入中西比较的视角具有方法论式的意义。

### （一）基于历史的原则

文化哲学注重考察文化的生成和发展，在思维方式上秉持基于历史的原则。它在考察历史世界时较为突出事物的个体性，强调从一个具体事物产生和发展的过程出发来探索一般规律。这样一来，在历史发展的过程中任何一个国家或民族的历史和文化都是特殊的，人们需要从其特殊的历史背景出发，通过“移情原则”真正深入其中来探索其独特的文化价值。对于思想政治理论课来说，它需要在课堂上向学生传授马克思主义和中国特色社会主义的相关理论和制度，而这些理论和制度并不是某一个人在某一瞬间突发奇想的产物，而是在某一国家特殊的历史背景下，经历了长期曲折的发展过程逐渐演变至今的，因此想要使学生更好地理解这些内容，需要引导学生运用想象力去重温其产生和发展的历史场景，才能真正体会相关理论和制度的精神实质，也才能体会到马克思主义与非马克思主义、中国与西方相关理论和制度的根本差异所在。

### （二）多元文化的导向

文化哲学在价值导向上秉持多元主义的观念，这种观念起源于 18 世纪以来的文化人类学研究，他们综合运用民族学、人种学、考古学等多学科方法，对世界不同民族的文化发展状态进行考察，最终打破了“西方中心主义”的观念，建立了以承认不同民族文化独特价值为核心的文化多元主义观念（袁鑫，2019）。在当代中国，文化哲学的发展需要借鉴马克思主义的观点和方法，在此视野下审视人类整体，所需建构的不是任何文化中心论的单一整体，而是尊重文化创造多元性的生态系统（吴炫，2018），也即我们当今所提倡的人类命运共同体。高校思政课作为思政教育的主渠道，也是传播人类命运共同体理念的重要渠道，因此应该依托马克思主义的文化哲学，通过中西比较的方法，引导学生理解人类文化的多样性，正确认识中国文化以及世界上其他文化的独特价值。

## 二、引入中西比较视角：思政课教学的创新方法

文化哲学将人类历史的发展看成是文化的发展，而思政课的教学内容很大一部分与探索人类历史和社会的发展规律有关，因此可在教学中引入中西比较的文化视角，而这种视角尤其适用于中外合作大学的实际。从实践层面看，中外合作大学在思政课教学中需要提倡三种意识，具体如下：

### （一）历史意识

高校思想政治理论课中除《中国近现代史纲要》是直接跟历史有关的科目之外，其他课从表面上看似乎与历史没有直接的关系，似乎并不需要运用过多的史学理念。然而，任何制度和理论都产生于某种特定的历史环境，会不可避免地受到该环境中业已存在的文化和传统的影响，因此教师在思政课堂上介绍当“今”的某种制度或理论时不能脱离对“古”的关照。

### （二）世界意识

高校思想政治理论课说到底要传播的是我国占主流地位的文化的价值观，因此在思政课的 4 门课中，表面上看除了《马克思主义基本原理概论》外，其他都是在讲中国的文化和国情。而对于《马克思主义基本原理概论》来说，马克思主义虽起源于外国，但它是我国人民长期革命建设实践中的理论武器，因此作为课程内容的马克思主义已经是中国化的马克思主义，且其中的内容理论性比较强，似乎与世界上其他国家的文化关系不大。然而在当前倡导人类命运共同体理念的背景下，思政课不但需要使学生深刻理解本国文化，还需要促使学生掌握正确对待他国文化的态度，因此在教学中需要具有世界意识，即便是在讲中国的问题或纯理论问题也要注重运用中西比较的方法。在人类文化的演进过程中，世界上存在着多种多样的异质文化（卢风，2012），任何国家没必要在文化上对其他国家形成思想依附，而是要凭自己的力量进行文化创造，并与其他国家的文化创造形成“多元共生”的局面。在这种文化价值观的指导下，一方面思政课可以就相关问题引导学生比较中西文化，并客观评价各自的优势与不足，促成文化上的“和而不同”；另一方面也可以帮助学生正确认识本国文化的独特价值，抵制西方的文化霸权。

### （三）问题意识

在中外合作办学高校的思政课教学中，无论是借助历史意识还是世界意

识，都不能泛泛而谈，而是要具有问题意识，以某个问题为核心展开教学内容。所谓问题意识，就是“一种思维的问题性心理品质，是人们在认识、实践活动过程中，经常意识到一些难以解决的、疑惑的实际问题或理论问题，并产生怀疑、困惑、思考、探究的一种心理状态，这种心理又驱使个体积极思维，不断提出问题和解决问题”（姚本先，1995）。由于问题的本质是尚未解决的矛盾，其出现往往伴随着人疑惑不解的心理状态，因此教学中问题的呈现容易激发学生研究和探索问题的内驱力，在这时教师再贯穿“古今”和“中外”的相关内容，通过中西比较的方式来阐释和分析问题，更有利于帮助学生深刻地理解问题、解除疑惑。

# 第四章　中外合作办学高校“课程思政与思政课程相融合”教学结构探索

“课程思政”这一概念最初源于上海市相关高校的探索，其主要目的是解决大学生思想政治教育的“孤岛”困境，尤其是解决思想政治理论课与其他课程之间实际存在的“两张皮”现象。目前官方或学术界对“课程思政”内涵的界定，虽没有形成统一的定义，但也形成一般理解。“课程思政”指向一种新的思想政治工作理念，即“课程承载思政”与“思政寓于课程”，其实质不是在高校中增设一门课程，也不是增设一项活动，而是开发利用包括专业课程、通识教育课程等相关课程的思想政治教育资源，将思想政治教育融入非思政理论课程教学和改革的各环节、各方面，实现立德树人、润物无声，使得育人不仅是思想政治理论课的任务，还是其他各类课程也需担负起的职责，各科教师都应将教书和育人结合起来。各类课程与思想政治理论课协同育人，形成协同效应（李如占，张冬冬，2018）。

“课程思政”这一概念自 2014 年形成以来，激起了很多高校的兴趣，并引发了教育部的关注，在教育部颁布的相关通知、文件以及教育部领导的讲话中多次出现“课程思政”这一概念。目前，“课程思政”的观念日益深入人心，逐渐掀起了一股关于“课程思政”的热潮。例如，《中国青年报》2021 年 3 月 21 日报道，《北京航空航天大学推进课程思政与思政课程同向同行：专业课讲出思政味思政课讲出专业情》，《光明日报》2021 年 3 月 20 日报道，《上海：“大思政课”为高校学生讲好党的故事》，等等。不过，“课程思政”作为一个新事物，目前仍处于起步探索阶段，其内涵边界、核心要义、规律特点、实践要求、建设路径、工作评价等还需要不断拓展和深化。而“课程思政与思政理论课相结合”这个议题，就学术界而言还是一个较为新颖的领域，目前的研究比较多的集中在“课程思政”或“思政课程”单方面的研究，将两者有机结合起来作为议题讨论的并不多，这方面的研究尚未成型。

目前学术界就“课程思政”的必要性达成了基本的共识，我们也根据有关报道看到“课程思政”在传统大学中也相对得到较为理想的落实。然而在中外合作办学项目，尤其是在中外合作大学中，探索“课程思政”的落实，却面临更多的困境。其中最为突出的矛盾是，在中外合作办学高校中，由于专业课程主要由外籍教员授课，“课程思政”的理念难以准确传递给外籍教师，并通过他们传递广大学生。同时，中外合作办学高校相较传统大学而言，学生在校园生活中面对更多西方思想的冲击，想要把“课程思政”真正做到“润物于无声”面临重重挑战。

本章着力点在于探讨在中外合作办学高校中承担价值观引领主渠道作用的思政理论课如何面对这种挑战，发展开拓新的教学途径和授课模式，实现“思政课程”与“课程思政”的有机融合，以完成青年大学生思想政治引领的使命和责任。当然，在探讨中，我们着重但并不仅仅局限于中外合作办学高校，而是以该类学校为例，希望能够为全国范围内的高校思政理论课教学设置的议题提供一点思路参考。在本章的讨论中，通过第一节和第二节梳理“课程思政”和思政理论课之间的关系，其中的思政理论课指的是包括中外合作办学高校在内的全国范围内的高校思政理论课，第三节落脚到中外合作办学高校，探讨如何通过“通识教育与思政理论课相融合”打通“课程思政”与思政理论课。

## 第一节 “课程思政与思政课程相融合”的设置依据

“课程思政”概念一经提出，即获得广泛的认同，这和当前我国面临的国际国内形势、思政理论课与专业课程发展前行中各自的情况息息相关。接下来在理论和实践两个层面亟待解决的问题是，两者在何种程度上是能够实现密切配合的，以及如何真正实现同向同行。鉴于目前在学术界，就“课程思政”与“思政课程”两者融合方面的研究尚浅，在本节中，我们尝试具体深入探讨课程思政与思政课程相结合的必要性，为两者相融合的教学设置实践提供理论支撑。

马克思主义从整体性角度对人的本质和教育目的做了论述。他批判了西方资本主义教育思想仅从“认识”论出发将学校教育工具化、知识化，从而把追求超越现实社会的抽象道德和理念作为教育目的的做法。马克思主义认为教育应当遵循生命成长和发展规律，避免变成纯粹是一项传授知识的理论任务和认识任务。马克思主义人的本质理论和教育思想是“课程思政与思政课程相融合”的重要理论依据（舒志定，2016）。“课程思政”的理念突破了传统思政教育的理念。客观而言，所有课堂都有育人功能，课堂育人理念自古有之，但“课程思政”强调所有的课堂都是育人的主渠道。正如著名学者、华东师范大学邱伟光教授对“课程思政”概念的阐释为：课程承载思政，思政寓于课程①。简而言之，“课程思政”就是将马克思主义理论贯穿教学和研究全过程，深入挖掘各类课程的思想政治理论教育资源，高校设置的各学科、课程都要发挥思想政治教育作用，从战略高度构建全员、全过程、全方位以及全课程育人格局，使高校各类课程与思想政治理论课同向同行，形成协同效应，并始终贯穿“立德树人”根本任务的一种综合教育理念。

基于“课程思政”的理念，课程具有提升学生精神素质的内在属性，这在精神向度上提供了课程理解的新范式（韩宪洲，2019）。任何一门专业课程都蕴含着丰富的有待思想政治教育深入开发的“课程思政”元素，都暗含有启迪人们智慧、激发爱国热情、拥有社会正义感、负有社会责任感、具有文化自信、充满人文精神等价值范式的思政元素。“课程思政”的价值就在于充分发掘每一门课程潜在的思想政治元素，需要专业教师在传道、授业、解惑过程中将专业课程中所蕴含的思想政治教育功能开发出来。“课程思政”的内涵可以具体理解为：在所有的课程教学中将知识传授与价值引导有机统一，提炼出课程中蕴含的爱国主义情怀、社会正义感、社会责任感、文化自信、人文精神等价值范式（杨守金，夏家春，2019）。

一般而言，“课程思政”的含义可以理解为：依托、借助于专业课、通识课而开展的思想政治教育实践活动，或者是将思想政治教育寓融于专业课、通识课的教育实践活动（赵继伟，2019）。在“课程思政”理念的指导下，传统思政教育主动转变思路，充分挖掘和充实各类课程的思政教育资源，得以实现观念上的突破。“课程思政”亦是对传统思政教育在队伍上的扩充、载体上的拓展、内容上的丰富和方法上的创新。通过创新思政教育理念，促进包括通识课、专业课在内的各类课程与思想政治教育有机融合，从而扩展思想政治教育内涵及外延，实现全员育人、全过程育人的大思政局面。下文将分析“思政课程与课程思政相结合”设置的几点必要性。

---

① 转引自敖祖辉、王瑶．高校“课程思政”的价值内核及其实践路径选择研究［J］．黑龙江高教研究，2019（3）．

## 一、“思政课程与课程思政相结合”是突破传统思政理论课的局限性、实现高校育人功能的必要途径

2017 年 3 月 12 日，在十二届全国人大五次会议新闻中心举行的记者会上，教育部部长陈宝生就“教育改革发展”的相关问题回答中外记者的提问时提到，他在高校的调研中发现，思想政治理论课抬头率不高，出现了学生“人到心没有到”的现象，原因就在于课程内容不适应学生的需要，主要可能是“配方”比较陈旧，“工艺”比较粗糙，“包装”不那么时尚。可见，思想政治教育方法必须顺应历史的发展潮流，对传统教学方法进行创新和改进，增强其针对性和实效性。“思政课程”在育人体系中不可或缺，甚或说是核心部分，发挥着主渠道作用。然而，我们也应关注到“思政课程”的边界和局限性，这种边界在许多方面限制了“思政课程”育人的功能发挥，比如教学内容的有限性、教学时长的有限性、教学资源的有限性、教学考核的有限性、教学方式的有限性等。

正是这些限制的存在，要求思政教育工作者在“思政课程”以外的空间，充分利用已有的校园资源，积极开拓新的育人空间和方法。否则，学校的育人功能不仅无法得到完美实现，而且还会因使力不同向而受到各种损耗。“课程思政”并不是简单意义上的对于思政理论课的补充和配合，而是将思政育人功能向更广的空间和更深的领域推进和拓展。和“思政课程”比较而言，“课程思政”相对更能润物于无声地感染、激发学生的共鸣（杨守金，夏家春，2019）。因此“思政课程与课程思政相结合”能够发挥思想政治理论课在学科建设和思政教育中的引领作用，把马克思主义理论同中国特色社会主义实践紧密地结合起来，把思想品德教育同中国特色社会主义理论、中华优秀传统文化紧密结合起来，体现育人的方向和育人的宗旨。而其他课程作为思政的隐性课程，在“守好一段渠，种好责任田”的基础上，潜移默化地渗透育人的价值。

## 二、“课程思政与思政课程相融合”是完善立德树人系统化机制的制度诉求

我国高等教育“课程思政”和“思政课程”共同建构的是社会主义核心价值观倡导的精神，是国家意志在高等教育领域中的精神呈现。“课程思政与思政课程相融合”肩负着不可回避的历史使命，那就是直面高校“立德树人”存在的问题，通过课程目标、课程内容、课程评价等环节的制度性变革，构建“立德树人”系统化落实机制，把社会主义核心价值观融入高校课程教学的全

过程。因为立德树人涉及各学科、各类型的课程体系，教学活动是高校最基本、最经常、最大量的活动，课堂是大学育人的主阵地，课堂教学的育人主阵地作用理应贯穿和体现在高校的所有课程当中，而不仅仅局限在思政理论课中。

在课程内容设计上，“课程思政与思政课程相融合”能够更为全面地将思政元素融入高校课程体系。思政元素本质上是精神元素，从内容上看是国家对大学生必备精神素质的基本要求，从形式上看则是精神教化的有效方式。面对全球经济一体化、国际政治多极化、校园文化多元化、专业教学英式化的背景，中外合作办学高校要探索课程思政，亟须突破定位、平台、队伍三个方面所存在的独特困难，在内容和形式两个方面将思政元素融入课程体系，该类学校的管理架构、运行模式、管理体系有别于传统高校党委领导下的校长负责制，突出地表现在实施理事会领导下的校长负责制、外籍人士担任行政与教学主要岗位，再加上学校专业设置未有纯文科专业，专业课程采用西式体制，不少学生缺乏接受思政教育所必要的知识储备、学识眼界、思维训练及实践体验，该类大学需要针对学校实情，夯实理论学习基础、培植思政教育基地、创新思政教育方法、拓展思政教育空间，提升马克思主义理论的认同度，彰显中国道路、中国理论、中国制度形成和发展的历史必然性。

## 三、“课程思政与思政课程相融合”是全球化时代推进思政教育的必然趋势

方法是人们达到预期目的的一种手段、工具、途径、技术和范式。作为活动主体的人与作为活动客体的具体对象，正是通过方法才得以在活动中相互联系、相互作用，实现思想政治教育目标。因此，为适应时代发展对思想政治教育的期待，要改变效果不佳的思想政治教育现状，必须勇于创新，不断探索，对传统的方法体系进行战略思考，开拓新的视角。

值得一提的是，在整个“课程思政”的实现路径中，通识教育在“课程思政与思政课程相融合”中发挥了独特的作用。通识教育是一个内涵丰富、界限模糊的概念，目前我国高校对通识教育的理解和做法是与专业教育相对而言的通才教育。境外的通识教育有着一段很长的历史，通识教育起源于古希腊的博雅教育，作为对全部学生开设的非专业性教育，现今在高等教育中起着重要作用。一般认为，通识教育“既是大学的一种教学理念，也是一种人才培养模式”①，具有受众广泛、教育内容渊博以及所学知识的基础性的特征。通识

① 李曼丽．通识教育——一种大学教育观［M］．北京：清华大学出版社，1999：18.

教育在一定程度上是为了克服传统大学专业教育模式的狭隘性而提出的教育理念，旨在打破学科边界，让学生在知识结构上具备跨学科的广度，在能力结构上体现实践性和创新性。一般而言，通识课程具有“通识”“博雅”“全人”三方面功能，对于人格塑造与德性发展有着特别重要的意义。哈佛大学、斯坦福大学、东京大学等世界名校均高度重视通识课程建设，近年来纷纷出台和实行新的通识课程方案，在通识课程的认识与构架、组织与教学等方面进行不断的探索。

虽然不同的学者对通识教育的内涵、目的、方法等存在不同的理解，但一般而言通识教育可从以下几方面来定位。在教育性质上，通识教育是一种教育理念，在传授知识、教授技能的同时有明确的价值导向和追求，旨在协调和平衡专业教育对社会产生的分化作用，并促进个人的社会性发展，在现代高等教育中谋求通识和专识有机结合和统一，从而取得教育上的合理性。在教育目标上，通识教育始终致力于培养学生人文精神和价值维度的追求，其目的不在于为学生的职业规划做准备，而是要综合学生兴趣爱好、智力和体力等多方面因素，使学生成为一个拥有健全价值观、能够作出道德判断、了解自身政治责任的合格的“人”和具有健全品格的合格公民。在教学内容上，通识教育通过在知识方面，培养学生掌握人文学科、社会科学和自然科学的知识、方法和价值；在能力方面，培养学生有效表达的能力、理性分析能力和批判性思维能力，最终培养出社会所需的“好人”和好公民（张宝予，2019）。正如哈佛大学文理学院院长伊夫林·哈蒙茨（Evelynn Hammonds）所提出的，通识教育的核心是“通”，它有两个方面的含义：一是将内在的对思想、传统和价值的专注与更广泛的视野和道德基础相通，使学生的思想、对传统的理解和价值观建立在广泛的视野和道德基础之上；二是便利学生通晓毕业后处理各类事务所必需的各种能力（江海，2013）。

在我国，通识课程体系建设重在“中国精神”内容的融入。新中国成立初期，我国模仿的是苏联的教育模式，专注于培养精通某一专业领域的知识和技能的“专才”。但在几十年的实践中，我们也发现了“专才教育”培养出来的人才存在专业过分狭隘，社会适应性不强的弊端，教育界开始反思这种“专才教育”的模式，并引入了“通识教育”的思想。大学通识课程除了让学生掌握人类文明发展的珍贵成果之外，还需要按照“不忘本来，吸收外来，面向未来”的中国特色社会主义文化建设原则，将课程扎根于自身历史传统，传承中华优秀文化，在吸收外来优秀文化成果的基础上，更好地构筑中国精神、中国价值，为学生成长提供精神指引（伍醒，顾建民，2019）。

张宝予（2019）梳理了“在思想政治教育视域下对美国通识教育展开研

究”的情况，详细分析如下：以中国知网数据库中 1988 ~ 2018 年的数据作为统计来源，对其进行计量分析。以“美国通识教育”为关键词进行检索，从国内学者对美国通识教育的研究趋势来看，自 1995 年我国实行素质教育以后，通识教育进入科学研究阶段，此后近 20 年大体呈现逐年上升趋势，特别是 2005 年后，速度增长飞快。从研究视角看，国内学者对美国通识教育的研究主要集中于高等教育学领域。基于关键词共现分析法，离析出美国通识教育相关的学术热点问题，分析可知，我国学者在进行美国通识教育研究中更关注课程设置、课程改革、课程体系、核心课程、与专业教育的关系、哈佛大学通识教育研究、启示性研究等研究主题，而在思想政治教育视域下美国通识教育研究成果较少。

我们认为，通识教育与思政理论课之间存在很多方面的互通点。一方面，通识教育和思政课程都是独立于专业课程的，由专业知识和技能以外的问题来思考培养目标，能在很大程度上补充专业课程。另一方面，通识教育和思政课程的目的都在于“立德树人”，培养能够满足社会需要的人才。中国社会自改革开放以来也变得日益复杂、多元，面对这样的社会环境，学生需要自然、社会和人文各方面的知识，即客观上要求学生的知识领域必须具备通识性。为此，需要在思政教育里加入更多适应当代社会的必备知识与科学元素，让学生受到与此相适应的学术方法的训练。当今大学生迫切需要学会如何认识当前的中国社会，如何学会立足社会和成就自我。基于这一启发，我们的思政教育应该扩而充之，在原来教育内容的基础上增加新的元素。这要求思政教育面向变化的世界和中国，要把当代学生所必须具备的通识教育内容扩充到自身体系中来（江海，2013）。

## 第二节　“课程思政与思政理论课相融合”课程现状梳理

### 一、“课程思政与思政理论课相融合”面临的难题

#### （一）育人体制尚不完善

如前所述，长期以来，高校思想政治教育没能摆脱“孤岛”困境，思政教育与专业教学“两张皮”现象未能根本改变，这归根到底是“全课程、全

员育人理念”没有完全树立起来，育人体制的大局意识有所欠缺。在教育理念上，部分高校单纯地将高校思想政治工作看成是思想政治理论课的事，思想政治理论教育与通识教育、专业教学存在相互分离的现象，未能发挥整体育人价值。在人员上，将思想政治教育看成辅导员、班主任和党团组织的事，或者思想政治理论课教师的事，误认为其他各类课程教师主要是给学生传授系统的知识，不能正确认识知识传授与价值引领之间的关系，忽视育人的崇高使命，容易出现“只教书，不育人”的现象。这样一来，思想政治教育课程与其他课程分离了，教书与育人分离了，协同育人的效应就消失了。

在这样的情况下，各门学科思想政治教育资源难以得到充分挖掘，“课程思政”理念下，各类课程都有其亟待挖掘的价值元素。学生学习多学科知识，旨在通过对人类知识的整体认识，形成素质底蕴。这就要求学科知识不能是碎片化的、壁垒森严的，而应是内在整合的、完整的，这样才能实现育人的整体效应。因此，需要对多学科的价值元素进行统筹规划。基于此，“课程思政”中教师不仅要系统而科学地传授知识，还要重视建立知识与人、与生活多向度的交融关系。比如，不仅要介绍科学家创造知识的成果，还要传播其探索的勇气、爱国的情怀和锲而不舍的精神，培养学生学习的兴趣、创新的勇气，有志于传承科学家的高尚人格和奉献精神。

在管理机制上，多部门合力推进思想政治教育的机制体制有待进一步完善。2017 年，中共中央、国务院印发的《关于加强和改进新形势下高校思想政治工作的意见》中提出，要加强课堂教学的建设管理，充分挖掘和运用各学科蕴含的思想政治教育资源，要坚持全员全过程全方位育人原则，把思想价值引领贯穿教育教学全过程和各环节①。这要求我们在加强高校思想政治教育工作中，不能就“思政课程”谈思想政治教育建设，而要抓住课程改革核心环节，充分发挥课堂教学在育人中的主渠道、主阵地地位，着力将思想政治教育贯穿于学校教育教学的全过程，形成更为完善的育人机制。

### （二）育人意识存在欠缺

思政育人唯有在高校形成合力，才能各方面明确目的，往一处使劲，克服近年来个别专业课在育人功能上未能与思政课同向同行的弊端。诚如有学者所言，思想政治理论课作为大学生思想政治教育的主渠道，在高校思想政治教育中具有主干地位，对于培养德智体美全面发展的社会主义建设者和接班人发挥

① 中共中央 国务院印发《关于加强和改进新形势下高校思想政治工作的意见》[EB/OL]. http://www.gov.cn/xinwen/2017-02/27/content_5182502.htm.

了重要作用。而问题在于多年来思想政治理论课一直单打独斗、孤军奋战，其他课程蕴含的思想政治教育资源和功能没能得到有效发挥，大学生思想政治教育的课程育人合力没能形成，影响了大学生思想政治教育的实效（赵继伟，2019）。因此，思政育人绝不能限于思政理论课，对于学生而言，专业课上受到的引导影响深远，专业课教师必须强化立德树人意识，树立“课程”育人的新理念，才能取得专业课与思政课分工协作的育人实效，保持两者的同向同行。

有学者指出，近年来，一些高校专业课与思政课同向同行育人的实施效果不理想的重要原因之一就在于立德树人意识出现了偏差。这主要表现为：部分高校专业课教师缺乏育德意识和育德能力（杨守金，夏家春，2019）。有些高校教师认为教师是传递知识的工具，教学也只是追求经济利益的一种手段，教师有无理想信仰根本与教学无关，这种错误的职业观念间接地促进了这种思想倾向的发展。因而，在教学过程当中，他们在给学生教授知识和方法的同时，也将西方世界中一些不良意识形态观念有意或无意地传递给了学生。这样，教师只在“教书”，而没有“育人”。如果这种现象长此以往，思想政治教育意识形态功能必然会退化（肖继军，2014）。邱仁富（2018）这样论及“课程思政”与“思政课程”的“同向同行”关系：同向同行的问题实质上是认识与实践的问题，是认识与实践的统一性问题。“同向”是“同行”的前提，“同行”是“同向”的目的。既要明确“同向”的重要性，又要明确“同行”的现实性、可行性。“课程思政”唯有与“思政课程”保持“同向”，才能为“同行”创造条件，最终实现结伴同行，形成协同效应。

## 二、改革理念存在偏差

赵继伟（2019）认为，“课程思政”的探索暴露出来了一些问题，包括将“课程思政”显性化、标签化和功利化。首先，显性化指的是将专业课、通识课中的思想政治教育元素或资源梳理出来，使专业课、通识课“上出思政味”。这样的做法倒置了课程设置的显性化与思想政治教育功能发挥的隐性化，使得“课程思政”的隐性部分没有达到“润物细无声”的效果，甚至会影响学生对专业课、通识课的兴趣。其次，标签化。“课程思政”的理念被提出后受到了热烈的反响，但是也存在部分学校将“课程思政”看作赶时髦，一哄而上，试图“抢占先机”。“课程思政”的成功必须是以高质量的思想政治理论课为前提，以高素质的师资队伍为基础。有的高校思想政治理论课教学质量堪忧，师资队伍建设困难重重，课程体系建设任务艰巨，只是试图在课程形式上玩花样，重形式而轻内容，并没有办法真正做好“课程思政”，形成全面育人。最后，功利化是指将“课程思政”看作是争名逐利的工具而不是以提高大学生思想政治教育实效为目的。有的学校仅是移植他人的做法而没有依据自己学校的情况量身打造课程，把更多心思花在了宣传、造势之上。还有的教师参与“课程思政”的实践是为了获得专项经费或教研课题，研究只是流于表面，对“课程思政”缺乏深刻而创新的认知。在存在偏差的理念的指导下，部分学校在“课程思政”的改革中走偏，没有能够实现资源利用的最大化。

## 三、“课程思政与思政理论课相融合”的优秀实践

“课程思政”源自上海高校思想政治教育综合改革的实践，下文将梳理“课程思政”推广至今涌现的一些优秀实践，以期为后续的实践提供优良借鉴。

### （一）课程设置：显性思政与隐性思政相结合

在思想政治教育实践中，我国以往习惯于采用显性思想政治教育，而美国等西方国家则常常采用隐性思想政治教育。这两种教育方式各有优长，但随着社会环境的变化和大学生主体意识的增强，中国的思政教育也越来越多地把目光放到了“隐性思想政治教育”上。“隐性思想政治教育”理念在中国也由来已久，中国古代“孟母三迁”的故事以及思想政治教育学界所提出的“环境渗透法”都是对这一理念的生动诠释。习近平总书记也非常重视隐性思想政治教育，曾精辟地提出了“空气”之喻、“盐”之喻①。

高德毅和宗爱东（2017）在上海市高校思想政治教育的实践中，将高校所有课程划分为思想政治教育显性课程和隐性课程，各承担其功能，并相辅相成，合力推进思政教育。二者统一于思想政治教育理论与实践之中，与思想政治教育的其他理念一起，构成了完整的思想政治教育理念系统。显性课程即高校思想政治理论课（四门必修课+形势政策课），是对大学生进行社会主义核心价值观教育中的核心课程，在大学生思想政治教育中发挥价值引领作用。隐性课程包含综合素养课程（即通识教育课、公共基础课等）和专业教育课程（包含哲学社会科学课程和自然科学课程）；前者在思想政治教育

① 张智．习近平关于思想政治教育工作的五个比喻析论［J］．思想理论教育导刊，2017（5）：131－135.

中发挥浸润作用，注重在培育人的综合素养过程中根植理想信念；后者发挥深化和拓展作用，在知识传授中强调主流价值引领。通过推动思想政治理论课显性育人与其他所有课程隐性育人相结合，使思想政治理论教育与专业教育协调同步、相得益彰，真正实现在课堂教学主渠道中全方位、全过程、全员立体化育人。

### （二）教学方法：以学生为导向

不解决学生思想困惑的思政课不是成功的思政课，不能解答学生困惑的教师不是好的思政课教师。基于这样的共识，上海一些高校在深化思政课改革中注重发挥思政课在大学生社会主义核心价值观教育中的引领作用，从学生的心声出发，以学生为导向进行教学方法改革。上海市教委面向全市推出社会主义核心价值观“超级大课堂”。超级大课堂以“问题来自学生、声音来自一线、点评来自权威”的生动形式，面向全市所有大学生征集培育和践行社会主义核心价值观过程中的困惑和疑问，一线教师与学生课堂直接对话交流，专家多角度解说社会主义核心价值观重大意义与价值，打造成全市性的社会主义核心价值观公开示范课。复旦大学学生吕承说：“‘生问师答’课，让我们变得积极主动、情不自禁地投入其中。老师讲授循循善诱，所有问题一一解答，让人豁然开朗，绝对很给力。”①

### （三）教学形式：多课堂教育

思想政治理论课是对大学生系统开展马克思主义理论教育、开展社会主义核心价值观教育的有效路径，是社会主义大学的特有优势。因而，大学思政教育应突破“你教我学”的传统教学模式，采用更加丰富有效的教学形式，引导学生对问题用主人翁的态度思考，讲授时层层剥笋，不牵强不刻意，遵循学生认知规律，从而使“课堂活起来，学生真受益”。目前绝大部分的思政教育都是大班上课，上课的人数大多在百人以上，效果因人而异，这些课程本身很难达到教育预定的目的。上海交通大学采用“1＋4”思政课教学模式，由1个多元组合的教学团队轮流走进思政课堂授课，同时引入“大班教学、小班讨论、社会实践、网络教学”4个环节的多课堂教育。组建起的这支教学团队包括校长、校党委副书记及校内外教学名师，形成跨越专业、学科交叉的“客座教授”机制。上海交通大学校长张杰院士给学生上课时，运用比较方

---

①　高德毅，宗爱东．从思政课程到课程思政：从战略高度构建高校思想政治教育课程体系［J］．中国高等教育，2017（1）：43－46.

法，从“广义”到“狭义”，从“政治版”到“生活版”，讲解了“美国梦”的困境与“中国梦”的前景，受到学生热捧。复旦大学探索推出《思想道德修养与法律基础》“慕课”，积极运用互联网等新的手段载体，打通线上线下，使思想教育工作更接地气、更有活力。在线教学运行两个学期以来，进行小班上课，学生分组讨论，学生与教师一起成为课程参与者，激发了学生的学习兴趣。①

### （四）课程内容：通识教育根治理想信念

高校通识教育要有灵魂，要成为培育和践行社会主义核心价值观的重要课堂，其使命就是在潜移默化中加强理想信念教育。为此，上海一方面抓紧制定综合素养课程建设价值标准，建设通识教育体系，强化政治方向和思想引领，凸显综合素养课程的价值使命。另一方面，为落实“立德树人”根本任务，上海高校自 2014 年以来在通识教育中开设“中国系列”课程，由名师大家主讲国家建设发展成就，在课堂教学中根植社会主义核心价值观，例如，上海大学的“大国方略”“创新中国”“创业人生”、复旦大学的“治国理政”、上海交通大学的“读懂中国”、同济大学的“中国道路”、上海师范大学的“闻道中国”、华东政法大学的“法治中国”、上海应用技术大学的“智造中国”、上海对外经贸大学的“人文中国”系列、华东理工大学酝酿的“绿色中国”、东华大学的“锦绣中国”、上海海事大学的“走向深蓝”、上海第二工业大学的“大国工匠”、上海政法学院的“大国安全”等课程。

上海各所高校的“中国系列”课程获得了学生的积极响应，它的成功经验首先在于紧扣时代发展，只有教学内容基于生活、适于时代，能造就学有所用的人才，教学效果才会达成。其次，“中国系列”课程能够和各高校的优势学科相结合，与人才培养目标相贴近，回应大学生关切，课程既有学术积淀又充分激发大学生求知需求，成为广受欢迎的“热门课”。再其次，在师资上，上海高校的“中国系列”课程聚集顶尖师资团队，强调团队组合。“中国系列”课程为专题式教学，每个专题授课主讲教师均为业内领军人物。最后，在方法上，“中国系列”课程注重开拓创新，在形散神聚中增强教育教学的吸引力和感染力。教师融合课堂主讲、现场回答、网上互动、课堂反馈等多种教学方式，巧妙地寓社会主义核心价值观的精髓要义于多样化的课堂教学之中，在引人入胜、潜移默化中实现教育目标。例如，同济大学“中国道路”课程

---

① 高德毅，宗爱东．从思政课程到课程思政：从战略高度构建高校思想政治教育课程体系［J］．中国高等教育，2017（1）：43－46.

围绕“创新、协调、绿色、开放、共享”五大发展理念，旨在让学生从不同视角加深对中国道路的理解。课程每学期举办 6～8 场专题讲座，每个专题均由各专业的名师名家授课。中科院院士汪品先教授在课堂上说的一句话，让所有听课学生为之动容：“19 世纪中国的沦落从海上开始，21 世纪中华的振兴必须在海上立足。”这堂课，掌声雷动，随后的师生互动亦异常热烈，学生们久久不散①。

实践证明，通识教育能否取得好的效果，主要取决于谁来引导学生思想、引导到何处去。高校里的大家名师，在讲授知识的同时，还阐述知识背后的逻辑、精神、价值、思想、艺术和哲学，通识教育课程以“润物无声”的形式将正确的价值追求和理想信念有效传导给学生。

## 第三节　中外合作办学高校“课程思政与思政理论课相融合”教学结构改进建议

### 一、思政课理论与中外合作办学专业课程相配合

**1. 课程设置**

在课程设置方面，中外合作办学高校应当加强顶层设计，将思政课浸入中外合作办学专业课程中，与专业课程形成环环相扣的关系。一所大学的课程应该是一个和谐的整体，不应该存在内部割裂，中外合作办学高校应打破中西方课程“各自为政”的状况，积极地将双方文化中有意义的因素摄入自身的文化肌体，将培养国际化人才理念与“浸入式”思政课的育人内涵、育人目标、培养方法相融合，构建多元主体共同参与的育人模式。

马丁·雅克的演讲《理解中国的崛起》在中国新媒体中广泛传播，受到了热烈的欢迎，马丁·雅克的演讲可以看作是一节由外国人来给中国人和外国人同时上的“思政课”，因此中外合作办学高校通过加强顶层设计，通过巧妙的转化与运用，可以让专业课的外籍教师也成为思政教育中的一股力量。因此，高校应该加强思政课程，把它摆在学科设置中的重要地位，强化思政教育和各学科全视野的系统规划和整体推进，做到统一规划，整体协调，相互融合

① 高德毅，宗爱东．从思政课程到课程思政：从战略高度构建高校思想政治教育课程体系［J］．中国高等教育，2017（1）：43－46.

渗透，通过严密的设计和循序渐进的教学，使思政课与专业课有机结合。对于专业课程，要结合中国实际和本土化情况，培养学生求真务实、实践创新、精益求精的精神。中外合作办学高校既要坚持思想政治理论课的核心地位，以其为引领，还要挖掘其他各门课程的思想政治教育内容，使各类课程与思想政治理论课同向同行，形成协同效应。

**2. 课程内容**

思政课的课程内容应与专业课程相互呼应或相互补充，拓展学生知识面，为国家培养德智双全的国际化人才提供更为全面、系统的教育。现有部分中外合作办学高校的思政课存在与专业课程脱离的现象，难以引发各专业学生的兴趣和共鸣。因此，中外合作办学的思政课应改革教学模式，推动思想政治教育与综合素养教育、专业知识教育有机结合，更加有效发挥各类课程的思政育人和德育育人功能。上海交通大学的中外合作办学学院全力配合学校思政课体系，积极开设各类特色思政课，例如医学院开设了“健康中国”“医学生职业生涯规划”“博极医源讲座”等课程。“健康中国”思政课先后邀请前世界卫生组织（WHO）副总干事胡庆澧、中国工程院副院长樊代明院士等名医大师从不同方面解读《“健康中国”2030 发展纲要》，并将经典 CBL 案例教学创新引入思政课堂，挖掘每件案例背后引人深省的深刻内涵和价值，共同来诠释“健康中国”的丰富内涵，在学生中受到广泛好评。又如上海交通大学中欧国际工商学院根据学生特点及英文授课的课程设置，在 MBA 课程中开设了“中国经济改革”和“融入世界的中国”两门特色课程，以及中国探索讲座系列（巫晓洁，贾子懿，2018）。上海交通大学的案例为全国的中外合作办学提供了可借鉴的课程建设思路和模式。这些全新的创新模式使得思政课很好地与专业课程相互呼应和相互补充，更能结合学生的学业实践，能够有效培养学生上思政课的积极性。

中外合作办学高校的专业课程可能缺乏特定的道德品质修养教育、法律法规教育、爱国教育课程，因而思政课程便承担了提供这些立德树人关键课程的使命。中外合作办学国际化人才的培养目标使得思想政治教育更加注重对中国优秀文化的教授、传播和弘扬，以期增强学生的“四个自信”，提升学生在境外学习期间抵抗其他思想侵蚀的底气。以文化为基，思想教育才更有内涵；以文化为帆，价值引领才更有方向。对学生的爱国主义教育也应放在首位，在培育爱国情感、厚植爱国情怀、坚定爱国信念的过程中，着力推动中国文化的教育，提升文化认同感。同时，思政课程应根据中央精神，开展“适应性”备课，体现备课的科学性，消除合作方存在的对中方思政课的顾虑。思政课程应尽可能全面地从文学、史学、哲学、社会学、法学、心理学等多个领域进行专题课程教学，在结合传统高校思政课大纲和基本内容的基础上进行知识面的拓展和提升，从社会学、心智健康、人格塑造等角度为学生提供学习的机会，提高学生内在的思想修养和看待外在客观世界的水平。专题课程教学可以没有唯一特定的教材，但有大量的参考书目。同时，思政课课程还应向学生们广泛呈现中国文化与思想的发展历程与最新成果，能够让学生更加深入地了解自己的国家、民族和社会以及发展形势（张俊，江海珍，2020）。

**3. 教学方式**

中外合作办学下的西方教学体系注重学生批判性思维的培养，这种思维能力能够让学生在进入价值迥异的社会之后保持独立判断的能力。这对中外合作办学的学生来说尤为重要，只有保持清醒的判断和战略定力，看到西方话语权力构建背后的利益勾连，学生才能够在不同价值观的激荡中保持警醒，不被强势的话语裹挟，并能够从战略的高度思考，中国新一辈的青年才能够为解构西方话语、增强中国在国际上的话语权贡献力量。因此思政课课程除了承担扩充和补充专业课知识的任务以外，也可以从多角度多层面对学生的逻辑判断能力、思辨能力进行培养和提升，同时在教学中着重对学生进行人文精神教育和思想政治引导。在教学方式上，中外合作办学引进境外教学模式，采取大班教学、小班辅导，鼓励学生大胆质疑，这种国际化的人才培养模式与新颖的教学方法或许为思政课程的教学方法创新提供了新思路和有力的支持。思政课也可以尝试创新推进思政研学活动，作为理论课以外的社会实践环节和思政课课程的重要补充，让学生通过专题性的研学活动，结合理论知识，学习社会调查研究方法以及撰写实践报告的方法，带领学生理论联系实际，以亲身体验的方式更好地理解课程内容，更好地认识社会。

**4. 考核方法**

在考核方法上，思政课程可以通过课程改革，体现合作办学项目课程的优势，充分利用境外先进的教学理念和考核办法。虽然我国已经进入大众化高等教育阶段，但民众心中形成的“进入高等学府就意味着成功”的观念并没有因此消失。事实上，中国高校的“严进宽出”现实也助长了民众的这种思维定式。而中外合作办学多采用合作方的教学评估体系，专业课程实行过程决定结果的弹性学制，淘汰率远高于国内高校（陈金波，2008）。这对于思政课程的借鉴也在于考核应该坚持高标准的原则，同时不应该只看到最终分数的呈现。和专业课的实践一样，思政课也应更注重过程考核，激发学生学习主动性，树立良好的学风。通过诚信考试倡议书、开展考风考纪教育等环节，培养学生的学术诚信意识。

## 二、通识教育与思政理论课相融合

我们认为通识教育是推广“课程思政”大有可为的部分，尤其是在中外合作办学高校，是打通思政理论课和课程思政的重要纽带。当前，思政教育融入通识教育在国内普通高校中已形成一定的规模，据吴亚（2018）的调研数据显示，“在调研的 105 所高校的课程体系结构中，共有 90 所高校开设有通识教育类课程，占总体的 86%；15 所高校在课程体系中未明确开设与通识教育相关的课程，占总体的 14%，这表明国内大学已普遍引入通识教育理念。”

面对当前高等教育国际化的趋势，绝大部分中外合作办学高校均有进行思政教育融入通识教育的实践和探索。中外合作办学高校，其思政教育不仅要担负着教育和引导广大青年学生树立正确的价值取向和培育健康的人格等重要任务，更要培养和造就一大批具有独立个性、通识中西方历史文化、对全社会有用的合格人才。在这方面，部分国内中外合作办学高校尝试打破传统思政课的硬性科目要求的模式，结合西方通识教育的理念，融合了中西方历史文化内容，对学生的政治思想认识、公民意识、道德意识等进行了正确的引导教育。诸如宁波诺丁汉大学开设的中国文化课程以及西交利物浦大学开设的文化课程、国情课程、历史课程、法律课程以及管理课程等，都对学生进行了中西方历史文化的解读和熏陶，让学生更加全面地学习中国与世界的人文历史内容。但是，中外合作办学高校的思政课模式尚处于一个探索和建设时期，至今也没有形成较为统一的课程类别和教学管理模式，教育部也没有对中外合作办学高校的思政课教育模式有统一的要求，因此还需要进一步研究与完善。

中外合作办学高校在教学过程中，境外合作方院校的一些通识教育课程作为境外优质教育理念被引入境内，但在实际运作过程中还面临着一系列需要进一步研究的问题。上海纽约大学在开设美式通识教育课程时就遇到了难题。该校的史明正教授深切感受到美式通识教育主张的“鼓励学生跨学科选课、教授治校、管理非行政化、学术自由”等思想给中国高等教育带来的挑战[①]。部分中外合作办学高校的通识教育存在覆盖学科范围较为狭窄的问题，中外合作办学高校的专业课一般采用全英文教学，因此学校普遍在通识教育中安排了更多的外语课程，弥补学生语言能力的不足。但如果通识教育不能覆盖到更为全面的学科，失去了“通”的本质，就难以培养能够用多学科视角看问题的人才。

① 喻立森．以引进优质教育资源为核心发展中外合作办学——宁波诺丁汉大学首届中外合作大学国际论坛综述［J］．中国高等教育，2011（19）：61－62.

如何不断完善通识教育课程体系，并且建立起符合中国国情的通识教育课程体系，成为了中外合作办学教学改革的核心问题。

我们的目的不是简单地将通识教育融入思政理论课之中，事实上，所谓“通识教育”也存在不同的教学方式和理念，想要做好融入，一时之间恐难入手。同时，由于这方面的探索尚未成熟，讨论中的稚嫩之处在所难免，但是我们希望借此抛砖引玉形成一点探索的风气，引起更多的同道中人一起来思考如何建设好思政理论课。“通识教育与思政理论课相融合”的前提在于通识教育和思政课在教学目标上存在的共性，其目的都是培养具有较高综合素质的社会主义接班人。“通识教育与思政理论课相融合”一方面能够帮助引进的境外高校优质的通识课程做好本土化工作，让中外合作办学通识课程的教学模式更好地适应和融入本地的教学生态环境；另一方面我们在上海各高校通识教育的探索中看到，“通识教育与思政理论课相融合”可以增强思政理论课的吸引力，能够消解部分中外合作办学高校学生对于思政理论课的偏见，使得二者的作用在相互融合中得到更好的发挥。同时，二者又存在本质区别，思政理论课教育有鲜明区别于通识教育的政治属性。

中外合作办学高校存在充分的条件和空间，梳理和整合传统大学思政课的内容，形成内容紧凑、体系完备、逻辑严密的课程体系。在积极探索融合的背景下，我们观察到部分中外合作办学高校思想政治理论课未能够找准合理定位，进而削弱了思政理论课的效能。通识教育和思政理论课教育异中存同，针对目前在课程定位上存在的问题，本节旨在厘清两者间的关联，通过明确课程定位、树立“课程思政”的理念以及借鉴通识教育教学方法的方式来提高思政教育在中外合作办学高校中的教学效果。

### （一）打通德育功能，确立同向同行目标

通识教育与思政课在德育目标和理念上的相通是通识教育能够和思政课程相互融合的基础。通识教育与思政课在德育方面存在契合：第一，二者都注重对人的存在价值的追问。马克思指出，人类社会发展的根本目的和核心，是实现人的自由全面的发展①。通识教育提倡教育“以人为本”，把人的全面而自由的发展看作是目的，关心人存在的价值，提高人的存在智慧。思政课中对大学生进行的科学发展观和构建社会主义和谐社会等知识的教育，也同样体现了“以人为本”的思想，本质上与现代通识教育的理念是相通的。第二，二者都注重对人的精神世界的提升。在通识教育课程体系中，要求大学生除了学

① 马克思恩格斯选集（第1卷）[M]. 北京：人民出版社. 1995：243.

习本专业知识和技能外，还要读一些中外经典，比如中外思想史、哲学史、科技史及唐诗宋词等。这些知识可以提升学生的精神层面和道德素养。另外，通识教育中涵盖了经典的人文情怀和思想智慧，可以从整体上提升人的生命质量和文明素质。思政课同样也是人文学科的重要组成部分，对于大学生正确的世界观、人生观和价值观的培养具有独特的功能和效果。因此，对人精神层面的提升和关注也是思政课德育培养的重点内容，这一点与通识教育是相通的。第三，二者都致力于对“全面发展的人”的追求，都致力于把学生培养成为一个有着良好的道德修养、丰富的知识面、强健的体魄、能明辨是非，有着科学的思维方式和良好的社会责任感的“全面发展的人”（黄播，2011）。

目前，较多中外合作办学高校都同时开设了通识教育和思政理论课课程，但二者却没有能够达成共识，朝着同一个方向前进，主要原因大多是由于“二张皮”现象导致，通识教育直接引自外方合作院校既有课程设置，并未加以基于实情上的调整，而思政理论课又按照中国教育部要求开设。因此，中外合作办学高校应该加强顶层设计，在思想、制度、经费上使力，搭起通识教育和思政理论课相融的桥梁，让二者能够互通有无、相互学习，共同承担德育功能。中外合作办学高校的学生身处多元文化环境中，思维活跃、眼界开阔、责任心强，通识教育和思政理论课需要通过相互融合来激发学生内在的爱国情怀和创造潜力，彰显中国青年人的才华和胸襟。因此，中外合作办学高校应在原有的特色办学理念中，加入思想政治引导。在人才目标中纳入社会主义道德修养和专业修养目标，塑造学生健全的人格，并且能够终身学习和自我优化；在政治立场和价值观念方面，要求学生有坚定的政治立场，在大是大非面前有敏锐的政治判断，坚决执行和贯彻党的路线方针政策；在职业道德和社会责任方面，要求学生能够热爱本职工作，忠于职守，有良好的职业道德，承担社会责任。

### （二）明确课程定位

通识教育和思政理论课教育异中存同，导致部分中外合作办学高校在正确定位这两种课程中遇到困难。部分中外合作办学高校在课程设置上将通识教育与思政课按照科学的内容比例融为一体，一方面可以充实思政课的课程内涵，另一方面还能够避免课程的重复性，提高教学效率。然而，将思政课程置于通识教育模块的做法也受到了部分学者的质疑。吴亚（2018）认为这样也许会导致思政理论课效能被窄化。思政理论课以意识形态为主要教学内容，有着通识教育课无法代替的政治功能和价值导向作用。思政理论课是对大学生开展政治教育的主途径，旨在培养其政治认同感与价值选择能力，因而应该与其他课程相比具有独到的课程定位与作用。

我们认同吴亚提出的思政理论课应具备独特政治属性，是中外合作办学高校在“通识教育与思政理论课相融合”中必须坚持的理念。然而，笔者认为我们在讨论“通识教育与思政理论课相融合”应当在“课程思政”的语境下去讨论，将通识教育也视作“课程思政”的重要隐性部分，在智育的同时，也同等承担了和思政理论课一致的德育功能。中外合作办学下的通识教育，并不仅仅是西方论述下的“自由教育”，而是具备中国特色、符合中国教育习惯与教育目标的教育。因而，我们在课程定位上将通识教育与思政理论课都视作实现“思政教育”实践的重要组成部分，后者作为显性的部分主力引导，而前者作为隐性部分，是实现“润物细无声”的关键，二者融合的最终目的都是为了推动“思政教育”的实践。因而，我们将“通识教育与思政理论课相融合”视作中外合作办学高校开拓显性教育与隐性教育相结合的教育路径。

此前，中外合作办学高校在开展通识教育时，非常关键的一点在于选择合适的教师，尤其是选择合适的外籍教师。由于通识教育内含社会价值问题，站在不同文化立场上的人对于究竟应该传递哪些价值观会有不同的理解。中外合作办学高校在开展通识教育时如何处理西方文化和民族文化的关系成为了一个敏感的话题（孙珂，2016）。我们认为“通识教育与思政理论课相融合”是一个解决这类问题的良好解决方案。中外合作办学高校的专业课教师一般都是外籍教师，切不可让通识课堂成为某些外教传播西方意识形态的场所，而让中方的思政课老师承担部分通识教育课程的授课或者对其他老师的授课内容进行意识形态把关，可以在很大程度上降低中外合作办学通识教育走偏的风险，让通识教育最大限度地服务于“课程思政”，成为其隐性课程的重要组成部分。

作为全国第一所中外合作大学，宁波诺丁汉大学自建校之日起就坚持开设涉及国史、国学的国情教育和有关国民品格、公民精神的思想政治课程。早在2006年，学校党委就引领教研团队开始探索适合学校实际的思政课程改革之路。宁波诺丁汉大学的“中国文化课”，一方面让学生更好地了解中国国情，培养其爱国情怀，使其能够立足中国，放眼世界，另一方面，该课程又摆脱了单纯政治灌输的弊端，能够更多地站在文化的视角引领学生的批判性思考，对于丰富学生的政治文化知识，提高其思想道德水平发挥了重要作用（孙珂，2014）。

温州肯恩大学打破传统高校思政课4门理论课程教学的模式，结合西方通识教育以及中西方倡导的专才教育相结合的方式，创新性地开发设置了《古与今》《辩与思》《我与社会》《文化传承与国际化》四门国情文化课程，以及一项社会实践调查活动和一项网络互动平台教学方式。四门国情文化课分别从文学、史学、哲学、社会学、法学、心理学等领域进行专题课程教学，在结合传统高校思政课大纲和基本内容的基础上进行知识面的拓展和提升。课程从多个角度多个层面对学生的逻辑判断能力、思辨能力进行培养和提升，在对学生进行道德品质修养教育、法律法规教育、爱国教育等基础上，从社会学、心智健康、人格塑造等角度为学生提供学习的机会，让学生更加了解社会，了解自身。同时，向学生们广泛呈现中国文化与思想的发展历程与最新成果，从而让学生更加深入地了解自己的国家、民族和社会以及发展形势（应永宏，钱菲，阮茜茜，2015）。

综上所述，我们首先明确了在中外合作办学的背景下，“通识教育与思政理论课相融合”可以定位成实现“课程思政”的重要纽带。一方面，“通识教育与思政理论课相融合”可以作为通识教育国际化和本土化良性结合的一个出口；另一方面，二者的结合能够消解部分中外合作办学学生对于思政理论课的偏见，使得二者能够通力协作，奠定“思政教育”隐性和显性两个部分的基础。中外合作办学高校的“课程思政”建设需因地制宜，充分发挥学生的主人翁精神，明确课程的定位，创设合适的课程结构和内容，采取切实可行的办法和途径，建构独具特色的教学体系，提高思政教学内容的传播效率和质量。

### （三）在教学实践中优势互补

中外合作办学高校可以在“通识教育与思政理论课相融合”过程中实现二者的优势互补。比如，中外合作办学高校可以根据通识教育理念改进思政课的教学方式和方法，提升学生对思政课程的喜爱，通过各种实践环节与师生互动来进行思想交流与讨论，使学生积极主动地参与教学过程。目前中外合作办学高校中的思政理论课多以大班教学形式开展，存在着书本知识单向灌输、理论与实践相脱离、课程的吸引力与针对性不强等问题。宁波诺丁汉大学率先向通识教育这种面向全体学生的基础性教学模式“取经”，在开始理论课大班讲座的同时也开设了小班讨论课以及小组讲述课，缩小现有课堂规模，追求小班化管理，以方便教师实现对学生的针对性教学。讨论课的课堂形式也采用了学生主导型课堂，教师在设置了讨论议题之后，学生可以自由选择感兴趣的议题，成立讨论小组。讨论课由学生展开自由讨论阐述观点，教师在讨论过程中积极引导，培养学生用理论解决实际问题的能力，提高了学生学习的主动性，增强了学生的学习兴趣。教师在教学方法上加强批判性思维的训练，在引导的过程中也经常采用对比法，促使学生对国际化背景下的中国国情进行积极的思考与关注，进一步提高了学生多向思维的能力。

思政理论课与通识教育可以在课程模块上互补互鉴。高校思政课和通识教育课程有着重合之处，表明二者可展开深入的交流及合作。首先，思政课程模块可参考通识教育模块的设置情况。通过采用“必修＋选修”来完善现行的思政课模式，全面开发思政课自身的课程资源。宁波诺丁汉大学借鉴了通识教育的模块设置，在开设思政理论必修课的同时，开展选修性的研究性系列讲座。研究性系列讲座自开设之日起，没有受到学校自身师资力量的限制，而是邀请校内外专家学者参与，从更广阔的视角（关于学术和生活的有意思的话题都能进入课堂）和更深入的层次（鼓励教师采用经典文本阅读方式讲课），讲授严肃的人文与社科问题，或介绍中西学的经典。就 2019—2020 学年而言，研究性系列讲座已开设近 120 场，参与者超过 15000 人次。讲座专题内容涉及文学、哲学、法学、社会学、政治学、历史学、经济学、经典阅读、传统文化、高等教育、学术实践、就业指导等多个领域。自开设以来已陆续邀请北京大学、浙江大学、武汉大学、重庆大学、台湾大学、浙江省社会科学院等高校（单位）的超过 20 位专家（学者）来校授课，积极推动学校人文氛围的营造和中国文化的研究。研究性系列讲座的开展拓宽了学校选修课的范围，既有宽度又有深度，也成为了学校间拓宽交流、优势互补的重要平台。中外合作大学依托校园整体学术环境和师资力量，完全有可能“借力使力”以汇聚优秀师资为需求，构建专、兼职教师共同组成的教学团队。自 2020—2021 学年起，宁波诺丁汉大学依托既有的研究性系列讲座平台，开拓“课程思政”崭新实践工程，除了加强和其他学校的合作，还充分挖掘本校资源，联合学校三大学院共建“课程思政”，根据三大学院学科设置现状，学校党委研判确定课程思政重点培植精神理念（科学、契约、人文），学院设计相应讲座，依托研究性讲座平台，展现课程思政的路径和方向。

我们认为，高校思政理论课除了要主动开展课程改革并同“课程思政”“通识教育”的探索深入融合，专业课程也应相应接受思政课的方法论指导，积极开展本土化重建。专业课程可以牢牢把握社会主义高校的性质和特点，设计具有政治属性的特色通识课程，从改革的另一端共同发力，革新思政教育的传统面貌，使两者最终能通过紧密的合作来共同实施对新时代社会主义公民基本素养的教化。

# 第五章 中外合作办学思政理论课“大班讲座结合小班讨论”教学方法探索

“大班讲座结合小班讨论”作为一种教学方法，它的出现和应用并不是偶然的，而是对以往教学方法的改进和完善，且有相关的理论和实践依据，背后也有浓厚的时代色彩。支持这一做法的理论有“合作学习”的理论和方法、建构主义学习理论、传播学的传授关系互动理论以及角色转换理论（贾亚君，2014）。“大班授课、小班讨论”教学方式之所以受到认可，主要是由思政理论课的教学性质与使命所决定，傅夏仙、徐家林（2019）曾论：“‘思政课’不是一般的理论课程，更不是技术性课程，而是建立在历史与现实之上、科学与价值兼具的思想政治理论课程。它要求学生不仅要从理论上掌握马克思主义理论和社会主义核心价值观，更要树立对其信仰并在现实生活中加以践行。为此，必须使学生对‘思政课’有兴趣，积极主动地去学习、研究，并做到内化于心、外化于行。这就要求在‘思政课’教学与学生学业评价方面进行必要的改革与创新，以解决当前一定程度上存在的学生思想政治理论学习积极性不高、主动性不强的问题，以及学习和评价以知识与理论评价为主，而未能深入实践层面的问题。”

本章第一节结合理论与实践，分析该教学方法设置的理论研究依据和实践操作情况；第二节分析该教学方式在高校思政理论课开设中的具体操作情况以及存在的不足；第三节针对中外合作办学高校，指出采用该教学方法时需要注意的方面和可行的方式。

## 第一节 “大班讲座结合小班讨论”教学方法的设置依据

改革开放以来，特别是随着高等院校招生规模的扩大，“大班授课”教学模式在我国被广泛采用。这种“大班授课”源自捷克教育家夸美纽斯的“班级授课制”理论，有效解决了学生规模大、教师数量少的问题，也有利于教师按照教学大纲有计划地进行理论讲授、案例分析等，提高了教学效率，培养了大量人才，适应了改革开放以来我国对大量高级人才的迫切需求。但随着我国政治经济和教育理念的全面发展，“大班授课”无法满足学生个性发展需要、教学质量得不到保证、师生互动交流有限的缺憾日益明显。因此，在教育效率有了一定保证之后，国家和社会对教育质量和教学效果的重视度越来越高，也意识到教育应以学生为主体，促进教师课堂教育向学生自我教育的转化，由此提出的“小班教学”可以很好地弥补“大班授课”的缺陷。

然而，“小班教学”主要需要通过限制班级人数来实现，对师资力量、教学管理等提出了很高要求，教育成本比较高，在目前国情下很难实现。因此，不少院校结合境外先进的教育理论和教学实践经验，因地制宜地将“大班授课”和“小班教学”结合起来，衍生出类似“大班讲座结合小班讨论”或是“大班授课，小班讨论”等教学模式。这种大、小班相结合的教学方法是对以往“大班授课”的革新与发展，在教学设置上，既有多学科理论依据的支撑，又有不少现实教学的实践经验可供总结借鉴。

## 一、“大班讲座结合小班讨论”教学方法的理论依据

“大班讲座结合小班讨论”教学方法的产生与发展受到了教育学、传播学、社会学等各学科理论的影响，特别是借鉴了合作学习理论、建构主义学习理论、符号互动理论等几种具有代表性的理论。

### （一）合作学习理论

合作学习理论于20世纪70年代初期在美国兴起，此后逐渐发展成为一种富有创意和实效的教育理论和方法。合作学习在改善课堂氛围、提高学习成绩、增强学生认知等方面具有显著实效，引起了国际教育界的广泛关注，成为当代主流的教学理论和教学方法之一。

20世纪80年代末，国内教育界对合作学习理论展开了研究与实验，取得了较好的效果；21世纪以来，合作学习理论得到了更加广泛的运用。2001年《国务院关于基础教育改革与发展的决定》中专门指出合作学习的作用，强调“鼓励合作学习，促进学生之间的相互交流、共同发展，促进师生教学相长”。

合作学习与过去以教师主讲的教学方式有很大区别。合作学习是一种强调以学生为中心，通过教学参与者（师生之间、生生之间、师师之间）的合作、

交流与互动来提高学生学习能力的教学理论和方法。合作学习通过营造各种合作学习的模式和氛围，让小组成员分别承担相应责任，通过成员间的协作和互动，共同完成教学任务。

有研究指出，合作学习特别重视教学参与者之间的互动交流，特别强调启发学生之间的互动交流，在师生互动的基础上努力挖掘学生之间合作学习的潜能，把教学建立在更加广泛的交流讨论之上。这对于正确地认识教学本质，减轻师生学习负担，提高学生自主学习深度和综合能力，增进课程教学效果具有重要意义（王坦，2002）。合作学习理论和方法在教学实践中产生了积极的作用，对教学关系的变革产生了重要影响。王坦（2002）认为，“合作学习从学生主体的认识特点出发，巧妙地运用了生生之间的互动……把大量的课堂时间留给了学生，使他们有机会进行相互切磋，共同提高。由此一来，在传统课堂上许多原先由教师完成的工作现在就可以由学生小组来完成，教师真正成了学生学习过程的促进者……在合作学习中，教师与学生之间原有的‘权威—服从’关系逐渐变成了‘指导—参与’的关系。”

合作学习在教学组织方式上主要采用班级授课与学习小组相结合的形式。合作学习理论重视教学集体性与个体性的融合发展，在教学形式上强调以集体性的班级授课为基础，以个体性的小组学习讨论为支撑开展教学活动。虽然小组学习讨论是合作学习的主体教学方式，但是面向全部学生的班级集体授课在课程教学中仍然具有相当重要的比重和作用。基于此，可将我国的合作学习基本流程归纳为以下模式：“合作设计→目标呈现→集体讲授→小组合作活动→测验→反馈与补救”（王坦，2002）。

合作学习的教学理论和教学方法将教育的统一性和学生的个性化需求结合起来，一方面弥补了传统教育方式的不足，强化了学生自主学习和思辨阐释的能力；另一方面也适应了当代社会劳动生产方式小型化、合作化的趋势和要求，有利于培养学生的合作能力和团队意识，整体上促进了教育质量的提高和学生综合素质的发展，对当代学校教育理论和教学实践产生了广泛影响。

### （二）建构主义学习理论

建构主义学习理论于20世纪90年代在西方国家兴起，是以西方哲学中的认知发展理论和社会学中的社会建构理论为基础形成的新教育理论，是认知心理学派中的一个分支。建构主义学习理论的推广带来了教育观念上的巨大发展，在国际教育界产生了重要影响。

建构主义学习理论认为，知识的获取不是被动接受的过程，而是学习者以自己原有的知识和经验为基础的一种有意义的建构。既然学习者原本的起点和背景有所不同，其学习过程和学习目标也应有所不同，“由于每个人按各自的理解方式建构对客体的认识，因此它是个体化、情境化的产物”（杨维东，贾楠，2011），不能强求每个学习者的起点和目标完全一致。建构主义学习理论从学习者的角度出发，打破了传统教学观念中主客观二元对立的认识论和知识观，强调教育教学过程中学生作为认知主体的主动性，认为学生是信息加工的主体和知识的建构者，学习具有“建构性、累积性、目标导向、反思性”（黄凌梅，钟秉林，2020）等特征。

建构主义学习理论要求学生在学习过程中不断思考探索，对知识作深层次理解，切入某个知识主题或一门学科的核心思想，要能对这些内容作出明确的辨别，作出合理的推论和预测，对有关的现象作出自己的解释、判断，形成自己的见解，并能运用这些知识解决具有一定复杂性的问题，最终形成结构化、完整化的知识体系（张建伟，陈琦，1999）。在教学实施过程上，建构主义学习理论认为教学应以学生为中心，通过多样化、信息化的教学工具，建构情境教学环境，加强学生间的协作学习和思辨讨论，为学生主动建构自己的知识体系、掌握学习能力创造相应的学习条件。

建构主义学习理论对当代教育改革提供了很多启发，教育开始转向以学习者为主体，以学生主动建构知识为导向，产生了良好的教学效果。但是，有研究者指出，建构主义学习理论“将认知主体的主动性和科学学习的困难性夸大为科学知识不可传授，这给教育研究和实践带来了混乱”（张红霞，2003）。对此，教师在教学实践中需要注意引导学生深化理解，才能让学生形成全面而准确的认知。

### （三）传播学符号互动理论

符号互动理论也被称为象征性互动理论，是美国社会学家乔治·米德于1934年在他的名著《心灵、自我与社会》一书中提出，进而发展为社会学、传播学的重要理论，并被引入教育学研究中。米德指出，人类社会生活中的表意行为往往是通过社会互动来实现的，符号或可称为象征，是社会生活的基础，人类只有通过符号的交流才能实现心灵、自我与社会的互动。人类信息（包括知识）的传播是通过符号及其内在意义的交流传递而实现的，人际间的符号互动在人格发展中具有重要作用。[①] 米德通过分析语言符号的作用机制，“不仅揭示了人类心灵的生成与本性，而且阐释了具有心灵的人类有机体，在社会交流过程的‘角色扮演’中所形成的自我，以及由自我依据语言交流原

① 米德．心灵、自我与社会［M］．赵月瑟译．上海：上海译文出版社，1992.

则所形成的人类社会”（王振林，王松岩，2014）。

近年来，教育工作者将符号互动理论引入教育学研究和教学实践中。从社会心理学与传播学的视角来看，各种教学资源（包括知识、器物、语言、教师、学生等）都是符号，教学过程的本质也可以看作是教师和学生之间各种教学符号传递的互动过程，通过教学互动过程实现传播、交流和人的发展。有研究者认为教学符号互动的形式主要有“师师互动、师生互动、生生互动、师本互动、生本互动和本本互动；有语言符号和非语言符号的互动；有认知符号和情感符号的互动；有课前互动、课中互动和课后互动等”（李文跃，2013），都可应用于教学。

符号互动理论对重新认识教师在教学活动中的角色和作用带来新的启示。杜静和王晓芳（2016）指出：“教师所使用的语言、文字、手势以及面部表情都蕴含着丰富的教育意义。……合作中的教师要善于使用学校场域中的‘符号’与他人进行互动和交流，发挥各种符号的作用，并采用多种方式使对方了解自己符号所蕴含的教育意义，分享和交流教育经验，进行观点碰撞。同时还要注重对他人观点的解读，将其意义纳入自己的认知内，进行自我专业的重新整合。”

在符号互动理论模式下，教学不再是教师单向性地传递知识符号，师生间和学生间乃至教师之间都会产生符号互动。符号互动形式的多样性构成了一个教学共同体，共同组成了一个丰富而立体的教学体系，学生也是传递符号的重要主体。因此，教学实践中要为学生创造更多传递符号的机会，特别是“以学习小组为核心，在教师、学生个体、学生小组和全班学生等多极教学主体之间展开师班交往、师个交往、师组交往、组班交往、组组交往、个组交往、个班交往、个个交往等丰富立体的教学交往”（帅飞飞，李臣之，2017）。

从符号互动的教学实践看，教师需要注意从系统性和全面性两个方面把握教学符号的互动。教师在教学过程中要注意多种形式的符号互动，在课堂上形成一种全面的互动系统。在师生互动中要特别注意语言符号和非语言符号的区别与作用。教师和学生除了要通过丰富而优美的语言符号实现知识符号的传递，还要充分调动各种感官，通过肢体、表情等非语言符号同对方进行互动。总之，符号互动模式下的教学实践强调教师和学生之间通过多种方式传递教学符号，形成互动。

与符号互动理论相关的是，教育学研究和教学实践有必要借鉴社会学人际互动等理论的成果，加强对师生互动关系及其作用的研究。社会学的互动概念分为广义和狭义两个方面。广义的“互动”是指一切物质间的相互作用与影响；狭义的“互动”是指在具体情境或某种社会背景下，人和人之间通过各种形式产生相互作用的方式及其影响。人际互动中包含了互动主体、互动情境、互动过程、互动结果等要素。师生互动是众多社会互动现象之中较为特殊的一种，“是指在师生之间发生的各种形式、性质和各种程度的相互作用和影响”，“不仅在学生人际互动系统中具有独特地位，影响学生各方面发展，而且对教师发展和教育质量的提高也具有重要意义”（叶子，庞丽娟，2009）。

人际互动理论为我们重新理解课堂教学中教师和学生的角色身份与作用提供了新的启示。在围绕教学产生的师生互动中，教师和学生都是互动的主体，共同参与互动活动。用互动的观念展开教学有助于师生双方在价值认知、情感体验等方面实现深入交流，形成良好的教学效果，在密切的师生互动中实现知识的传递、获取、积累和再生产。有研究者指出，“目前的高校教学活动大多仍是以教师为中心，以教师为主要角色，学生处于从属位置。在这种教学模式中，教学信息以单向流动为主，主要是从教师流向学生，来自学生端的信息反馈相对较少，难以见到学生为改善教学效果而作出的主动呼吁。这就使得原本应该是双边互动的信息流动过程，呈现出不平衡态势”（李腾子，蒋凯，2020），这是需要作出反思和改变的。改进师生互动、提升互动效果要更加注重发挥学生作为互动主体的作用。从师生互动的理论来看，教学实践应该在“大班授课”的基础上进一步发挥学生的主观能动性，引导学生通过团队学习、互动交流，形成真正的互动式教学。

此外，现代教育转型背景下教师角色转换的相关理论研究也为“大班讲座结合小班讨论”的教学方法提供了参考依据。在信息化、开放式的现代教育中，课堂教学不再是封闭式、单向式的教育环境，教师不再是学生获取知识的唯一来源，学生获取知识的途径更加多元，学生作为教学主体之一的角色更加突出，因此，教师需要从知识的输出者转型为学生自主学习的引导者，传授知识的同时更要传授获取知识的方法，要“授之以鱼”更要“授之以渔”。因此，在现代教育转型发展的趋势下，教师在课堂教学中要“顺应教学手段的变化，改变教师在教学中扮演的角色和发挥的作用，改革传统的满堂灌式的教学模式，倡导以学生为中心，培养学生的自主学习能力”（强胜，2019）。现代教育转型过程中，在传统“大班授课”的基础上要进一步发挥“小班讨论”的重要作用。

## 二、“大班讲座结合小班讨论”教学方法的实践依据

除了上述相关理论依据，“大班讲座结合小班讨论”在教学实践中已有不少实践经验和总结。刘献君（2017）总结了我国常见的“大班授课＋小班研

讨”教学模式的内涵和实现形式，指出必须重视“小班研讨”，认为“大班授课+小班研讨”教学模式改革适应共性生存和个性发展的要求，能将整体引导和个体指导有机结合，既注重效率又注重效果，是课堂教学改革发展的必然趋势之一。我国大学“大班授课+小班研讨”教学模式主要有以下几种实现形式：大班授课+小班辅导、大班授课+小班讨论、大班授课+小班研讨、大班授课+项目式教学、大班授课+微课教学等。当前的“小班研讨”与发达国家高校教学相比，差距甚大，应引起更高重视。刘献君（2017）认为，改进小班研讨，一要转变教育思想和观念，确立以学生为中心的核心教育理念，运用建构主义学习理论，探索大学生学习的特点；二要改革课程结构，处理好共性和特性、通识和专业、必修和选修、理论和实践、课内和课外等方面的关系；三要改革助教、工作评价等制度。

在具体实践中，从21世纪初开始，受欧、美、日部分高校小班化教学模式的影响，国内部分高校就已开始探索小班讨论课教学改革的方式和途径。早在2003年，清华大学便面向本科新生开设了小班研讨课，随后浙江大学、南京大学、上海交通大学等高校也开展相关小班教学探索。近年来，随着国内高等教育的发展，小班讨论的教学方式得到了更加广泛的推广应用和改革创新。北京大学、复旦大学、四川大学、南开大学等众多综合性研究型大学在公共基础课、通识教育课、专业基础课等课程中探索“大班授课”与“小班讨论”相结合的教学方式。下面结合部分研究成果，简要梳理国内部分高校开展类似“大班讲座结合小班教学”教学方法的实践情况、改革成效和经验启示。

公共基础课方面，覃森等（2019）以杭州电子科技大学“高等数学课”的教学过程为例，对高校公共基础课“大班授课+小班研讨”的教学模式进行了研究。该教学团队首先将原来每学期80学时压缩到70学时，其中“大班授课”56学时，“小班研讨”14学时。此外，安排学生课外自主学习、查找资料、完成研讨课的课件准备10学时。“大班授课”以课堂讲解为主、提出问题为辅，在把握知识体系的同时传授重难点与解题方法。小班规模控制在40人左右，将学生分为9~10个小组，每组3~4人，配备一位指导教师，每两周讨论一次，师生共同完成趣味案例教学、重要概念的内涵与外延教学、易错题解惑、项目式教学等教学内容。

针对通识教育课程，陆一等（2017）分析了复旦大学通识教育核心课程采用“大班授课、小班研讨”教学模式取得的成效和相关影响因素。从2015年起，复旦大学在通识教育的两个核心课程模块中采用“大班授课、小班研讨”的教学模式，每学期在“大班授课”之外开展不少于5次的“小班研讨”。该研究通过具体的调查和实证数据分析，认为“小班研讨”能够“撬动”学生主动学习，促进学习投入，深化对课程知识的理解，并使其有机会接触并包容他人的不同观点与立场，实践交往理性，提升观点辨识、交流合作等多种高阶能力，习得更具活力的通识学习方式。

专业基础课方面，朱红等（2016）以北京大学理科专业的“大班授课、小班研讨”试点项目为研究对象，考察这两种教学方式相结合的途径、面临的问题和最终取得的教学效果。根据该研究成果，2012 年，北京大学在 5 个基础理科学院的 6 门低年级本科生专业必修基础课上启动理科专业“大班授课、小班研讨”的改革试点。小班教学将班级规模控制在 20 人以内，每周用 2 ~4 个学时进行“大班授课”，结合每周 2 学时的“小班研讨”，并配备每周固定 2 小时的授课教师“一对一答疑”。北京大学改革试点的学院根据每门课程的不同需要制定了不同的小班研讨模式，可以归纳为“补习班”“汇报班”“讨论班”“提高班”四种模式，这些模式各有利弊。该研究认为，“大班授课”和“小班研讨”相结合的教学方式促进了教学方式的改变，“小班讨论”改变了传统的“灌输式”教学，对“大班授课”形成了有益的补充，课堂学习由教师讲授型向师生互动型转变，提高了学生的学习参与度，受访学生对于小班课教师普遍有较高的评价。但这种教学模式在实践中也面临着教师角色定位不清晰、大小班的配合和协调不够融洽、学生参与程度不一等需要解决的问题。

又如贝洪俊、白玉华（2010）总结了浙江万里学院“中级财务会计”课程开展“大班上课小班讨论”教学模式的做法和经验。在大班理论授课中对理论知识模块不做面面俱到的讲解，而是注重讲知识的背景、讲重点、讲难点、讲热点、讲获取知识和信息的方法与手段。大班讲课结束后教师布置研究问题，学生通过组织讨论班共同完成学习和研究任务。小班讨论以一个行政班为一个讨论班，学生自愿组成若干学习小组。在教学效果上，小班分组讨论不仅使学生接触前沿理论，关注当前会计实务的运作情况，而且锻炼了学生的资料查阅能力、判断能力、语言组织能力、社交能力以及团队合作能力。

还有部分高校尝试在更大范围、更多课程中运用这种教学方法。例如，四川大学从 2011 年开始实施“大班授课小班讨论”教学模式改革，几年下来，从刚开始的少数几门基础课程到现在包括专业课在内的大多数课程都已经实现了“大班授课小班讨论”的教学模式改革（赵莉华，雷勇，2016）。为解决“小班讨论”面临的师资不足等问题，四川大学每年从全日制研究生中挑选 1500 ~2000 名教学科研能力较强的研究生参与探讨式小班化课堂教学。在小班讨论课的组织形式上，一般要求一门课程一学期内至少安排3～4次小班讨论，每个小班的人数一般为20～30人，再根据具体情况分为若干个小组，主讲教师和研究生助教提前准备5～6个讨论题目。在成绩评定上，讨论课成绩占总成绩的比重较改革前大幅增加。受访学生普遍认为这种教学模式有助于加深对新知识的理解和记忆，同时也锻炼了表达能力及团结协作能力（赵莉华，雷勇，2016）。

此外，值得一提的是严平（2013）研究了日本京都大学小班讨论课的设置特点和效果。从1998年开始，京都大学在日常的授课之外专为刚入学的新生开设小班讨论课，仅安排在大一上学期进行，小班的人数控制在10人以下，小班讨论课完全属于自愿（义务）课程，教师自愿（义务）开课，不计工作量；新生自愿选课，不计学分。尽管如此，课程试行后得到全校师生的一致好评。2008年学生的基本满意度达94.0%，对自身听课态度的认可程度也达84.4%。由此可见，即便没有考核和评价压力，“小班讨论”对学生仍有比较强的吸引力。

教学活动就其本质而言是教师与学生之间的互动与交流，以往的“大班授课”主要体现了教师的主体性，而对学生的主体性体现不足。“大班讲座结合小班讨论”在沿袭以往“大班讲授”重要性的同时，又认识到了“小班讨论”的优越性，两者有机结合，对加强师生交流、提升教学质量、促进师生共同进步等有重要意义。“大班讲座结合小班讨论”教学方法既有合作学习理论、建构主义学习理论、符号互动理论等理论的支撑，又在各院校公共基础课、通识教育课、专业基础课等各类课程的实践应用中得到了检验，形成了一些行之有效的经验和方法，为中外合作办学思政理论课中运用“大班讲座结合小班讨论”教学方法提供了诸多可供借鉴的参考。

## 第二节　思政理论课“大班讲座结合小班讨论”教学现状梳理

作为大学生的公共必修课程，思想政治理论课在高校课程中占有重要地位，是落实立德树人根本任务的关键课程，对坚持和发展中国特色社会主义、建设社会主义现代化强国、奋力实现中华民族伟大复兴具有重要意义。党和国家历来重视思政课教学，近年来，随着国际国内形势的迅猛变化，党和国家尤其强调思政课在高校人才培养和中国特色社会主义事业中的重要作用。在

2016 年 12 月的全国高校思想政治工作会议上，习近平总书记强调要把思想政治工作贯穿教育教学全过程，开创我国高等教育事业发展新局面①；2019 年 3 月 18 日，习近平总书记又在北京主持召开学校思想政治理论课教师座谈会，强调要用新时代中国特色社会主义思想铸魂育人，要全面贯彻党的教育方针落实立德树人根本任务②。但从总体来看，虽然近年来“思政课教学状况总体良好，教师敬业投入，立德树人作用显著，学生满意度高、获得感强”③，但因各院校在办学层次、教师实力、生源质量等各方面的差异，仍存在学生参与度不高、注意力不集中、“抬头率”和“点头率”不足、教学效果不理想等问题。

在此背景下，各大院校在不断的探索中，逐渐发展出专题式教学、“大班授课，小班讨论”、对分课堂模式、“网络 + 课堂”教学模式、导客为主的混合式教学、全员互动式智慧教学等具有代表性的教学模式（牛田盛，2019），其中“大班授课”与“小班讨论”的结合被越来越多的高校所实践，有许多经验可以总结借鉴，也有一些不足需要反思。“大班讲座结合小班讨论”教学模式充分借鉴各大院校在“大班授课”与“小班讨论”实践过程中的经验教训，是对以往教学方式的革新和补充，可有效发挥教师的主导作用和学生的主体作用，有助于用好思政理论课课堂教学这个立德树人的重要渠道，提升思政理论课的教学质量和亲和力，提高学生对思政理论课的认可度和喜爱度，值得充分探讨。

## 一、实践“大班讲座结合小班讨论”教学方法的必要性与灵活性

思政理论课作为大学生的公共必修课，学生基数大，若完全分成小班教学，则会造成教育成本过高，影响教育效率；若完全采用大班教学，又不利于因材施教、发挥学生的积极性和创造性，因此在思政理论课教学中应用“大班讲座结合小班讨论”这一教学模式既可保证效率又能注重效果，但在具体实践中，各院校又可结合自身实际确立各班级的规模及具体的教学流程，灵活应用“大班讲座结合小班讨论”这一教学方法。

① 全国高校思想政治工作会议 12 月 7 日至 8 日在北京召开［EB/OL］. http：//www. gov. cn/xinwen/2016 – 12/08/content_5145253. htm#1.

② 习近平主持召开学校思想政治理论课教师座谈会［EB/OL］. http：//www. gov. cn/xinwen/2019 – 03/18/content_5374831. htm.

③ 九成大学生思政课上收获多［N］. 中国教育报，2018 – 01 – 20（4）。可见于网页 http：//www. jyb. cn/zgjyb/201801/t20180120_938728. html.

## （一）“大班讲座”的必要性与重要性

“大班讲座结合小班讨论”教学方法中的“大班讲座”和“小班讨论”承担着不同的作用和使命。“大班讲座”的规模因各院校师资力量、教室容量等条件的不同，人数设置从八九十到一两百人不等。“大班讲座”以教师讲授为主，教学内容十分丰富，需要教师在有限的时间内讲授清楚每个章节或每个专题的逻辑体系、知识要点、重点内容、核心观点等，让学生充分理解课程的重点、难点，为学生提供认识理论问题和现实问题的基本思路和方法，为小班讨论打牢基础。

思政理论课教学不能照本宣科，它“区别于一般的知识传授，它旨在引导学生树立正确的世界观、人生观和价值观，将价值性的目标转化为情感认同和行为习惯”（张奇峰，2017）；思政理论课也“不是简单意义上的政策宣讲课，而是运用各种理论资源和视角对政治进行深度解析，提供理论注释和支撑的过程”（张楠，2018）；这对教师提出了很高的要求。以“中国近现代史纲要”课程为例，好的近现代史教学不是让学生死记硬背历史事件发生的时间、地点、过程、影响等，而是要让学生明白书本中写着的道理“不仅是宣传中的口号，不只是现代政治的策略，而是一份沉甸甸的家国情怀和历史责任”①，让学生思考身为当代中国人的历史使命，以史鉴今，同样伴随着对现实生活和个体生命的积极关照。因此，在大班讲授有限的时间内，教师是否能打破学生对思政课“预设的偏见”，又如何用深入浅出的讲授对大学生产生吸引力和感召力，对思政课教师来说是一个巨大的挑战。

从各院校实践情况看，大班讲授是思政理论课教学中的重要一环，对师资的要求比较高。比如北京大学元培学院的“中国近现代史纲要”课程是由1名主讲老师带领10名博士研究生助教共同组织。教师主要负责大班授课，博士生助教则主要参与和指导学生的小班讨论（王久高，2017）。清华大学的“中国近现代史纲要”实行“慕课”混合式教学，除了在线上教学中主要讲授教材内容之外，还会邀请在相关问题上素有研究的教师开设“名师辅学讲座”作为教材内容的延伸和补充（翁贺凯，李璎珞，2016），小班讨论则由任课教师和助教负责。其他学校也会采取集体备课制，努力提升大班教学的品质，让思政理论课教学更加入耳入脑入心。

同时，随着互联网技术和以“慕课”（MOOC）为代表的在线课程平台的

---

① 清华大学马克思主义学院．讲道理的近代史　自定义的思政课——记清华大学马克思主义学院李蕉副教授［J］．思想理论教育导刊，2017（7）：9－10.

迅速发展，线上的视频教学已经成为线下现场教学的有益补充，比如由复旦大学马克思主义学院牵头建设的“《思想道德修养与法律基础》混合式大规模开放在线共享课程”自2013年启动，逐渐形成了“在线视频+面授直播+小班讨论”的教学组织形式（张奇峰，2017）。网络授课视频的共享与使用，不仅分享了优质的教学资源，适应新一代大学生的学习习惯，更能有效地与线下课程有机结合，实现进阶性、互动式教学。由此可见，“大班讲座”并非可有可无，它既继承了传统教学法的优势，又随着时代需要衍生出新的形式和更高要求，是“大班讲座结合小班讨论”教学方法的重要基石。

### （二）“小班讨论”的重要性与灵活性

然而，“大班讲座”也存在一些不足。一方面，“大班讲座”因以教师讲授为主，又受教学时长和学生人数限制，学生的参与度和个性展现都不够充分，教师也无法深入地回应学生对讲授内容的疑问；另一方面，大班讲座对教材知识点的讲解、对事例的选取由于时间差等因素，难免可能存在与现实贴合度不足、学生兴趣不高等问题，教师无法及时回应学生对现实的困惑或对时事的兴趣。“小班讨论”则可有效弥补“大班讲座”的缺憾。“小班讨论”是将大班分成若干个由20~30名学生组成的小班，一般通过学生自选或随机分配的形式分班，一个小班可再按人数分成几个小组，共同围绕一个主题或几个问题进行交流讨论。教师应结合学生兴趣和教学需要确定讨论主题，增加思政理论课对学生的吸引力和感召力。

“小班讨论”既可以是“大班讲座”的深入，比如学生可就教师大班讲授中提到的理论或事例进行深入探讨或总结，在课程内容的深度上更进一步，回应学生在大班讲授中产生的问题与疑惑；也可以是“大班讲座”的延伸，比如教师可确定一个在“大班讲座”时未曾提到但与讲授内容相关的主题供学生探讨，在课程内容的广度上再下功夫。通过学生间相互的讨论和合作，“小班讨论”可以更好地实现“以学生为中心”的教育理念，提升学生的合作能力、表达能力、临场应变能力等，同时增进教师与学生、学生与学生之间的交流，让教育从“漫灌”转为“滴灌”，充分尊重学生的主体地位和个性。

从各校实践情况看，“小班讨论”的形式也可以多样化，可以是主题讨论式、辩论式，也可以是案例分析式或开放式，从“小班讨论”还可衍生出小班辅导、项目式教学、微课教学等实现形式（牛田盛，2019），以适应面向不同课程、不同主题、不同专业的教学需要，具有多样性和灵活性。

## 二、“小班讨论”的组织和实施

“小班讨论”是对以往教学方法的创新，也是“大班讲座结合小班讨论”教学方法的灵魂与核心。结合各院校实践情况，“小班讨论”一般可从课前、课中、课后三个环节来具体组织和实施，又同时涉及教师、学生两大主体。学生是“小班讨论”的主体，在课前自主学习、小组讨论、课堂发言等各个环节都应充分发挥主观能动性，参与到各个环节中，提高自身的自主学习和团队协作等能力。

教师在“小班讨论”中主要发挥组织、引导、总结、提升等作用。各院校会具体根据本校情况安排教师参与“小班讨论”，可能是由大班授课的主讲教师一人分时段参与所有“小班讨论”，也可能是专题式授课制下的几名教师共同承担“小班讨论”的教学工作；还有的是由研究生助教团队，或主讲教师和助教团队一起负责“小班讨论”，比如“根据复旦大学的经验，需要有一支训练有素的助教团队，每一个线下讨论小班配备一名助教，协助主讲教师管理班级具体事务，联络学生、传达主讲教师的通知和要求、督促学习进度、组织小组讨论、参与研讨课程并记录所有学生的日常表现等”（王桃珍，高国希，2017）；另外还有学校动员了更广泛的人员参与，比如大连理工大学“构建了以思政课考试为核心，辅导员、关工委老教师、机关干部及研究生助教共同参与的思政课‘小班讨论’指导教师队伍，形成了全员参与的教学模式”（邵龙潭等，2011）。

“小班讨论”的具体形式不拘泥于一格，此处以比较常见的主题讨论式，即几个小组围绕一个主题进行讨论或辩论的形式为例，按照课前安排—课堂讨论—课后总结与评价的流程，大致梳理一种“小班讨论”可行的实践形式。

### （一）课前安排

教师要在课前设计讨论主题、确定自主学习材料，提前公布小班讨论的主题、形式、流程等，给学生充足的准备时间。教师在选定讨论主题时应明确讨论的目的，比如是希望加深学生对理论的理解，还是想提升学生将理论应用于实践的能力，抑或是希望学生能从不同角度去阐释同一个案例等，教师都应事先明确。同时，教师要充分考虑学生的知识背景和专业背景，设置难度适宜的讨论题，要让学生感觉既有讨论的余地，又有真正收获。根据讨论主题，教师可相应确定讨论课形式和流程，并提前告知学生，让学生自行开展课前小组讨论。若安排有助教，则可由助教提醒学生提前阅读自主学习材料，并组织或督促各组学生在课前开展小组讨论，协助学生把握讨论方向不偏离主题，引导学生的课前讨论向深度和广度延伸。

学生在讨论课前需认真阅读教师提供的参考材料，学有余力的同学还可围绕主题自行搜集材料，在对讨论主题有一定的了解后，各小组应自行或在助教的组织下开展课前讨论，形成本组的小组观点，同时思考在讨论中值得进一步深入的问题，或者就有争议的问题进行多角度的探讨分析，以应对课堂讨论时可能出现的争论。在课前讨论时，各小组也应按讨论课流程推选好小组发言代表、讨论记录人等，做好课前安排，课堂讨论时才能各司其职。

### （二）课堂讨论

“小班讨论”时可由各个小组先就讨论主题做一轮主题发言，对讨论主题和参考资料的核心文本进行初步分析和论证，随后请其他小组进行点评和提问，再由各个小组回应。结合各组发言和讨论，学生可了解针对讨论主题各组是如何破题和论证的，是否有什么问题需要商榷或进一步讨论，本组的发言是否有什么漏洞或者表述不清晰之处，需要在回应环节补充说明。如果还有时间富余，各组还可就共同提到的1～2个问题进行更深入的自由讨论，或由各组进行本次讨论课的小组总结。通过这一系列环节，“小班讨论”不仅可以加深学生对讨论主题的深入了解，拓展思维边界，多角度分析同一主题，还能锻炼学生的表达能力和临场应变能力，同时让学生明白讨论课不能只顾自己讲，倾听其他小组的发言也是非常重要的，这样才能开阔视野，在各小组的交流中共同进步。

“小班讨论”对教师的要求其实更高。无论是教师还是助教在讨论中都要把控讨论课的整体节奏和进度，控制各组发言时间，把控发言质量，适时对各小组观点进行简要的总结回顾，帮各组理清自己想要提的问题或言简意赅地总结学生想要表达的意思，也可结合学生的发言不断调整讨论方向，将学生触碰到但尚未深入论证的问题清晰化，不断推进和深入讨论，协作学生挖掘讨论主题的应有之义和隐含之义。在小班讨论的尾声，教师也应针对本次小班讨论做一个总结，不仅要就讨论主题做更为深入的阐发，也应对各小组发言给出一定的建议和反馈。

由此，教师在小班讨论时不仅要及时记录各组发言，总结学生发言中可能存在的疏漏，把控讨论的整体进度和质量，还需要谨记学生才是小班讨论的主角，教师更多的是起到引导作用，在学生发生激烈争论或者无话可说时，既不能放任自流，也不能介入太深，要提出更多具有启发性的问题引导讨论的方向，而不能一锤定音给出答案或直接转入下一个话题。与“大班讲座”中教师准备充分的讲授不同，“小班讨论”对教师的综合能力有更高要求，不仅要求教师对讨论主题有透彻把握和精彩演绎，还要懂得倾听和理解，要有即时的总结发言能力以及更高的对课堂的把控能力。

### （三）课后总结与评价

对学生而言，课后总结不一定是以文字或作业形式提交，也可能是课后同学间的继续讨论。调查显示“有 64.9% 的同学在小班讨论课结束之后还会对课堂讨论的问题再进行讨论”（张瑞琴，2017）。但在“小班讨论”结束后，教师也可要求学生每人或每个小组共同提交一份讨论课总结，回顾自己或本组在整个讨论过程中的收获。比如小组内部讨论时，组员主要围绕哪些问题展开讨论，小班讨论后对这些问题是否有更深入或更多元的认识，受到了哪些启发，对哪些问题还有疑惑。又比如，小班讨论后是否还坚持小组内部讨论时所坚持的观点，若有修正，理由是什么，若无修正，那么与己方不同的观点又有哪些合理之处以及如何回应等。另有部分高校如大连理工大学在“大班讲座”和“小班讨论”之后，还设置了“大班交流”环节，即要求每个小班推荐一名代表，将本小班讨论情况在下一次大班授课时向全班同学进行汇报，这一环节有利于加强不同小班之间的相互交流和借鉴，也可以“使班级的组织力、动员力和凝聚力得到强化”（邵龙潭等，2011）。

对教师而言，“小班讨论”后的总结十分必要，教师的总结主要包括两个方面。一方面是面向大班学生结合所有小班讨论情况的整体总结。“小班讨论”是将原有的大班分成了几个小班，每个小班对讨论主题的理解阐释、关注点、讨论重点可能各有不同，教师若能在大班授课时结合各个小班讨论的情况做一次总结提升，可进一步加深学生对讨论主题的理解阐释，同样也增加了学生与学生之间观点的交流，碰撞出思维的火花。教师总结的另一方面则是对自我的总结，例如，此次讨论课的主题、形式和流程是否设计得合理，是否让学生有话可说又深度适宜，对学生讨论的引导和总结是否恰如其分，学生在讨论时有哪些超出教师原本预计的内容，有哪些经验和不足，这些都需要教师总结和反思。这种总结反思既是教师的自我提升，也是为下次讨论课做好准备。

“小班讨论”结束后，如何对讨论课中各小组表现进行科学合理的评价和打分，也是教师需要思考的问题，毕竟“科学、合理的考核方式是激发学生自主学习和参与教学的重要手段之一”（王久高，2017）。“小班讨论”既涉及学生个人，又涉及学生所在小组，就各校实践情况看，更多的还是采取小组打分的形式，即若无特殊情况，同一小组内的学生根据小组表现获得同一分数。小组打分可以由教师自行评判，也可以由学生评委或各小组组长与教师共同决定，各占一定比重，鼓励学生积极参与课堂。另有部分高校综合考虑小组中不同学生的贡献度，也采用学生自行分配小组得分的情况，即小组内贡献度高的学生分数更高，参与度稍低的学生分数更低，但总体成绩不会偏离一个平均值。不同的评价方式各有利弊，各校可结合自身情况和设置“小班讨论”的目的自行制定科学合理的评价方式。

## 三、思政理论课“大班讲座结合小班讨论”目前存在的不足

经过多年的实践和探索，各院校形成了诸多有关“大班讲座结合小班讨论”教学方法的宝贵经验，形成了一批理论和实践成果：从中国知网的论文发表情况看，以“大班授课，小班研讨”“大班授课，小班讨论”“大班教学，小班讨论”等为关键词的研究，在2010年之后有较明显的增长。当前，北京大学、清华大学、大连理工大学、四川大学、复旦大学、吉林大学等高校都在尝试类似“大班讲座结合小班讨论”的“大班授课，小班讨论”授课模式，该教学法成功入选2014年度高校思政课教学方法改革项目“择优推广计划”入选项目（牛田盛，2019）。“大班讲座结合小班讨论”在学生中的接受度和认可度也很高，根据在大连理工大学的一项调查，调查中有95.5%的同学特别支持将小班研讨课纳入课堂教学当中（应兆升，2011）；根据另一项在大连理工大学、华东政法大学开展的问卷调查，54.3%的学生认为他们对大小班教学感兴趣，41.9%的学生认为大小班教学还可以，只有3.8%的同学对这种教学模式不感兴趣（张瑞琴，2017）。由此可见，类似“大班讲座结合小班讨论”的教学方法确实激发了学生的学习热情。成绩虽然令人欣喜，但由于我国各院校在办学层次、师资水平、生源背景等各方面的差异，“大班讲座结合小班讨论”的教学方法尚未普遍化和制度化，普及和实践仍局限在一些有实力的高等院校。除此之外，“大班讲座结合小班讨论”教学方法在实践中还存在一些不足之处，需要反思和改进。

一是对“大班讲座结合小班讨论”教学方法的理解不够深入，割裂了“大班讲座”和“小班讨论”之间的关系，要么过于注重“大班讲座”，认为“小班讨论”主要是学生讲，对教师的角色重视不足；要么过于注重“小班讨论”，认为问题在“小班讨论”时讨论清楚即可，而在“大班讲座”中的讲解和铺垫不够，这两种想法都偏离了“大班讲座结合小班讨论”的“结合”这一核心。“大班讲座”和“小班讨论”是相辅相成的。“大班讲座”虽由教师主讲，但教师要打破传统的教学方式和思维方式，不能把教师视为课堂的主宰者，不能搞“一言堂”，应该要综合考虑学生的接受度和参与度，精心设计每次讲座的教学内容、讨论案例、参考书目等。同样，教师在“大班讲座”时

对教学内容的讲解阐释，在一定程度上决定了“小班讨论”的平台起点，教师讲解到位，讨论就能更加深入，教师阐释不足，学生可能就偏离了讨论的方向。“小班讨论”虽由学生主讲，但教师却是这条“讨论船”上的“舵手”，需要把控学生讨论的方向和质量，提升讨论效率和效果。因此，“大班讲座结合小班讨论”并不是“大班讲座”和“小班讨论”的机械相加，不可顾此失彼，而要有机结合。

二是部分高校师资力量不足，无法有效应对“大班讲座结合小班讨论”这一新的教学方法带来的挑战。思政理论课因为面向的学生数量多，生师比一直比较高。相比之下，境外开展合作性教学的资源则比较丰富。首先是生师比较低，如普林斯顿大学为5∶1，斯坦福大学为6∶1，哥伦比亚大学为7∶1；其次是班级规模小，一般小于20人的班级占70%，而大于50人的班级不到10%；再其次就是教学投入力度大，美国一般大学核心课程除教授上课外，另外还配有两位硕士生担任助教，协助教授组织学生参加课堂讨论或批改作业等，教授和助教对教学工作都是全力以赴；最后，无论美国公立大学还是私立大学，学费一般比较高昂，私立大学所拥有的捐赠数额高，为其教学提供了有力的财政支撑（朱艳敏，陈超，2011）。思政理论课教师教授的学生数量多，课时量、批改作业等工作量自然也就比较大。“小班讨论”因把大班分割成小班，对教师数量和教师能力的要求更高，综合来看，大多数高校的师资力量还比较缺乏。

虽然在部分高校也有邀请辅导员、机关干部等参与“小班讨论”的尝试，但效果不够理想。51%的学生希望辅导员少参加甚至不参加小班讨论，究其原因，与辅导员对讨论重视不够、准备不充分、专业理论基础相对薄弱以及对讨论的指导性不强有关（张伟，2011）。研究生助教则是一把“双刃剑”，虽有效弥补了师资力量的不足，提升了讨论效果，但实践中相关专业背景的硕博士研究生人数有限，不少非专业出生的研究生担任课程助教，或多或少影响教学质量（翁贺凯，李璎珞，2016）。更加上部分没有研究生招生资格的院校，与重点高校相比在师资力量上的缺口也就更大了。因此，基于目前大部分高校思政理论课学生人数较多的现状，各院校还是需要补充教师人数，壮大师资队伍。另外，教师培训机制和教学管理机制也应及时革新。“大班讲座结合小班讨论”对教师综合能力的要求更高，教师也要在“课堂之外”和“课堂之内”花费更多时间和精力，实际工作量难以考核，各大院校必须转变教学管理思维，革新管理理念，尊重和认可教师的付出，同时为教师提供相应培训和坚强后盾。

三是学生参与度和投入度不够。部分学生的主体意识和自主学习能力不强，没有在课前认真阅读学习资料或参与小组讨论，也不积极参与课堂讨论，对“小班讨论”存在应付考勤、“搭便车”的惰性。比如，独立学院的学生比较重视社会实践能力，甚至很多人认为相比专业课来说，基础课的作用不大，所以对思政课的讨论不重视，不愿意花费时间和精力为讨论做准备（张伟，2011）。这种情况不只出现在重视社会实践能力的独立学院，不少学生都存在重视专业课、轻视思政课的想法，但大学培养的人才不仅需要专业能力，更需要文化修养，“成才先成人”。同时，“小班讨论”也可能出现讨论由少数同学主导，难以让所有或者大部分学生参与讨论，如果教师不及时加以引导，学生的收获反而不如“大班讲座”时多。因此教师要结合学生兴趣制定合理的讨论主题、讨论形式和讨论流程，充分调动学生的积极性，并适当把控讨论节奏，给学生平等参与和表达的空间。教师同样也可以通过制定合理的评价考核机制，激励和督促学生积极参与“小班讨论”的全部流程。

四是理论研究和实践条件尚有欠缺。一方面，“大班讲座结合小班讨论”教学方法虽在国内高校已有不少实践，但由于我国高等院校的丰富性、多元性，相比之下，理论研究和实践经验都还略显不足，虽有不少可供借鉴的资源，但仍无法有效指导各层次院校思政理论课的教学需求，尚未能形成可制度化的普适特征。另一方面，教学资源的投入也比较有限，随着多媒体技术的发展，无论是“大班讲座”还是“小班讨论”都可借鉴丰富的网络资源，但部分高校因为教学经费有限，无法及时更新使用丰富的网络授课资源。教室资源也比较有限，缺少圆桌型、组合型等适合“小班讨论”的教室，无法为学生提供更好的讨论体验，以上都还有进一步提升的空间。

综上所述，思想政治理论课的改革发展只有进行时而没有完成式。“大班讲座结合小班讨论”有效坚持了教师主导性与学生主体性的相统一，充分调动了教师和学生的积极性，已是思政理论课教学方法上的一次革新，也取得了诸多成就，但“路漫漫其修远兮”，在“大班讲座结合小班讨论”教学方法的框架构建逐步成熟之后，仍有许多细节值得探索和完善，需要我们细细思索。

## 第三节　中外合作办学思政理论课“大班讲座结合小班讨论”教学方法改进建议

作为一种教育资源的交流合作模式，中外合作办学是我国“高水平人才培养体系”中的重要一环，在承担国际化人才培养职能方面发挥着重要作用。

作为中外各种思想文化的交流汇聚之所，专业课和语言课又主要由外籍教师用英语主讲，中外合作办学高校的学生接收到的西方价值观念和理论思潮普遍比其他院校的学生要多，这为中外合作办学思政理论课教育带来更大挑战。2019年，中共中央办公厅、国务院办公厅印发的《关于深化新时代学校思想政治理论课改革创新的若干意见》指出，中外合作办学思政课建设相对薄弱。中外合作办学机构培养出的人才普遍具有国际意识和国际竞争能力，但在培养“国际化人才”的目标下，中外合作办学还是应该优先回答好“培养什么人、怎样培养人、为谁培养人”这个根本问题，培养有理想、有本领、有担当的国际化人才，完成好“立德树人”的任务。中外合作办学思政理论课便是在中外合作办学这种特殊环境中向学生进行思政教育的重要渠道。

中外合作办学引进优质教育资源时，也延续了外方大学的部分教学模式。例如，以香港中文大学（深圳）、宁波诺丁汉大学、西交利物浦大学为代表的中外合作大学，在教学育人模式上有着比较明显的相似性，从普遍注重中外结合的课程设置、小班化的班级设置、全英文或以英文为主的授课语言、原版的外方教材，到一致性地提倡研讨式教学和导师制，凸显了中外合作大学“以学生为中心”的育人理念和精英化人才培养的教育模式（郭强，刘玥，2021）。同时，得益于“小班化”的班级设置，“小班讨论”也是中外合作办学机构中比较主流的教学方式，“讨论课最能锻炼学生的语言能力、思维水平与学习意志。由于个人表现与课程成绩挂钩，学生课前必须查阅大量资料，课中务必集中注意力、开动思维，讨论力求言之成理、持之有据。针对个别沉默寡言的同学，教师的有效办法是直接‘发问’，鼓励他们开动脑筋，放飞‘想象’的翅膀”（华长慧等，2010），有效改变了学生以往被动学习、死记硬背的学习习惯。

受此影响，中外合作办学思政理论课在实施过程中也较早、较多地借鉴了外方课程的教学模式，在教学形式上与外方课程接轨。因此，相比其他传统大学，中外合作办学思政理论课虽因学生基数大、教师数量少无法实现完全的“小班化教学”，但比较早地实行了“大班讲座结合小班讨论”这一教学方法。例如，宁波诺丁汉大学的思政课采取了多样化的实施方式，其中本科一年级学生的课程划分为讲座课程和讨论课程两种类型，两类课程穿插进行；西交利物浦大学的思政课实施方式也深受其外方大学的影响，课堂上设置讨论环节（孙珂，2019）。由此可见，“大班讲座结合小班讨论”教学方法在中外合作办学思政理论课的实施具有普遍性和制度化的优势，但中外合作办学思政理论课“大班讲座结合小班讨论”和其他院校一样，也面临着来自师资力量缺乏、学生自主学习能力不足等共性挑战，需要进一步改进和完善，提升中外合作办学思政理论课的教学效果和对学生的引领能力。

## 一、改变传统教学思维，加强思政课程与学校整体课程体系的文化融合

中外合作办学思政理论课建设起步较晚，如何建设还没有硬性指导规定。但是，面对中外教育理念、文化传统的差异，中外合作办学思政理论课应在倡导“和而不同、兼容并包”的同时，站稳立场，坚持马克思主义和中国特色社会主义办学方向。既要坚持中国高校思政课教育的一般原则，也要大胆吸收国外高校教育课程建设的思维方式；既要以中国传统高校思政课建设宗旨思想和教学理念为指导，也要结合西方高校的德育教育宗旨思想和理念进行建设和创新（孙英，梁涌，张也，2020）。因此，中外合作办学思政理论课要将中外教育特色和优势相结合，对从西方引进的创新教学模式进行本土化改造，切忌盲目照搬照抄，从中凝练出符合中外合作办学思政课的教学内涵和教学模式。

中外合作办学思政理论课在强调政治性之外，同样应该努力提升学术内涵，坚持政治性和学理性相统一。中国传统大学的思政课一般具有比较鲜明的政治性，而西方大学课程体系中的所有课程都被视为学术课程，即使是一些与公民道德有关的意识形态性课程，也都会披上一件学术的外衣，不会直言其政治和阶级立场，因此其课程目标是以学术性为主导的（孙珂，2019）。中外合作办学机构的学生习惯了“以学术性为主导”的课程教学后，对思政课教学也提出了更高要求。正如习近平总书记在学校思想政治理论课教师座谈会上强调的，思政课教师要转变以往“满堂灌”和“死记硬背”的教学方式，要能“以透彻的学理分析回应学生，以彻底的思想理论说服学生，用真理的强大力量引导学生”，学会“用学术讲政治”，为坚持政治性奠定坚实的、科学的知识基础①。由此，无论是教学内容还是教学形式，中外合作办学都应加强思政课与整体课程体系的文化融合，借鉴西式教学理念和教学方法，以提升思政理论课的教学效果。

## 二、将提升教师素质与完善教师评价考核体系相结合

办好思政课关键在教师，中外合作办学思政理论课教师是所在高校思政课

---

① 习近平主持召开学校思想政治理论课教师座谈会［EB/OL］. http：//www. gov. cn/xinwen/2019－03/18/content_5374831. htm.

建设的主体。习近平总书记指出："思政课教学涉及马克思主义哲学、政治经济学、科学社会主义，涉及经济、政治、文化、社会、生态文明和党的建设，涉及改革发展稳定、内政外交国防、治党治国治军，涉及党史、国史、改革开放史、社会主义发展史，涉及世界史、国际共运史，涉及世情、国情、党情、民情，等等。这样的特殊性对教师综合素质要求很高。"① 因此，在保有坚实理想信念的同时，思政课教师也要有扎实的理论专业知识和学术功底。

"大班讲座结合小班讨论"相比以往的教学模式也对教师提出了更高要求，"大班讲座"不同于以往的"灌输式教学"，不一定要求教师对所有理论进行面面俱到的讲解，而更要求教师理论联系实际，结合学生的知识水平有针对性地讲解重点、难点。思政理论课教师在"大班授课"时就应贯彻"以学生为中心"的教育理念，要善于提问和互动，让学生积极与教师互动，倾听他们对理论的困惑或对案例的看法，通过互动式教学启发学生进行思考。对于"小班讨论"，教师同样要精心设计讨论课的主题、形式和流程，激发学生参与团队合作和小班讨论的热情，并主动了解和掌握学生的自学效果、讨论进度，及时给予相应的支持和回应。"大班讲座结合小班讨论"不仅要求教师要有改变教学方式的意愿和热情，同样需要教师有提升教学效果的能力和实力。因此，教师自身要树立终身学习的观念，要不间断地学习、总结、反思，相关学校、学院也要为教师提供在职培训学习的机会和服务，同时给予教师自我提升的时间和空间。

对中外合作办学思政理论课来说，教师的自我提升和在职培训更为重要。有研究指出，中外合作办学思政课教师的人员配备以专职为主，学历结构以硕士为主，职称结构以中级及以下为主，年龄结构以中年教师为主（孙珂，2018），离理想的师资队伍结构还有一定差距。但中外合作办学有硕士学历的老师大多都是刚毕业的留洋硕士，眼界开阔，潜力无限，因此可以通过支持教师在职攻读博士学位、定期开展培训、邀请专家学者讲学、鼓励教师参加相关学术会议等途径，不断提升中外合作办学思政课教师的学术能力和教学水平（孙珂，2018）。

除了教师自我提升以及由学校学院提供培训机会外，中外合作办学思政课还应完善教师评价考核体系。绩效考核是人力资源管理的核心职能活动之一，也是关乎教职员工的经济利益和切身待遇问题，公平、公正、科学的绩效考核办法能充分调动教师工作的积极性和创造精神（李玉保，谢丽惠，2013）。相比以往的教学模式，"大班讲座结合小班讨论"要求教师付出更多的心力和精

---

① 习近平．思政课是落实立德树人根本任务的关键课程［J］．求是，2020（17）．

力，因此需要建立更为完备细致的评价考核体系，肯定教师的付出，并建立多种激励机制，支持和鼓励教师不断实现自我提升，更加积极地参与“大班讲座结合小班讨论”等教学改革，毕竟“经师易得，人师难求”，思政理论课教学需要有理想、有信念、有能力的教师积极参与。

## 三、要注重将扩充教师队伍与优化师资结构相结合

在各院校“大班讲座结合小班讨论”教学方法的实践中，师资不足是普遍存在的问题，因此要扩充师资队伍。一方面要招聘优秀人才、增加教师人数，以便控制大班人数，同时解决“小班讨论”指导教师不足的问题；另一方面要优化师资结构，加强思政课教师队伍建设。在可新聘的教师人数有限时，可以优先选聘高水平的优秀教师主要负责“大班授课”，同时选拔一批素养和潜力都不错的年轻教师主要参与“小班讨论”，也可以经过考核选拔后，聘请合格的学生助教及辅导员等参与“小班讨论”，通过集体备课、教师培训、助教培训等途径提升师资团队的整体教学水平。北京大学元培学院的经验可供借鉴：一是建立教育教学相关人员的责任制度，明确课程主管人、课程主讲人、助教的工作职责。二是建立和完善集体攻关和备课制度，课程主讲教师共同承担专题教学中的重点难点，集体攻关。课程主管人、课程主讲人、助教实行集体备课制度，每一个月进行一次小班教学总结，听取学生和助教的意见建议，不断改进教学水平，提高大班授课和小班讨论的效果。三是建立和完善听课制度，建立学院领导、研究所所长、课程主持人、离退休教师听课制度，鼓励教师间相互听课，取长补短，相互促进（孙华，2015）。由此可见，建立和完善教育、教学相关制度，让团队中的各位教师各司其职，既能发挥不同教师的能力，又能推进思政理论教育和学习共同体的构建，促进教学团队中各位教师的共同进步。

对中外合作办学思政课来说，骨干教师缺乏是当前具有一定普遍性的问题（孙珂，2018），如果仅仅依靠培训和招聘等途径来培养骨干教师可能周期过长，因此更应该加强对优秀人才的引进，或与其他传统高校加强交流合作，“盘活”教师团队，提升思政课教师团队的整体水平。

## 四、要积极引导学生提高学习的自觉意识和自主学习的能力

中外合作办学专业课十分强调学生的自学能力，但由于学生对思政课程不够重视，不少学生仍然存在懈怠心理。调查显示，中外合作办学高校重视专业

的学生占59.3%，重视外语的占82.6%，重视雅思的占82.6%，重视思政课的仅占21.3%，而忽视学生的思想意识占50.2%、理想信念占25.7%、价值取向30.6%、行为规范意识占18.1%，导致学生专业考试分数上去了，文化水平上去了，但学生的思想意识、理想信念、价值取向、道德水准却没有同步（孙英，梁涌，张也，2020）。因此，中外合作办学高校的思政课要引导学生在“教”与“学”之间确定自我定位，引导学生克服依赖、懒惰心理，强化对自己负责的意识，提高学生学习的自觉意识，同时通过师生间的互动交流，让学生在教师的引导下，不断提升自主学习的能力和效果。除了引导学生加强内在学习驱动力外，中外合作办学思政课还可以通过制定合理的评价考核机制，增加对学生的外在约束力，同时提高学生对思政理论课的重视程度。比如在应用“大班讲座结合小班讨论”时，教师可以设置多样化的考核方式，借助课堂互动和小测试，增加学生在“大班授课”时的学习专注度；也可以科学设定“小班讨论”在总成绩中的权重，并通过随机问答等方式增加对小组成员的抽查，尽量减少“小班讨论”中“搭便车”等现象，督促学生积极参与团队合作和小组讨论。“大班讲座结合小班讨论”本就秉承“以学生为中心”的教育理念，更多的是对学生实际课堂表现、参与程度和综合能力的评价，教师也应在教学中潜移默化地向学生传递这一理念。

中外合作办学思政理论课“大班讲座结合小班讨论”教学方法的改进完善是一个系统工程，除了对教师、学生、教学管理者等“人”的要求外，还需要“物”的配合，比如需要增加经费投入，改进教室资源，尽量增加圆桌型、组合型等适合讨论的智慧教室等。同样，中外合作大学思政理论课作为我国改革开放以来的新事物，既不能照搬境外高校经验，也不能照搬传统大学思政课的经验，必须结合国情、校情，批判性地吸收国内外各院校先进教学模式的理论思想和实践经验，博采众长，不断探索完善，形成自己的特色。“教无定法，贵在得法”，“大班讲座结合小班讨论”目前看来是一种比较适合我国国情的教学方法，但在具体实施过程中，包括中外合作办学在内的所有院校，都需要再对其进行细致探索，不断改进，从而使高校思想政治理论课焕发新的生机和活力。

# 第六章　中外合作办学思想政治理论课“理论与实践相结合”教学方法探索

当今世界，“全球化”无疑是这个时代的关键词。那么，“全球化”究竟给人们生活的方方面面带来怎样的影响呢？这是一个尚在讨论中的议题。有学者认为，“全球化”催化了“解民族化”与“解疆域化”效应，简单地理解，即“全球化”一方面使既有的国家、机构或团体的界限与支配力为之弱化，另一方面也使得世界各地的紧密感大大加强，使全球各地之间的互助支持愈发重要（黄俊杰，2006）。新时代，中国日益走进世界舞台的中央，不断为人类作出更大的贡献，这对我们的高等教育人才培养提出了更高的要求。我们需在坚持培养德智体美劳全面发展的社会主义合格建设者和可靠接班人的基础上，着力培养掌握国际水准专业本领、熟悉国家发展战略和国际发展态势、精通跨文化交际内容和国际通则、具有国际视野和世界胸怀的高端人才。

在人才培养的过程中，大学思想政治教育也在“全球化”与“本土化”的激荡中面临新的挑战与抉择。诚如学者所言，目前我国思想政治教育正处在繁荣和危机并存的复杂期。说它是繁荣期，因为思想政治教育是我党的政治优势和优良传统，在新时期中国特色社会主义的建设过程中保持着生命力。说它是危机期，因为传统思想政治教育某些方法在新时期随着思想政治教育要求不断提高显得乏力，并且新时期多元价值观的并存也给思想政治教育带来了巨大的挑战。现在很多思想政治教育方法的施教理念、价值取向、结构要素相对滞后，不适应或难以满足现实的发展需要。如过分强调其工具价值的作用或过分运用以“灌输”为主的过程和形式，很容易导致教育对象的逆反心理，教育效果并不尽如人意。在这种情况下，如何通过适当的途径用马克思主义及其中国化最新成果武装全党、教育人民？如何用社会主义核心价值体系引领当代思潮？怎样让大众接受这些成果和思潮？如何增强思想政治教育实效性？凡此种种，皆是当代思想政治教育面对的新问题（王凤志，2017）。也有学者认为，在意识形态领域方面，国际上，当前的西方敌对势力加紧对我国实施西化、分化战略，千方百计与我国争夺青年、争夺群众，中西两种制度、两种价值观等方面的较量是长期的、复杂的；在国内，40 多年改革开放的持续深入，社会思想多元多样多变的趋势愈发凸显。新时代，意识形态工作具有根本性、战略性和全局性意义，事关党的前途命运，事关国家的长治久安，事关民族凝聚力和向心力（朱梦洁，2018）。

中外合作办学高校，作为教育国际化的成果，在这方面遇到的困境和机遇尤为明显和紧迫。这类高校尤其是中外合作大学，大多采取英语为主要教育语言，这一方面使得该类学校培养的人才能够尽快地融入国际知识体系，吸纳先进的国际学术资源，而另一方面也易导致本土关怀的忽视乃至缺失。黄俊杰（2006）认为，“全球化”助长了以英语为主的西方霸权文化在世界各地的影响力，其对非西方国家的大学教育的直接冲击，就是造成这些国家的本土文化认同的薄弱化或流失，使学生成为文化上失根的兰花或漂泊的浮萍。在 21 世纪“全球化”浪潮席卷各地的新时代里，大学教育更应加强中华传统文化的教育，引导大学生跃入中华文化历史的洪流中，汲取新时代智慧的灵感，以便在 21 世纪各种多元文化价值的激流冲击之中，建立自己的文化主体性，培养价值判断的能力，成为有本有源、顶天立地的新青年。中外合作办学服务于社会主义现代化建设，培养的是社会主义事业的建设者和接班人。因此，在中外合作办学高校中，如何规避本土关怀缺失的风险，进而有效引领大学生面对现实、把握张力、心系祖国，成为国家栋梁之材，无疑是思政理论课在该类学校扎根的关键。

2016 年底，全国高校思想政治工作会议召开。习近平在会议上作了重要讲话，指出，“高校思想政治工作关系高校培养什么样的人、如何培养人以及为谁培养人这个根本问题。要坚持把立德树人作为中心环节，把思想政治工作贯穿教育教学全过程，实现全程育人、全方位育人，努力开创我国高等教育事业发展新局面。”① 习近平总书记指出，要用好课堂教学这个主渠道，思想政治理论课要坚持在改进中加强，提升思想政治教育亲和力和针对性，满足学生成长发展需求和期待，其他各门课都要守好一段渠、种好责任田，使各类课程

① 习近平在全国高校思想政治工作会议上强调：把思想政治工作贯穿教育教学全过程，开创我国高等教育事业发展新局面［EB/OL］. http：//cpc. people. com. cn/shipin/n1/2016/1209/c243247 - 28938971. html.

与思想政治理论课同向同行，形成协同效应[①]。

本章着力点在于探讨在中外合作办学高校中承担价值观引领主渠道作用的思政理论课如何迎接新的时代挑战与机遇，开拓新的教学途径和授课模式，实现思政理论课理论与实践的有机融合。当然，在探讨中，我们面向的并不局限于中外合作办学高校，而是以该类学校为例探讨，希望能够为全国范围内的高校思政理论课教学设置的议题提供一点思路参考，在探讨中，本章第一节和第二节梳理理论与实践之间的关切，其中的思政理论课指的是包括中外合作办学高校在内的全国范围内的高校思政理论课，第三节落脚到中外合作办学高校，探讨在既有探索基础上，理论与实践相融合的教学方法设置的可能。

## 第一节　“理论与实践”相结合教学方法的设置依据

思想政治理论课是高校马克思主义理论教育的主要阵地，在新媒体蓬勃发展、思想日益多元化的今天，如何不断提高理论课的实效性，提升理论课对学生的吸引力，将会是思政教学改革面临的一个长期课题。在思政理论课堂采用“理论与实践”相结合的教学方法，能更好地散发理论的魅力，能够培养学生课堂参与意识，对提高思想政治理论课的针对性、实效性和增强高校思想政治理论课的说服力、感染力有明显的帮助（包艳君，岑忠干，王鹭，2011），使得大学生对理论课从抱有成见到产生兴趣，进而主动汲取马克思主义的立场、观点和方法，在这一过程中树立远大理想和正确的世界观、人生观、价值观，成长为高素质的社会主义建设者。诚如一位学者所言：“当思想政治理论课同受教育者的成才目标和人生理想紧密联系在一起的时候，大学生们才会从思想深处认同思想政治理论课，而不是把它当成是一种负担。”[②]“理论与实践”相结合的教学方法，近年来在思政理论课的开展过程中发挥着越来越重要的作用。

方法是人们达到预期目的的一种手段、工具、途径、技术和范式。作为活动主体的人与作为活动客体的具体对象，正是通过方法才得以在活动中相互联

---

① 习近平在全国高校思想政治工作会议上强调：把思想政治工作贯穿教育教学全过程，开创我国高等教育事业发展新局面［EB/OL］. http：//cpc. people. com. cn/shipin/n1/2016/1209/c243247 – 28938971. html.

② 丁艳平．刍议高校思想政治理论课实践教学［M］//张云阁，贺尧夫．高校思想政治理论课实践教学创新研究．杭州：浙江大学出版社，2015：4.

系、相互作用，实现思想政治教育目标。因此，为适应时代发展对思想政治教育的期待，要改变效果不佳的思想政治教育现状，必须勇于创新，不断探索，对传统的方法体系进行战略思考，开拓新的视角。

首先要明确“实践”和“教学”的内涵。马克思主义认为，实践是人类有意识、有目的、能动地改造世界的客观物质活动。一般地讲，任何理论教育相较于理论本身都是一种实践活动，都是一种塑造人的活动①。教学，一般是指教育者有目的、有计划、有组织地对被教育者进行教化、培养的活动。教学应该是一个双向互动的交流过程。

而对于“实践教学”的界定，根据判断标准，有不同看法。部分学者认为应该以教学场所来界定。在社会开展的教学为实践教学，包括参观考察、社会调查等。另一部分学者则认为：实践教学，应相对于理论教学来探讨。不少实践教学，都是在课堂上完成的，不应以教学场所来简单归类，如课堂讨论、辩论、演讲、经典研读等形式的教学也应该纳入实践教学的实现形式。任何教学过程都是“理论教学”和“实践教学”的统一，只是不同的教学过程之间存在着两者的构成方式和组合比例的差别②。类似的观点所表达的“实践教学”，内在地包含在理论教学中，与理论教学有机结合在一起。

传统的高校思政课堂上，整个教学几乎都是围绕“理论教学”来开展的：教师讲解课程要求讲授的理论知识，学生在教师的指导下学习、理解，并从理论层面尝试思考和解决问题，也常常被称为“课堂教学”。学界对于“思政课理论教学”内涵的理解没有太多分歧，但是对于“思政理论课实践教学”的理解，存在着较大的差异。有的学者把“思想政治理论课实践教学”限定为在校园外进行的社会公共事务领域实践活动，如一些西方高校为学生提供的校外志愿服务或实习机会。有学者认为这样的界定割裂了思政课理论教学与实践教学，尤其不符合我国思政理论课实际。他们认为思政课中的“实践教学”，是理论教学紧密联系的一个教学环节，指的是“以思想政治理论课课程教学目标为出发点，教师发挥其主导性，具体安排设计一连串实践教学环节，以学生积极体验为主要形式，以学生综合素质的整体性提升为目的，使学生们完成对理论课堂上所学观点的检验，并促使他们逐步将其消化为自己的理想追求，从而在此过程中树立马克思主义认识世界和改造世界的基本立场、观点和方法，这样一个相对完整的教育教学过程”③。这是目前较为主流的观点，这一

① 王立新．马克思主义理论教育概论［M］．北京：人民出版社，2005：112.

② 季笃武．对高校思想政治理论课实践教学的反思［M］//张云阁，贺尧夫．高校思想政治理论课实践教学创新研究．杭州：浙江大学出版社，2015：29.

③ 戴书钢．高校思想政治理论课实践教学论［M］．北京：中国人民大学出版社，2015：116.

观点强调了思政理论课实践教学要与相应的思政课课程结构相匹配，这样才能与其他的实践教学，如专业课实践、学生社会实践区别开来。这一教学方法也在政策层面得到了体现：教育部于2018年印发的《新时代高校思想政治理论课教学工作基本要求》中有这样的表述：“实践教学作为课堂教学的延伸拓展，重在帮助学生巩固课堂学习效果，深化对教学重点难点问题的理解和掌握。”本书讨论的“实践”立足于教育部给出的定义，力图在课堂教学以外找到理论的拓展点。本书建议的思政理论课“理论与实践”相结合的教学方法，既注重课程理论知识的传授与梳理，也关注学生对理论在模拟或真实场景中的体验和运用，设置的目的在于引导学生用实践检验理论知识，更好地用理论引导进一步的实践。设置思想政治理论课“理论与实践”相结合教学方法，主要有以下几方面的理论依据。

## 一、马克思主义关于认识和实践的经典论述

作为思想政治教育的理论基石之一，马克思主义认识论认为，人的认识是在实践基础上主体对客体的能动反映，正如恩格斯指出的，“人的思维的最本质和最切近的基础，正是人所引起的自然界的变化，而不仅仅是自然界本身；人在怎样的程度上学会改变自然界，人的智力就在怎样的程度上发展起来。”[①]人的认识的发生、发展、检验和归宿，都离不开社会实践，全部认识活动都是在实践的基础上进行的。毛泽东在《实践论》中将马克思主义认识论概括出“实践、认识、再实践、再认识”的规律[②]。由此可见，认识和实践是紧密相连的活动，不断认识与反复实践是认识、改造世界的必由之路。教育，作为生产、生活的重要组成部分，也深刻地受到这一基本规律的影响。

在思政理论课教学过程中，理论认识和实践参与是两个相辅相成的过程，缺一不可，我们通过实践而发现真理，又要通过实践证实真理和发展真理。思想政治理论课在大学生成长成才的过程中不可或缺，理论课的课堂为大学生接受马克思主义理论的熏陶、学习党的基本理论创造了良好而稳定的环境。学生在课堂上获取的知识能为实践提供理论基础。“理论与实践”相结合的教学方法设计则让学生能够及时运用理论知识进行探索，寻找与解决实际问题。不管是课堂内的讨论、演讲、辩论，还是校外参观、调研、实习，都能够在为思政课带来活力的同时让学生在实践中提高理论水平与思想境界。

---

① 马克思恩格斯选集（第4卷）［M］. 北京：人民出版社，1995：329.

② 毛泽东著作选读［M］. 北京：人民出版社，1991.

## 二、西方人本主义教育思想启示

相较单一的理论教学，“理论与实践”相结合的教学方法更加注重学生在教学过程中的主动地位。20 世纪 50 年代美国兴起的“人本主义”理论，以马斯洛和罗杰斯为代表，强调人的正面本质和价值。罗杰斯强调人的本性、理想和兴趣，认为人的尊严和自由是第一要义。他也强调人的自主性，每个学生都有自己的学习动机，会自觉地朝着有利于自身成长的方向发展，即“自我实现”。因此，他认为教学的中心必须是学习者。[①] 近年来，我国的教育活动越来越强调科学的教育理念，坚持“以人为本”，教育改革也遵循“人性化”原则，这些都受到了人本主义教育思想的深刻影响。

人本主义的教育理念也早已渗透在教学的各个环节中，烙印在教学主体、客体的思维模式中。如今的教育环境，不再提倡照本宣科与死记硬背，当代大学生从小接受素质教育，被鼓励动手实践。他们成长在经济发展、科技发达、文化多元的社会环境中，在学习的过程中注重对人生价值和意义的探索。“理论与实践”相结合的教学方法，在灌输理论知识的过程中，以学习者为中心，关注他们的学习体验。这一教学方法巧妙借用了学习者天然的好奇心与求知欲，也借用了当今社会、学校、教师对于实践教学的普遍认可。

## 三、全球化时代推进思政教育的必然趋势

2019 年，习近平总书记在学校思想政治理论课教师座谈会上指出，思想政治理论课是落实立德树人根本任务的关键课程[②]，在推动思政课改革创新的过程中，要坚持“八个统一”。“理论与实践”相结合的教学方法，不仅符合其中“理论性和实践性相统一”的要求，也是“灌输性和启发性相统一”“显性教育和隐性教育相统一”的体现。

自 21 世纪以来，人们面临经济全球化、政治多极化、文化多元化的国际大环境，国际政治、经济形势日益复杂，意识形态领域的对立更为尖锐。中国社会正处在转型期，经济竞争激烈，阶层分化加剧，人们的价值观、人生观等思想政治意识出现急剧变化和多元化的趋势，高校思政教育不仅需要进一步加

---

① Rogers. Freedom to Study [M]. Columbus, Ohio, C. E. Merrill Pub. Co., 1969.

② 习近平主持召开学校思想政治理论课教师座谈会 [EB/OL]. http://www.gov.cn/xinwen/2019-03/18/content_5374831.htm.

强，还需要借方法上的开拓和创新而得到实实在在的加强。有学者指出，经济全球化浪潮下的西方自由主义经济思潮对高校大学生的思想产生前所未有的冲击和影响，思想政治教育面临意识形态功能被磨灭的风险。国际上意识形态领域的渗透都是通过国家在国际上的强势话语权来执行，进而慢慢拓宽辐射面。当前经济全球化大的背景下，西方发达国家对社会主义国家意识形态领域的渗透，主要借助的就是他们的经济、军事、科技和文化等领域的竞争优势。西方发达国家掌控了国际事务中的强势话语权，从而使得其与社会主义国家的意识形态领域斗争日趋激烈化。作为社会主义建设中坚力量的大学生青年群体，他们具有较高的学历，他们的思想政治素质关系着国家、民族的兴衰存亡。然而在当今大学生群体中，他们的主流思想是好的，但也存在着忽视和淡化意识形态的现象。在西方自由主义经济思潮的冲击下，部分大学生受到了不良影响，存在着明显的功利主义色彩，在价值取向上有较突出的个体化倾向。更有一些大学生，随着社会竞争压力的加大，加上自身性格、气质的缺陷，不免产生一些心理障碍。在全球化的新环境下，思政教育承担着正确引导学生、“保卫”学生正确思想的重大责任。

## 四、我国国际国内环境对思政理论课提出的现实要求

面对当前局势，大学思政教育需要迈向更高的台阶，在整体质量上进行有效的提升，指引学生看清西方意识形态的迷雾，对西方文化历史保持清醒的理解和观照；大学思政教育需要指引学生深入剖析西方文化，重塑民族文化自信；大学思政教育需要指引学生掌握西方学术前沿，建构中国人学术话语体系。要达到这些目的，大学思政教育需要汲取多方教学力量，给予学生系统的启迪和训练，经由对具体而特殊的素材的教学提升大学生的批判性思考能力。所谓“具体而特殊的素材”是指相对于笼统而表面的概括性分析而言，比如通过引导学生接触古今中外伟大而深刻的思想，如孔子、孟子、柏拉图以及当代各个学术领域的经典作品，思考这些重要的著作所探索的具体问题。大学思政教育需要提升学生的人文素养，因为就21世纪“知识经济”以及“终身学习社会”的新时代而言，这种“文化素养”正是美国哲学家胡克所谓“最低限度的不可或缺的教育”①，这是21世纪的知识分子所不可或缺的质素。这些使命和责任显然不能仅仅依赖思政理论课一门课和思政理论课教师一支队伍来

① Sidney Hook. General Education: The Minimum Indispensables [M]. in Sidney Hook et. al. eds., The Philosophy of curriculum: The Need for General Education. Buffalo: Prometheus Books, 1975: 27 - 36.

承担，更需要各个学科之间通盘合作，共同完成。

不断改进高校思想政治教育工作，提高教学质量，探索有效的教学方法，培养高素质人才，对于促进社会主义现代化建设，提高国家综合竞争力有着重要的意义。中国共产党人始终坚持以人的自由全面发展思想指导教育实践。1957 年，毛泽东在《关于正确处理人民内部矛盾的问题》中提出“我们的教育方针，应该使受教育者在德育、智育、体育几方面都得到发展，成为有社会主义觉悟的有文化的劳动者。”① 党的十九大报告中明确提到，要落实立德树人根本任务，发展素质教育，推进教育公平，培养德智体美育全面发展的社会主义建设者和接班人②。高校的思想政治理论课承担着“立德树人”的重要任务，在青年人形成科学的世界观、人生观、价值观的过程中扮演了重要的角色。将实践环节引入理论课，能有效增强思想理论的亲和力，使得理论知识的学习过程更有启发性，同时还能够训练高校学生发现、分析、解决问题的能力，进而培养他们的探究精神和创新能力。实践在教学中的作用也在政策层面得到了肯定。《国家中长期教育改革和发展规划纲要（2010—2020）》明确指出，要强化实践教学环节，注重知行统一，坚持教育教学与生产劳动、社会实践相结合。2012 年发布的《教育部等部门关于进一步加强高校实践育人工作的若干意见》中也明确要系统设计“实践育人教育教学体系”，进一步规范了“实践育人”工作的开展。

## 第二节 思政理论课“理论与实践相结合”教学现状梳理

引入“理论与实践”相结合的教学方法，不仅是为了满足教学对象与教学主体的新要求，也是为了应对不断变化的社会环境带来的挑战。推动思想政治教育与时俱进，提升理论课的实效性，强化学生获得感，也是全面深化思政教育改革的现实要求。就当前思政理论课现状来看，有理论与实践结合的尝试及经验，但仍有提升的空间。本小节主要从教学客体、主体和环境的角度分析，梳理传统的思政理论课存在的一些问题。

---

① 毛泽东文集（第七卷）[M]. 北京：人民出版社，1999：226.

② 习近平．决胜全面建成小康社会夺取新时代中国特色社会主义伟大胜利——在中国共产党第十九次全国代表大会上的报告［EB/OL］. http：//www. xinhuanet. com/politics/19cpcnc/2017 - 10/27/c_1121867529. htm.

## 一、传统思政理论课教学需要不断满足学生日益增长的求知欲

传统的高校思想政治理论课，较少关注学习者的学习习惯和课程体验，因而难以满足学生在大学学习阶段的理论学习需求。学习者长期受到忽视，容易对思政理论课带有成见。我们在教学过程及同在校大学生的访谈中得知高校学生普遍认为大学阶段的思想政治理论课和他们在小学、中学阶段接受的思想政治教育如出一辙，学习目标、内容和方法也基本一致。十多年的思想政治理论知识学习经历，使学生早在进入大学之前就对这门课程出现了“审美疲劳”。“思政课就是听老师讲课”“思政课就是学习政治理论”……不少高校学生带着思政课“枯燥”“教条”的刻板印象进入大学的思政课堂，抵触情绪大大降低了学生探索新课堂、新知识的兴趣。更有甚者，还会对这门课程产生逆反心理：这门必修课我没有兴趣，却又不得不学。正因为在接受思想政治教育的过程中，学习者的需求长期得不到满足，到了大学阶段，学生对思想政治理论课的一些期待依然常常“落空”，学习思政理论课的意义感严重缺失。社会飞速发展，学生届届不同，为了适应教育客体的变化，高校的其他课程都在深化教学研究，推陈出新，这也要求思政课不断与时俱进。高校思政理论课采用“理论与实践”相结合的教学方法，重视理论知识的实际应用，可以改变学生对思政理论课的成见，激发他们的学习兴趣。

高校学生学习思政课的动机也值得关注。理论知识的机械灌输，会令学生难以联系书本之外的实际生活，更难以用理论知识来解决实际问题，这是部分学生认为思政课“无用”的根源。缺乏实践环节的高校思政课，教学与评价都只能围绕理论知识开展，导致学生形成了学习思政理论只是为了应付期末考试的错误观念。传统思政理论课程主导下的教学，平时“学一本书”，期末“考一本书”，教师一般以期末的理论考试成绩作为评定学生学习成果的唯一标准。学生在这门大学必修课程的学习过程中，以考试为导向，对于课堂上的讲解不作深入思考，到了期末只关注重点、复习重点，考试过后鲜有回顾。这样的教学与考核模式下，教师不关注学生运用理论知识解决实践难题的能力，学生也只为了考试而学，只为了分数而记，难以真正将课堂上学习到的理论知识消化吸收。

思政课教师是高校思政教育的主体之一，在思政课理论教学中遇到的实际问题也让他们感到困惑。一方面，前文提到的来自学生的抵触情绪也会对思政课教师产生影响，使得教师的自信和教学成就感大打折扣。学生缺乏理论学习

的热情，认为思政课只要考试前突击就能达到满意的分数，会更加减少他们对教师授课过程的关注，即使教师课前认真备课，甚至别出心裁，获得的关注也不多，难以得到学生和学校的认可。另一方面，不少高校思政课教师，对于单一的理论知识授课产生了倦怠感。思政理论课本身实现创新突破的难度较大，要真正实现唤醒、鼓舞、激励、引导和塑造人的功能，只有通过恰当的教学方法和手段才能体现出来；它需要教师具有高超的理论转化能力（梁妙荣，2014）。倘若思政理论课的课堂上只有理论灌输的教学模式，会大大局限任课教师理论转化能力施展的空间，也会降低思政理论课的实效性和针对性。久而久之，思政课授课教师也容易对教学失去热情与动力，更加难以给学生带来生动有趣的思政理论课课堂。

## 二、传统思政理论教学存在“知行脱节”的隐患

“知行合一”是中国古代哲学史上一个重要的概念，由明代著名思想家、军事家、心学集大成者王阳明首次提出。对于“知”和“行”的理解与两者的关系，学术界一直有不同的见解。“知”可以理解为事物之理、思想认识、道德观念；“行”可以指道德践行、实际行动。习近平在多个场合联系“认识”和“实践”的关系，强调“知”与“行”辩证统一的关系。从这一方面来看，“知行合一”与高校思想政治教育有着目标上的契合。

高校思想政治理论课设置的初衷是使学生系统地学习马克思主义基本原理、中国特色社会主义理论体系等相关知识，培养学生形成正确的“三观”、树立坚定的理想信念。但是，许多学生常常为了学分而学，课程结束后，他们便会将课上学到的理论知识淡忘。思政理论知识没能很好地转化为大学生参与社会生活的指导思想，功利主义价值观、个人主义、娱乐至上的思想在校园里大行其道。在西方资本主义文化的冲击下，部分学生还出现了信仰问题。这样问题的出现，与传统的思想政治理论课教学方法有关。传统的理论灌输模式下，教师和学生都注重目标而忽视过程，缺少对理论知识进行实践检验和内化的过程，知行无法合一，大学生理想信念教育的效果因此大打折扣。

有学者指出，偏重于理论灌输和观念教导的思政课程不利于学科本身的发展，思想政治教育从其性质和作用来看固然要重视理论的灌输和观念的教导，但因此而把它当作是一门单纯地从理论中探究理论，再把理论灌输给受教育者的脱离实践的、教条性质的学科，必然会丧失学科发展的生机与活

力，当然也不能达到思想政治教育的理想效果（刘欢，2020）。高校是培育高层次人才的重要场所，也是树立与巩固社会主义意识形态的前沿阵地。高校各学科的设置努力遵循科学性与针对性。曾经，国内教育领域存在着一种偏见：高校思想政治理论课的重要性不及专业课程；在部分学生的心目中，思想政治理论课与一些心理健康课程、就业指导课程类似。党的十八大以来，习近平总书记在重要场合多次强调高校的阵地建设，明确要推动高校思政教育改革创新，思政课在高校的学科设置中的地位正在变得越来越重要。但是，相较于一些课程设计严密、教学循序渐进的专业课程，思政课程修读时间短、学分少，显得“单薄”；思政课独立性较强，也较少与专业课程或其他课程产生关联，显得“孤独”。这些特点，使得思政理论课的课程内容容易受到忽视，思政理论课本身在高校的学科设置体系中处于相对“弱势”的地位。

在理论课中引入“理论与实践”相结合的教学方法，能够有力地推动高校学生理想信念教育“知行合一”。为了达到这一目标，理论课的课堂首先要与时俱进，使理论知识和实践案例相结合，用生活化的教育素材来激发学生的感知和认同，从而增强教学内容的生动性、真实性和可行性。学生通过实践的方式获得的理论知识，能够与实际生活产生更多的联系，在思政课堂上养成的“理论联系实际”的学习习惯，也能帮助他们应对课堂外的挑战：在面对困惑时，能够客观辩证地分析解决；在面对诱惑时，能够坚决抵制，不忘初心。当理论知识内化于心，外化于行，方是“知行合一”。通过思想政治理论课的学习，高校学生要使“知行合一”成为自己的人生准则，在学习和未来的工作中，以课堂中得来的马克思主义理论知识武装头脑，脚踏实地践行人生理想。

## 二、传统思政理论课需要面向互联网时代革新教学方法

2019 年 8 月 30 日，中国互联网络信息中心（CNNIC）发布了《第 44 次中国互联网络发展状况统计报告》，报告显示，截至 2019 年 6 月，中国的网民职业结构中，学生（全年龄段）占 26%，超过任何其他职业人员占比①。在互联网时代中出生并成长起来的这一代年轻人，有着适应网络的思维习惯和行为方式。高校学生较早就习惯使用微信、微博、抖音等新媒体获取信息，乐于

① 第 44 次中国互联网络发展状况统计报告［EB/OL］. http：//www.cac.gov.cn/2019－08/30/c_1124938750.htm.

接受趣味化、娱乐化、碎片化的信息，信息获取和筛选的节奏较快。如果思政课堂无法抛弃传统的理论授课方式，如果持续忽视新生代学生群体的学习需求和学习习惯，那么，学生对于在课堂上获得的思政理论，吸收与内化必定难以实现，课堂之外的理论联系实际也将难以保证。

传统的思想政治教育较为偏重理论知识的灌输，由授课主体（一般为高校思政课教师或辅导员）的单向输出为主，教学模式单一。传统思政课对大学生的吸引力不断降低。在当今的互联网时代，特别是近年来新媒体的蓬勃发展，亦凸显了传统思想政治教育模式的滞后性。学生通过新媒体端口在互联网上发表自己的见解、参与社会热点讨论，是将思政理论联系生活实际的重要方式。如果课堂上获得的理论知识无法满足学生解读社会热点的速度，学生会另辟蹊径，从互联网上寻找自己的理论支撑。当学生遇到现实问题时无法联系思政课上学过的理论知识，或是在内心无法认同，这就体现出了思政理论课效率低下的问题，甚至给大学生参与社会政治生活埋下隐患。

加强思政理论课本身的生命力，有利于应对来自教育环境的挑战，提升课程在高校课程体系中的地位。习近平在全国高校思想政治工作会议上强调，要“把思想政治工作贯穿教育教学全过程，实现全程育人、全方位育人”，要“用好课堂教学这个主渠道，思想政治理论课要坚持在改进中加强，提升思想政治教育亲和力和针对性，满足学生成长发展需求和期待，其他各门课都要守好一段渠、种好责任田，使各类课程与思想政治理论课同向同行，形成协同效应”①。运用“理论与实践”相结合的教学方法，鼓励学生理论联系实际，可以极大地丰富理论课的课程内容与教学模式，为相对封闭的传统理论课授课模式打开“口子”，创造与其他学科产生联结，甚至是碰撞出火花的机会。

了解来自教育客体、主体、环境三个维度的需求，有助于我们更好地理解思想政治理论课设置“理论与实践”相结合教学方法的必要性。

## 第三节　中外合作办学思政理论课“理论与实践”相结合的教学方法改进建议

中外合作办学的环境中，中外学术传统与文化相互交融，独特的办学氛围

① 习近平在全国高校思想政治工作会议上强调：把思想政治工作贯穿教育教学全过程，开创我国高等教育事业发展新局面［EB/OL］. http：//cpc. people. com. cn/shipin/n1/2016/1209/c243247－28938971. html.

深刻影响着其中的每一个个体以及教学日常的方方面面。中外合作办学模式下的思想政治教育理论课亦有其特殊性，理论课也面临更多挑战与机遇。

## 一、中外合作办学“理论与实践”相结合的教学方法改进背景

### （一）思政理论课面向开放活跃的教学对象

选择中外合作办学特色的机构或高校就读，学生对教学环境的期待不同于其他高校的学生。三峡大学国际交流合作学院 2015 年的一项调查显示，56.21%的受访学生选择中外合作办学的主要原因是希望能够接受境外不同方式的教育（冯跃飞，柳萍，2016）。除此之外，学生对中外合作办学的选择也深受未来规划的影响。2017 年对西交利物浦大学学生的一次调查显示：绝大部分学生选择中外合作办学的主要动机是“开阔视野和国际接轨”“为了有更强的竞争力”“便于以后出国深造”等（周晓旭，2018）。

中外合作办学的学生开放活跃，能够主动地通过网络、期刊获取资讯，并积极地参加各种党团组织和社团组织的活动。部分中外合作办学高校的学生组织设置也与普通高校有所不同，学生自治开展各项活动时存在思想意识管理领域的灰色地带。学生在参加社团组织的活动以外，关注更多的是就业和实习方面的信息，体现了这类高校学生对于个人发展的现实追求。在跨文化教育环境与主观动机的互相作用下，学生有机会积累起丰富的跨文化交流的经验，思维方式会随之变得更加开放与活跃。不少学生在一定阶段（一般是求学阶段中后期），还会获得境外交换、实习等机会，对于境外文化与价值观的体验，相较于其他高校的同龄人更为直观与全面。毕业生去向也呈现了较为明显的“外向性”。中外合作办学高校的毕业生升学以出境深造为主，就业大都进入跨国企业或者国际组织工作。那么，让中外合作办学高校的学生群体在中西方思想与价值观的碰撞中继续一如既往地坚持社会主义价值取向，思政课程的作用尤为重要。但是基于学生的上述特点，如果思政课程不能有机融入人才培养过程，可能会引起学生的抵触情绪，造成课程的低效。令人欣慰的是，从目前的经验来看，中外合作办学高校的多数学生拥有浓厚的爱国主义情操，也能坚持把马克思主义指导思想和贡献社会的价值取向作为自己的指导思想。

### （二）思政理论课的教育引导过程具有复杂性

中外合作办学高校因特殊的学生培养模式，对思想政治教育有着更高的要求，使思想政治教育的引导过程较普通高校更为复杂。主要来看，该类学

校普遍采用了中方聘任境外教师到中国授课、境外合作院校教师远程授课，或学生在考核合格的前提下赴境外求学等主要模式。合作办学模式下，多种教学形式融合交叉，学校提供了“3+1”“2+2”“4+1”等不同形式的培养方案供学生选择。在这样多元的培养模式下，处在国际教育合作前沿的中外合作办学高校，其中西方的文化、思想、观点乃至教学理念不断交汇、碰撞和融合。尤其是在哲学、社会科学领域，中西方意识形态的碰撞相对剧烈，在重大是非问题面前，青年大学生的思想亟须思政教育工作者的有效引导。随着中外合作项目的发展，合作高校遍布欧、亚、美、澳等区域，学生在境外学习阶段，日常作息同境内教师的工作时间存在时差，信息传播不顺畅，精神传达不及时，造成了思想引领的滞后性，使得中外合作办学过程中，境外阶段的思政教育力量薄弱，不能充分实现对学生的价值引领。鉴于此，应该在认清中外联合培养的时空特性的基础上，努力寻找不同于常规的指导路径，积极运用新媒体和高科技，力图实现境外阶段思政教育的新突破（张羚羚，2019）。

受客观因素限制，现阶段的思想政治教育课程主要集中在境内阶段，且课程分布密集，思政理论课对学生的影响从他们跨文化体验的前期就会开始产生。理论课既承担着对学生进行爱国教育、宣扬社会主义核心价值观的使命，又要进行中西方意识形态和文化的比较教育，在对比中强化学生对社会主义道路和制度的认同感。同时，思政理论课还要帮助学生从思想政治层面做好出境学习的准备，可以说任重道远。因此，如何从教学方法上进行调整，使得课程传达的理论知识与价值观的影响能够更为强烈深远，在中外合作办学模式下，显得更为重要。

思政理论课通过实践教学，引导学生主动参与理论学习，让学生担当理论学习的主要角色。这将帮助学生在较为有限的时间内，更为全面、有效地吸收理论知识，树立更为牢固理想信念，能够在中西文化交融的环境中明辨是非、抵制诱惑，更好地参与国内外社会生活实践。

### （三）涉外因素对思政理论课的影响

中外合作办学环境下，思想政治理论课的开办受到涉外因素的影响，课程本身承担马克思主义理论教育的担子更重，阵地作用更为明显。中外合作办学者有外方参与，授课的师资队伍很大部分为来自世界各地的外籍教师，他们在政治信念、思维方式、认识倾向等方面各不相同；教学内容有境外合作院校的教学计划、教学大纲、专业内容；教学场所也有境外学习或实习的场所因素，这就使传统中国学生的学习内容和学习环境发生了重大变化，涉外因素明显增多。学生置身于国际化背景下，受到各种意识形态冲击增多，学生的思想和价值追求都趋于多元化发展状态。这对中外合作办学高校思想政治教育提出了更高要求（姜彦君，2010）。

《中外合作办学条例》规定：中外合作办学机构应当按照要求开设关于法律、公民道德、国情等内容的课程。但是不得不承认的是，部分中外合作办学项目由于外方对强制学生修读思政类课程积极性不高，在与外方谈判和具体教学过程中，中方在课程设置中要体现实打实的思政课有一定难度（巫晓洁，贾子懿，2018）。另外，中外合作办学高校为提升其在国内的品牌，办学的重点仍旧集中在提升专业课的教学质量，思想政治教育在教育教学其他环节的体现较弱，要实现“思政课程”与“课程思政”的有机结合，难度更大。中外合作办学院校就读的学生，会不自觉地将思政理论课与其他课程区分开来，会用比较的眼光看待这两类课程。中外合作办学模式下，专业课教师开展教学多采用西方教学方式和教学思维。西方文化和西方思维方法的渗透使青年人在树立世界观、价值观的过程中，很容易采取“非此即彼”的做法，思政理论课授课教师如果依旧单纯采用单向输出理论知识的方式开展教学，不仅无法产生吸引学生深入学习理论知识的“拉力”，还容易产生引发学生反感、排斥的“推力”，将学生“推”向对西方文化和价值观念的认同中去。为了应对这一问题，思政理论课课堂设置“理论与实践”相结合的教学方法，能够有效缩小思想政治理论课与其他课程（特别是外籍教师授课的课程）在教学模式上的差异，获得学生和其他教师的认可。

但同时，多元文化也是一种丰富的教育资源，如果能正确认识并把握这些资源，也能给思政理论课注入活力与吸引力。思政课应根据学校整体的育人理念与教学方式，积极调整。在理论课开展过程中，紧密结合理论与实践环节，发挥学生的主体作用，利用好学生在特殊的教育环境里形成的批判思维与质疑精神，培养学生的独立思考能力。中外合作办学高校的思政课教师，可以利用好涉外资源，邀请思政理论专家、中外学者、外事专家等人物走进课堂，开展主题报告，引导学生运用理论知识联系国内、国际形势，客观看待国家对外交流与合作等方面的实际问题，使理论与实践相结合，抽象和具体相融合。利用好多元文化开展实践教学环节，也有助于在中外合作办学环境中建立平等和谐的学习与研究氛围。

### （四）现有思政课设计不足

纵观现阶段中外合作办学的思政教育，虽不断改进方法，但教育模式却未能完全做到与时俱进，影响了价值观引领的质量。现有思政课很多是大班教学，课程设计及授课安排难以针对不同学科领域的办学情况做有针对性的调整。教学内容容易固化，课堂教学形式单一和枯燥，极易在新时代大学生尤其是受意识形态冲击的中外合作办学学生群体中引起排斥心理。在授课主体中存在留学生情况时，可能还面临教授与教材在语言理解上的障碍。思政课容易局限于课堂理论传授，学生普遍重视理论课程，实践课程相对是一个薄弱的环节。一定的实践环节可以使学生直面社会发展，促进学生思考，反过来使学生更深刻地学习和理解理论知识。目前的中外合作办学可以结合国内外政治经济形势、我国国情和时代特色，同步引入实践环节，同理论教学相得益彰，充分调动学生的积极性，提升学生明辨是非、分析和解决问题的能力（巫晓洁，贾子懿，2018）。

## 二、中外合作办学“理论与实践”相结合的教学方法改进建议

中外合作办学的特殊性，决定了该类高校创新使用“理论与实践”相结合的教学方法的必要性。结合上文提出的背景，本小节从教学客体的实践需求出发，旨在将思政理论课与学生最为关切的实践相结合，达到“知行合一”的效果。笔者认为，中外合作办学高校开展思政教育可从以下几方面进行改进。

### （一）思政课理论与校园文化建设的实践相结合

中外合作办学高校还应着力将思政课浸入学生校园文化的建设中去。校园文化是一所学校的灵魂，是学校精神面貌、价值追求以及师生员工整体素质的综合体现（丁海蒙，2016）。校园文化对于学生的思想观念、价值判断和道德情操的影响是潜移默化的，是学生进行思政教育的隐性课程。好的校园文化可以促使学生规范自己的言行，为学生奋发向上提供源源不断的驱动力。而中外合作办学高校的办学性质造成其校园文化和其他高校的差异较为明显，比普通高校具有更大的开放性和包容性，同时也存在一些管理的灰色地带。因此，中外合办高校的思政课应加入校园文化建设的实践中，要着力建立和弘扬与我国优秀文化相吻合的价值观念、行为规范、制度体系、宣传标识等，使学生进一步树立民族文化认同感和自豪感。思政课可以通过更具趣味性和实践性、特色鲜明的主题教育活动、第二课堂等加强校园文化的引导，例如开展主题周活动、晚会、圆桌讨论、辩论赛等，让学生能够在日常实践中关注时事焦点，从而加深他们对于课堂知识的理解，提升他们学习思想政治的兴趣。教师也能够通过日常交流、定期反馈了解学生思想的方式，帮助学生增强“四个意识”，

坚定“四个自信”。以宁波诺丁汉大学为例，校内经常举办和中国文化相关的主题周，成为了展示中国优秀文化的重要平台，使学生对祖国文化的源远流长具有更加准确的认知。中外合作办学下的思政课程同时也应主动掌握运用新媒体这个校园文化建设的新阵地，构建运用好网络平台，不断丰富网络思想政治教育的内容，向学生展示国内与国外优秀的文化。例如通过微信公众号、微博等平台正面发声、理性思辨，弘扬主旋律、传播正能量。学生在互联网上发表自己的见解、参与社会热点讨论，是将思政理论联系生活实际的重要途径，因而学校还要关注学生在网络空间的言行，帮助学生解决在实践中产生的思想困惑，引导学生校园生活，真正让学生成长为具有国际竞争力的优秀的社会主义建设人才（周琦，2019）。

与此同时，中外合作办学各国教育背景、文化习俗等差别很大，因此在校园文化建设的过程中，思政课教育也应尊重中外文化传统习俗，可以在其中纳入跨文化适应的教育，共建多样化、包容的校园文化。我们应当倡导包容的思想、尊重文化多样化，倡导“和而不同、兼容并蓄”，寻求教育契合点和合作最大公约数，以更加开放的胸襟和更加积极的态度促进各国教育合作，为培养国际化人才作出贡献。学校应该充分利用合作院校的教育资源，搭建中西文化的交流平台，实现东西方文化友谊的互补，引导学生形成正确的人生观和价值观。比如邀请合作办学外方教师、境外专家、境外归来的中国教师等，开展跨文化适应讲座或沙龙、英语文化系列活动，帮助学生增进对多元文化的认知，丰富跨文化体会，更好地适应中外文化冲突。

### （二）思政课理论与学生的社会实践相结合

除了在校园内为学生专业课的实践和校园文化建设的实践提供理论指导外，思政课程也应该具有前瞻性，为学生走出校园的社会实践以及未来的职业发展打好牢固的理论基石。上面我们研究了中外合作办学高校学生的特性，他们思维活跃，乐于广泛参与各类社会实践，并且在大学早期就已经具备了职业发展意识。因此，中外合作办学高校的思政课程应根据学生的特性，从学生的学习动机出发，适应性地开展有关课程，为学生提供理论指导，让学生自觉地朝着有利于自身成长的方向发展，自觉地朝着社会主义建设前进的方向发展。

思政理论课应能为学生的社会实践活动提供理论指导。中外合作办学的学生对参加各类志愿者活动有充沛的热情，会利用寒暑假时间参与偏远地区支教以及各类境外环保志愿项目。思政课程可以和校内学生志愿者组织合作，共同为学生志愿者提供行前培训和指导，让学生在志愿者活动中能更好地为服务群体作出贡献，也能在这个过程中感受到奉献的快乐，能有所收获。尤其是支教类志愿活动，思政课教师可以结合自身授课的经验，与学生分享自己的教学方法和技巧，帮助学生在支教中更快找到合适的教学方式，与支教学校的学生建立良好联系，分享他们的知识。部分学生也会利用假期时间参与社会调查等社会实践活动，运用到很多社会科学的研究方法，因而思政课程也可以为这部分学生提供方法论的指导。在宁波诺丁汉大学开展的思政课学生座谈会中，很多学生提出了希望开设社会田野调查方法的课程，他们希望能将学习到的专业知识和改变社会的实践相结合，能够学有所用。因而，思政课程应在内容上满足学生的期许，首先可以通过座谈会、一对一访谈等方法了解学生所感所想，然后再从思政课的理论出发提供一些方法论上的指导，成为学生做好理论应用于实践的良好纽带，让学生在学习的过程中实现对人生价值和意义的探索。

中外合作办学的学生关注职业发展，会利用假期时间参与实习实践，为未来职业发展打好基础，因而思政课也应该为学生未来职业发展提供理论指导，为国家培养优秀人才做出贡献。中外合作办学高校外籍老师教授的课程为学生打开了国际化视野，但部分与中国本土的发展情况缺失联系，对中国的各行业的具体发展缺乏一定的洞见。思政课程立足于国情，能够帮助学生理解国家政策，让学生看到国内各行业的发展情况和存在的人才缺口，提供适时有效的职业发展引导。这种引导可以蕴含在思政理论课的案例分享和剖析中，用潜移默化的方式带给学生；也可以通过开设专项职业发展课程，为学生提供更具针对性的指导，让学生能够学有所用。这么做可以减少中外合作办学高校培养出来的国际化人才的外向流失，让学生看到中国国内存在的更多机会，培养他们的爱国情操，能够在学成后立足个人专业本领报效祖国，投身于社会主义现代化建设。

# 第七章　中外合作办学思政理论课“主观与客观方式相结合”考核方式的探索

思政理论课教学是否成功，归根结底落实在学生，其中，考试考核是检验思政理论课程教育执行效果的有效方法，我们探索思政理论课教学方法的创新，自然离不开对于考试考核的探索和审视。近年来，国家出于对学生思想素质教育优化的考量，正在推动课程综合改革，思政理论课考试将对课程综合改革形成强力牵引推动，中共中央办公厅、国务院办公厅印发的《关于进一步加强和改进新形势下高校宣传思想工作的意见》中强调，高校思政理论课教育的首要目标在于激发学生学习主动性，通过知识传输、思想引导等为其未来职业生涯奠定良好素质基础。高校思政理论课也要通过体系建设、课程创新来为思政教育创造更好的环境。同时中央宣传部、教育部印发的《普通高校思政理论课建设体系创新计划》也指出，思政教育要有更为科学的考核方式创新，要通过精准评价与覆盖式评价建立客观、公平、全面的考试考核体系。其中，考核方式的确认至为关键，正如蒋沫沫（2019）所提，考试考核是整个思政教学的检验与反馈，一旦考试考核方式确立，将会促动教师或课改研究者通过“考什么”“怎么考”等的思考，自觉对照教学内容与教学方式进行调整与优化，进而导引思政理论课堂的变革，并构建更为健康良性的高校思政理论课程体系。

当前，思政理论课的考核着力的方向是实行多元化的考核方式，正如魏景荣（2017）所述，“多元化考核模式意味着教师要对学生进行多形式、全程性动态考核，包括对学生到课、发言、调查报告、线上作业与测试、团队任务、课外表现等环节的评价，必将耗费大量时间和精力。然而，要切实提升高校思政理论课的实效性，把它建设成为大学生‘真心喜爱、终身受益’的课程，创新是必然出路，考核模式的改革是应有之义。”目前，中外合作办学机构尤其是中外合作大学的思政理论课也正积极探索考核方式的多元化和有效性，主要采取的方式有理论考核与实践考核相结合、线上考核与线下考核相结合、定量考核与定性考核相结合。

本章着力点在于探讨中外合作办学高校思政理论课的考核方式，即如何在满足高校考核方式基本要求的前提下，借鉴境外合作院校考核方式，创新性探索符合现状的、令人满意的考核方式。第一节，探讨全国范围内高校思政理论课采取“主观与客观”相结合考核方式的设置依据，分析该方式实践的必要性、可行性以及运行的基本原则；第二节，分析中外合作办学高校“主观与客观”相结合考核方式的现状；第三节，分析现有中外合作办学高校思政理论课“主观与客观”相结合考核方式的实践情况，其中尤以中外合作大学为例，重点展开介绍。

## 第一节　高校“主观与客观”相结合考核方式的设置依据

课程考核方式是课程体系的重要组成部分。考核方式的选择，关系到课程体系的完整性。高校考核方式的改革，也是当前高校改革的重要内容。

### 一、高校课程考核方式遵行的原则

一般而言，笔者认为在高校里，课程考核方式应该遵行全面性原则、量化原则和公平性原则。

第一，全面性原则。当今社会，高等教育需要考虑到学生的全面化发展与素质教育。考核方式要努力做到更广的覆盖面和更多元化的考核内容。同时，全面性还指，高校的考核内容要面向全体学生，所以要考虑到所有学生的实际情况。

第二，量化原则。高校的考试内容最终都要以分数或等级的形式得以呈现。所以考核的标准必须是量化的，可以清晰呈现的。考试在高校的教学过程中属于重要的结果呈现终端，即可以起到督促学生努力学习的作用，也是对教学效果的全面化呈现。所以，具体的量化标准就显得尤为重要。

第三，公平性原则。考试是严肃的，同时也必须是公平的，考核过程必须是透明的，考核的内容必须是公正的。鉴于考核在教学过程中的重要作用和地位，公平性显得更加重要。考核方式的公平性决定着考核的有效性和权威性。在制定考核方式的时候，需要考虑到内容是否公平。

## 二、传统思政理论课课程考核存在的主要问题

### （一）课程结束时考核方式存在的不足

高校思政理论课课程的考核中，主要有以下问题需要思考和解决。

首先，考试形式单一。现在高等学校传统的思政理论课的考试形式较为单一。根据研究显示，很多高校采用的还是比较传统的笔试考试，在期末的时候学生完成一张考试卷，此卷面的分数就是期末的成绩。这样的考试形式没有充分体现素质教育，学生容易凭借考试之前的临时抱佛脚来拿到高分，但是这样的高分没有多少意义。很多同学在平常上课的时候没弄懂的问题依然没懂，或者根本就没想过要弄懂，只是想交差而已。这样的闭卷考试方法扼杀了学生的创造力，学生只是一味地学习课本知识，对于很多问题并没有自己独特的见解。长此以往，思政理论课就被削弱了它真正的价值。思政理论课的真正价值是培养学生正确的人生观、价值观，而单一的高等学校思政理论课的考试形式在客观上削弱了思政理论课的育人功能，降低了其应有的价值魅力，并没有达到这门课预期的目标。

其次，考试方法较为单调。在当代大学生的记忆中，高等学校思政理论课的考试方法就是笔试，没有口试。学生通过在试卷上写出自己的答案就可以得分，但是思政理论课的目标不仅要培养同学们“笔头硬”功夫，同时还要培养同学们“口头硬”功夫，即要培养学生口头上正确地表达自己对事物的看法的能力。如果只采取单一的笔试形式，就无法锻炼学生当众表达观点的能力。因此，适当的增加口试环节会让学生的能力得到提升，同时促使学生主动去学习知识，而不是一味地死记硬背，通过口试中教师的提问，有助于学生对某一问题形成独立的判断和加深了解。

再其次，重理论考试，缺少实践考核。高等学校思政理论课的学习是一个知识建构的过程，它的教学目的是在掌握知识的基础上，经过学生的积极主动思考，实现知识的内化，并且能将课堂学到的知识运用到日常生活和社会实践中。在考核内容方面，科学全面客观的考核方式，应该是既要考核学生的理论知识，也要考核学生的实践活动。但高等院校普遍采用的考核方式很少将学生的实践活动纳入思政理论课的考核范围，这一方式将造成学习过程中学生对知识内化的不重视，反而会让学生失去学习这门课程的热情，达不到这门课程的

最初教学目的。

最后，考核方式评价主体单一。目前绝大多数高校学生思政理论课的成绩评定由任课教师负责，评价主体比较单一。这样的评价结果相对无法达致全面，会忽视很多因素，严重的误判则会导致学生的积极性不高，自信心受挫。针对这一情况，我们可以增加评价主体，让学生参与进来，实现评价主体多元化，打破任课教师是唯一的成绩判定人的固定模式，学生和教师一起作为评价主体（朱伟霞，2020）。

### （二）教学过程中考核方法存在的不足

除了课程结束时考核方式存在以上几点不足外，平时教学中，也存在以下两方面主要问题：

其一，课后作业过多。目前许多任课教师依然采取讲满全堂的授课方式，这可能是由于课时数较少或受到“老师教得多，学生则学得多”思想的影响。然而进入大学教育阶段，教师的作用不仅在于“教”更在于“导”。满堂灌输的授课方式，使学生缺乏时间回顾课堂所学内容，缺乏时间进行思考，更没有时间及时做适量习题进行知识巩固，最终只能都留到课下时间去做。

其二，平时成绩的评判方式不合理。一般情况下，任课教师为了督促学生参与课程，会适当统计学生的上课出勤情况，许多教师会采取上课点名的方式，统计出勤次数，并以此作为平时成绩的主要评判依据。这种平时成绩的考核方式，虽然较为简单易行，但无法评估学生的课堂听课效果及知识掌握情况，无法及时反馈任课教师的授课效果。甚至会出现个别同学在第一节课点名之后，第二节课逃课的行为发生。单纯地依靠上课点名统计人数，当学生数量较多时，也会浪费一定的课堂时间，无助于提高学生的学习积极性，因此需要更加合理的方式进行平时成绩的考核。当然，现在随着科学技术的发展，教学辅助手段也日趋多样和先进，扫码考勤、人脸识别考勤等方式能够部分地解决上述问题，但以考勤评判平时成绩的方法仍然不是一个有效考量学生平时学习情况的最佳方案。

中外合作办学高校的考核方式，也有其明显的欠缺。有学者指出，期末考试比重高且缺乏阶段测试。该类大学的专业课程最初的考核方式是“期末闭卷考试＋平时作业＋出勤＋实验”，期末考试采用传统闭卷考试，且大约占总成绩的70%，期末考试成绩占课程总成绩比重过高，且缺乏中间阶段性的章节知识考核。如果缺乏阶段测试，学生平时上课时则缺少适当的压力与动力，激发不了学生学习的紧迫感。尤其是部分学生平时学习不努力，依靠最后考前突击复习，很难掌握核心知识（周海安，2020）。

## 三、“主观与客观”相结合的考核方式的原则

以上诸种问题的存在，其根源大都在于没能将主观和客观的考核方式结合在一起。调动学生积极性和主动性是一个较为全面的过程，而合适的考核方式能有效培养学生的学习自觉性和独立性。在考核方式改革的实践中，主观和客观的结合能够有机融合中外高校考核方式，有效提升思政理论课的考核评价水平。一方面，主观的考核方式，可以充分发挥学生的主观能动性和批判性思维；另一方面，客观的考核方式，可以体现考核的严肃性和公正性。这两者相结合可以使得考核更加立体化。

“主观与客观”相结合的考核方式，在具体落实时，我们需要遵循以下原则。

### （一）考核方式多元化

在开展高校学生考核工作的时候，教师首先开展的工作是对考核的方式进行适当创新调整，丰富考核方式的多样性，促使其多元化发展。在考核过程中，针对不同专业、不同课程的考核工作，教师可以结合实际的情况选择不同的考核形式。例如少数课程成绩可以允许依据作品或竞赛成绩确定，也可以章节考核、单元考核以及阶段考核等，对平时测验的体系进行适当完善。同时在这一期间，教师也可以将平时测试的成绩与期末总成绩进行挂钩，使得学生能够意识到，即便其能够在考试周突击得到较高的分数，但如果其平时成绩不高，总体的成绩也有可能会产生不合格的情况，以此加强学生的学习主动性（柴晓东，2016）。

### （二）考核结果反馈化

课程考核的结果虽然不能对学生进行全面判定，但也能够在很大程度上反映出学生在学习过程中所呈现出的态度、学习情况以及学习方式。例如，当教师发现一个平时表现很好、听课认真并且也很刻苦的学生在考核中取得了不太理想的成绩时，那么教师就需要对该名学生的生活适当关注，在合适的范围内调查其是否在生活或者心理上产生了问题，并对其提供有针对性的有效帮助，促使学生学业以及身心的健康发展。因此，在对学生进行考核教育的过程中，教师需要对考核的结果形成关注，并需要以此为反馈，对原本的教学方式以及教学计划进行调整，加强自身的教学水平，这也能够为学生提供更好的服务。

### （三）考核内容全面化

一般情况下，考纲内容都由任课教师向学生告知。作为一名任课教师，在首次上课时都会为学生介绍本学期的教学目标、教学计划、教学大纲以及考核方式等，帮助学生构建一个清晰的学习体系，能够有针对性、有计划地开展这一学期的学习活动。而针对考核内容，在进行设计的过程中，首先，教师以基本的教学素材以及教学大纲为基础，按照其中的规定，保证考核内容所涉及的知识点与日常讲解的内容之间有95%以上的重合率，以此帮助学生能够在考核中对自己的知识掌握程度进行匹配。其次，在命题过程中，教师应合理地调整客观题与主观题之间的比例，尽量减少一些答题者通过背诵就能够得出正确答案的题目，多设计一些需要学生主动分析表明自己想法的题目，以此加强学生的分析能力以及思维能力。最后，在进行团队考核或者是演讲考核命题工作时，教师应尽量贯彻因材施教的教学理念，不要为学生限定任务计划或者是固定题目，而是可以给予学生一个大概的方向以及具体的任务标准，然后鼓励学生凭借自己的能力、兴趣以及想法进行任务推进，加强学生的个性展现，促使学生核心素养以及创新能力的有效发展。

## 四、思政理论课考核方式改革的必要性

### （一）当前高校思政理论课在考核上遇到的问题

刘志（2021）分析指出，当前高校思政理论课在考核上遇到以下问题：

（1）思政理论课应试考核方法与素质教育目标之间的矛盾问题。基于我国教育体系目标对高校思政理论课的功能和性质的定位情况来看，高校思政理论课是一门将学生思想发展与行为实践进行有效结合的课程。在教学目标上，高校思政理论课的教学目标也涉及学生思想文化与政治理论的发展水平、学生实际行为与道德实践的发展水平，也即要通过思政理论课引导学生的各项价值观念均能走向正确的发展道路，督促学生能够从集体角度和政治角度思考个人与国家的发展、民族的兴衰与荣辱、发展的成败和得失，最终引导学生在实际生活中形成与国家发展相统一的道德信念和理想目标，引导学生在实际生活中保持道德水平与行为实践的优良性和统一性。然而在高校思政理论课的实际考核过程中，当前阶段大部分高校仍然采用单纯闭卷考核+教师日常考核的方式，其中单纯闭卷考核在整体考核成绩中所占据的比例还明显超高，最终只能通过分数来反映大学生对思政理论课知识的掌握程

度。事实上，这种考核方法只能反映出大学生对知识的背记程度，并不能充分反映大学生对知识的实践效果和掌握情况。尤其是思政理论课并不同于其他专业课程，单纯的理论考核成绩绝不能代表学生的道德水平与政治水平发展。

（2）思政理论课的考试内容与教学材料内容之间的矛盾问题。高校思政理论课作为一门较为偏向于素质教育方向的课程体系，其考试内容的设计本身应当具备灵活性、即时性以及社会性和时效性等特点。然而思政理论课的课程内容在设计过程中始终保持着统一性且缺乏及时的更新换代，使得教师在思政理论课教学过程中只能想方设法地将陈旧的教材内容与当前的社会环境结合起来，如此才能取得较为良好的教学效果。因此如果教师在思政理论课教学过程中只是单纯地对教材内容进行讲解，那么思政知识与学生思考之间的衔接程度必然会受到不利影响；如果教师在思政理论课教学过程中过于超越教材内容的内涵，那么学生所学习的思政知识必然存在一定程度上的方向偏移。这种情况发展至最后，就会出现高校思政理论课的实际考核内容与教学材料内容之间的矛盾，也即教师的教学内容与考核内容联系并不紧密，久而久之学生对思政理论课的课堂教学兴趣也会变得越来越小。

（3）思政理论课具体考核形式与教学最终目的之间的矛盾问题。正如上文所言：高校思政理论课教学的最终目的在于引导学生的思想人格、学识智慧始终走在正确的发展道路上，进而引导学生在后期社会生活过程中之中保持健全、独立、健康的人格与行为。从本质方面来讲，高校思政理论课教学的最终目的是要将大学生培养为具有正确思想、行为、素质的社会主义事业接班人，要牢固塑造大学生的爱国主义精神与集体主义原则，要让大学生从心理层面与思想层面均能接受我国基本的经济制度、文化制度和政治制度，以此具备良好的道德实践水平。然而结合当前我国范围内高校思政理论课的实际考核形势来看，基于应试教育的影响，高校思政理论课考核形式始终坚持以纸面试卷考核作为主体形式，教师本身的日常考核成绩在考核体系中也并不能得到充分的发挥。这种应试类型的考核形式必然无法反映出大学生的真实思想道德素质，也不能反映出当前高校思政理论课的实践效果。因此简单来说，高校思政理论课的具体考核形式限制了该项课程教学最终目的的实现过程，双方之间存在根本性的矛盾并且始终缺乏有效的解决方案。

### （二）高校思政理论课考核改革原则

因此，为了解决上述三点问题，高校思政理论课也需要改革考核方式。遵循前文提到的全面性原则，在考核方式的改革过程中，应该遵循如下原则：

（1）思政理论课考核方式改革要与素质教育、创新教育相适应。传统思政理论课考核方式是在以知识传授为主的背景下应运而生的，注重学生对理论知识的记忆和理解，采取的是单一的闭卷考核方式。当今社会高等教育在不断向素质教育和创新教育转变，思政理论课教育教学也在不断改革，正从以知识传授为主向以重视学生创新能力、思想行为变化、德智体全面发展为主转变。特别是习近平总书记在全国高校思想政治工作会议上强调，高校思想政治工作要坚持把立德树人作为中心环节，把思想政治工作贯穿教育全过程，实现培养全面发展的“四有公民”的目标①。因此，思政理论课考核也应该与这种新要求相适应，创新出新的考核方式方法。

（2）思政理论课考核方式改革要与思政理论课程的特点相适应。高校思政理论课是培养青年学生的重要思想平台，是正确理解马克思主义理论的重要渠道，是认识中国特色社会主义理论和实践的思想阵地，更是深刻理解和准确把握当今社会形势的基础。思政理论课与其他课程相比有着其独特的特点，它不单是要求学生理解和掌握一些基本理论知识，更重要的是要促使学生能够将所学的理论知识内化为自己的思想，从而树立正确的世界观、人生观和价值观，并具备运用理论解决实际问题的能力，将所学知识外化于行。因此，思政理论课考核应该为这一目标服务，但传统的思政理论课其考核方式不能满足这一目标。思政理论课考核方式改革应根据其特点，创新出能反映学生思想行为转变和能力提高的考核方式。

（3）思政理论课考核方式改革要与学生自身的需求相适应。随着经济和社会的高速发展，人们更加注重精神方面的需求，高校学生自身更是急需精神食粮。如果仅凭教师传授的理论知识，考核只是以闭卷的方式进行，学生很难将知识内化于心和外化于行，远远不能满足学生自身的需求，也不能体现思政理论课的价值。因此，思政理论课考核方式改革必须要适应学生自身需求。

### （三）高校思政理论课考核方式的改革路径

各高校也在不断对思政理论课考核方式进行改革，虽然已有些成效，但还是不能完全突破传统的考核方式。习近平总书记在全国高校思想政治工作会议上强调，要用好课堂教学这个主渠道，思政理论课要坚持在改进中加强，提升

① 习近平在全国高校思想政治工作会议上强调：把思想政治工作贯穿教育全过程开创我国高等教育事业发展新局面［EB/OL］. http：//cpc. people. com. cn/shipin/n1/2016/1209/c243247－28938971. html.

思想政治教育亲和力和针对性，满足学生成长发展需求和期待①。为贯彻全国思想政治工作会议精神，各高校在进行“思想课”考核方式改革的具体路径中，应遵循正确的原则，不断改进思政理论课考核内容、考核方式，真正提升思政理论课亲和力，从而提升思政理论课的教学效果。因此，思政理论课考核方式的改革路径可以从以下几点出发：

（1）考核内容生活化。思政理论课不仅要帮助学生树立正确的世界观、人生观和价值观，更重要的是要培养学生积极健康的心理。因此，在考核方式上要体现培养学生健康人格的理念，使思政理论课教学真正发挥其作用。从考试内容来讲，应改变传统闭卷考试中过多侧重知识记忆的内容，加大考核学生运用理论知识解决实际问题的能力，以引导学生有意识地在知识记忆基础之上树立正确的价值观导向，培养自身健康的人格。当代大学生在各种社会思潮、社会现实压力的影响下，无论是价值观还是心理方面都存在或多或少的问题，思政理论课在大学生的教育中扮演着重要角色，思政理论课教学效果是否有效，直接影响大学生的这些问题是否能有效解决。要使大学生真正在思政理论课中受益，必须改变传统的考核方式，使思政理论课考核内容为学生服务，贴近学生的生活，注重开放性、实践性，激发学生自主探究式学习，实现考试和学习、考试和生活的相互贯通。例如，可以将学生生活中常遇到的实际问题作为考试内容考查学生解决实际问题的能力，这样的考核方式既贴近生活，又可以提升学生的实践能力，符合国家素质教育和创新教育的要求。

（2）考核形式全面化和多样化。思政理论课是否有效最重要的标准就是学生能否将理论知识外化于行。传统的考核方式只采取闭卷考试，这样的方式只能检验学生是否将理论内化于心，而最后也是最重要的环节没有得到检验。要检验外化于行这个标准是否达到要求，必须改变传统的考核方式，采用形式多样的考核方式，创建多层次考核体系。形式多样、多层次考核方式要以学生的课堂表现考核为主进行课堂考核；以学生的社会实践活动、志愿者活动、社团活动和日常生活行为表现等考核为主进行能力考核，引导学生将知识内化到自身的认识观、世界观和价值观中去。以知识运用考核为主进行试卷考核，注重学生对马克思主义理论知识的掌握和运用。将多种考核方式结合起来进行思政理论课的检验，可以降低学生功利化学习、教学活动参与不多的可能性，还可以达到思政理论课的教学效果，满足学生的发展需求。

---

① 习近平在全国高校思想政治工作会议上强调：把思想政治工作贯穿教育全过程开创我国高等教育事业发展新局面［EB/OL］. http：//cpc. people. com. cn/shipin/n1/2016/1209/c243247 – 28938971. html.

（3）考核过程全程化。过程性评价是在充分尊重个性差异的基础上，侧重每一个学生的发展需求，将考核贯穿于整个教学过程的一种评价方式。首先，学生的兴趣、性格和思维方式不同，在学习过程中表现出的能力和倾向性不同，那么思政理论课的考核就不能用一张统一的试卷来评判这些差异，应该尊重个性差异，对学生进行分类，针对学生的不同情况采取侧重点不同的考核方式。其次，思政理论课对学生的影响是潜移默化的长期过程，考核方式应贯穿于思政理论课教学全过程，进行时时考核，事事考核，使考核成为教学的内在环节，从而形成学生全程参与学习的倒逼机制。最后，学生对知识的内化与外化的快慢不同，思政理论课考核全程化可以时时了解各个学生的状况，针对不同的学生采取真正适合的教学。让考核在思政理论课教学过程中全程参与，不仅符合思政理论课的特点，而且可以更好地提升思政理论课的时效性。我们必须积极解决“思政理论课”考核方式存在的问题，采取有效措施，完善思政理论课考核方式，使“思政理论课”考核方式顺应社会发展的需要（王玲，2017）。

综上所述，思政理论课的考核方式改革需要向更贴近学生、更多元化、更全面的方向发展，主观和客观相结合的方式在思政理论课的考核方式中显得非常有必要性和实践性。

## 第二节　中外合作办学高校“主观与客观”相结合考核方式的现状

中外合作办学高校一直强调用多样化的教学方法刺激和调动学生的积极性，从多方面促进学生对知识的理解。以宁波诺丁汉大学为例，该校在传统的讲座课程之外还开设了课程研讨（seminar）、辅导课程（tutorial）和实验课程（lab）等多种类型的课程，尤其重视利用讲座课之外的其他课程类型来提高学生们的学习效率。在各种课程类型中，研讨课是一种特别注重师生互动的课程，它主要是让学生们基于讲座课程中所学到的知识，对某个具体问题进行一些开放式的研讨，所使用的教学方法以讨论法为主。这种讨论法的使用使得学生在上课的时候不但要听，同时还要说，积极表达自己的观点，跟着老师的思路来思考老师的问题，活跃自己的思维。很多时候，讨论课中学生的表现也被纳入考核标准中，作为综合评定中重要的一部分。这不但能起到考核的效果，还能督促学生多学多想，不断发展分析问题和解决问题的能力，进一步加强对知识的记忆与使用，起到了考中有学、学中有考的作用和效果。除了研讨课之外，该校理工学院的很多实验课程，也起到这样的关键作用。

另外，针对目前现状，经过实践总结，中外合作办学高校在实践中较多采取如下考核方式。

（1）灵活课程考核形式。该类学校的试卷内容，一般会改变包含判断题、填空题、选择题、简答题、计算分析题等大而全的方式，内容倾向主观性题目，并适当提高综合分析类题目的比例。以宁波诺丁汉大学为例，在人文社科学院和商学院中，很多课程的考试会采用多种考试形式，并强化学生的主观能动性，例如读书报告、论文、实践类成果等。

（2）设置阶段性考核。为激发学生平时学习的主动性，增加期中考试 + 阶段性课堂测试。以宁波诺丁汉大学人文社科学院为例，考核多分为论文与期末考试。而语言类课程则采用期中考试与期末考试相结合的方式。另外一些学校则采用闭卷 + 开卷形式：闭卷考试的主要内容以偏重基础知识为主，以便促使学生掌握基础理论和相关重要概念；为了培养学生分析、解决问题的能力，开卷考试的内容则偏重于设计分析及综合类的题目，主要围绕课程的难点或重点问题。

（3）合理安排课堂时间。该类高校，由于外语授课对学生提出了更高的语言要求，任课教师需摒弃满堂灌输的授课理念，在将课程重点及难点知识讲解透彻的基础上，给学生预留一定的课堂时间，以便让学生掌握专业外语词汇，并通过课堂解答习题等方式及时巩固所学的重要知识点。

（4）注重平时表现成绩。这体现在评判标准多元化。以宁波诺丁汉大学为例，因为学校有许多学生是“2 + 2”项目，或是参与交换生项目，在他们大三或者大四的时候会出境进行学习。因此为了锻炼学生早日适应境外学习生活，需改变依靠课堂点名判定学生平时表现成绩的方式。平时表现成绩的考核可以更加灵活多样：课堂小组分组讨论、课堂发言与问答、课堂作业及随机测试等，鼓励学生与外籍教师直接交流探讨问题，从而得出新的思考。在宁波诺丁汉大学，平时成绩的考核根据学生不同专业还有更加灵活的设定和更加全面的方式。例如在理工学院，每学期会有一周的实验周，实验周里，相关专业的学生会根据专业分组，进行实验考试，成绩以 10% ~50% 不等计入总成绩。在该校商学院，很多专业会设置课上小组讲述，每周 1 ~2 组的同学参与讲述，讲述的成绩算入总分。在人文社科学院，一些课程中，教师在一学期的教学周里，每周都会布置 1 ~2 个课后思考题，让学生用 500 字左右进行回答。学生可以任选一周进行撰写，成绩以 10% 计入总成绩。

（5）引导学生自主学习，将自主学习成果计入考核成绩。许多中外合作大学强调发挥学生学习的主体作用，促进学生的自主学习，在课程安排上，除了基本课时，还强调学生的课后学习时间，把很多时间留给学生自习。

以上的第（4）和第（5）点，评判标准多元化和引导学生自主学习，也是中外合作大学的特色之一。完成课程作业，光靠死记硬背是不够的，学生需要查阅大量资料，花费很多精力投入分析问题和解决问题上，从而使得考核和学习本身结合在一起，促进学生各方面能力的发展。

这种考核方式将主观和客观结合在一起，它的有效性表现在以下几个方面：第一，促进学生多种能力发展。学生在完成作业的过程中，往往要搜集大量的学术资料，这锻炼了学生的资料搜集能力；有的作业还要求学生进行团队合作，并在课上以小组讲述口头报告的形式进行展示。这些小组讲述类型的作业，往往要求每一个学生都要发言，并且要综合每个学生的表现给出小组分数。这样做能够深入锻炼学生的团队协作能力，对学生的成长有很大的益处。第二，小组报告等形式的考试，可以促进学生带着问题听课，提高课堂上的学习效率。由于有了考试成绩的压力和心理需要，学生们在课上可以更加积极主动地参与进来，不是被动地听教师讲知识点，而是主动进行思考、分析和评价。有的课程要求在上这门课之前就完成作业，让学生亲身体验探索知识的过程。第三，可以促进师生间的互动。拓宽教师和学生的交流方式有利于增进学生的学习效率，并进一步提高整体教学效率。第四，可以增加学生个性培养的力度。正如一些学者所说，如果知识传授得不到个体经验的认同，或丝毫不能激活个体积淀的经验，那么，知识的种子就不能在个体的心灵中生根、开花、结果，这种知识就如同假牙、假发，是没有生命力的（肖川，1999）。在解决问题的过程中，学生必须围绕抛出的问题相互交流自己课堂上学习到的知识，并且会在相互激励中主动在课后投入时间精力将其知识在问题情境中进行融会贯通，从而以考核带动学习，使得教学过程更加完整、丰富。

## 第三节　中外合作办学高校思政理论课“主观与客观”相结合考核方式的实践

中外合作办学高校在思政理论课的考核方式上，已经进行了长久的探索与实践。对于该类大学来说，思政理论课的考核方式值得考究，既要结合思政理论课本身的特点，符合思政理论课考核方式的原则，同时也要结合中外合作大学本身的特点和要求，汲取外方合作院校各个专业课在考核方式探索上的成功经验和做法。

## 一、中外合作办学高校思政理论课考核一般采取全程评价方式

在思政理论课的学业评价方面，中外合作办学高校较多借鉴了西方大学中的评价方法，以多样化的考核方法来对学生进行形成性评价。例如，西交利物浦大学课程评价的方式很多样，包括每堂课在刚上课时的小测试成绩、网络平台上的讨论成绩、课程中讨论环节的成绩，以及在网上所进行的考试成绩等。可见，中外合作大学的思政理论课在课程评价文化上全面融合了西方课程中注重多元性和以学为本的特点，形成了一种包含多种考评方式的形成性评价模式，从而为促进学生对思政理论课的积极主动学习发挥了重要作用（孙珂，2019）。

又例如，宁波诺丁汉大学思政理论课的成绩由讲座课程的课堂表现分、讨论课程的课堂表现分和期末论文的成绩三部分组成，这样学生想取得高分则不能仅仅是写好一篇论文，而是要积极参与课堂上的各种活动，这有利于提高其平时学习的主动性。具体来讲，宁波诺丁汉大学思政理论课总分为 100 分，其中：专题讲座的课堂分数（约占 15%）依据出勤纪律、课堂参与等给定；讨论课分数（约占 15%）依据观点表述、材料阅读、讨论互动等情况给定；科目考试以撰写论文或小组讲述（presentation）的形式进行，要求学生根据专题内容，结合实际，选取相关的角度展开论述，分数（约占 70%）依据论文或讲述的质量给定（周琦，2019）。

为了督促学生的自主学习，该类大学主要通过布置课后作业来巩固和发展学生和课程相关的知识和能力。在该类大学，课后作业是占有举足轻重的地位的，平时的课程作业（course work）也会根据情况计入总分。这使得学生对课后作业不能应付了事，需要投入大量的精力进行认真准备。

其中在出勤分和课堂表现分这一方面，宁波诺丁汉大学开始尝试以随堂测验，课上答题等方式来完成，属于客观考核方式。

在主观考核方式上，除了设置和各大专业课类似的讨论课（seminar）制度，还将重头的分数放在了论文和小组讲述上。

## 二、中外合作办学高校思政理论课考核严格把控学生课程论文的质量

课程论文指大学生在学习了课程之后，专门探讨、研究与本课程相关的具有一定学术价值或亟待解决的问题，就此发表自己独到的见解，并遵从学术论

文的写作格式，条理清楚地用文字表述出来的议论文章。课程论文考核，通常是任课教师给出一个题目或一系列题目或学生自己找一个题目，要求在课外时间完成论文的写作，以论文质量来测定学生对该课程知识的掌握程度。一般在文科课程中论文考核使用得相对多些。相对于闭卷考试，课程论文考核的功能在于，它不但能考查学生对知识的掌握程度，也能加强学生综合运用各种知识的能力，提高学生的综合素质。因为，课程论文就是要求学生解决与课程内容相关的一个小问题，而且要把这个问题通过自己的学习和研究给讲清楚。学生不仅要综合运用该课程的基本理论知识，而且还要广泛地阅读相关书目，查找各种资料，然后写出一篇论文。可以看出，整个论文写作过程有利于锻炼和提高学生的思维能力、分析能力、解决问题的能力、语言表达和语言组织能力等各项能力。而且在写课程论文的过程中有时需要自己选题，让学生用其特有的观察力，去思考、去发现、去阐述自己的见解，从而为自己提供一个驰骋想象、畅所欲言的天地。这样就能最大限度地培养学生的自主意识和创新意识。可以说，课程论文考核在更高层次上拓展了学生的自主发展空间，最大限度地调动了学生学习研究的积极性，增加了学生学习的乐趣，是传统应试教育向素质教育转变的一种尝试（王松梅，2011）。

以宁波诺丁汉大学为例，本科一年级学生的思政课考核要求完成一篇4000字的论文，论文题目根据全学年各个专题课以及讨论课的内容，由教师给出，学生可以在众多题目中选择自己感兴趣的题目进行撰写。学生在具体写作中，也遇到了一些问题，例如，对于宁波诺丁汉大学的同学们来说，撰写英文论文是他们学术学习过程中重要的一环，而思政理论课的论文，则是他们在校难得的一次中文学术论文撰写的机会。有些学生因为习惯了英文论文的撰写，对于中文学术论文不够了解和熟练，在撰写过程中遇到许多问题和瓶颈，有些学生对于论文不够用心，内容不够学术，撰写不够认真，甚至找他人进行代写。

针对这些问题，宁波诺丁汉大学思政理论课的教师们采用了许多方法。一方面，为学生提供学术支持，学生可以随时预约时间，得到教师关于学术论文撰写的辅导；同时教师们也制作了文字版和视频版的论文指导放在学校内学术网站上，可供学生们查阅。另一方面，加大对论文考核严肃性的强调，对论文分数的评定，分为“一阅”“二阅”“终审”三个步骤，每篇论文会被两位“一阅”教师同时批阅，商定后，给出客观的分数，如有必要，则进入“二阅”乃至“终审”环节。时至今日，宁波诺丁汉大学思政理论课的年度论文写作，已经成为了本科一年级学生日常学习生活的重要部分，不仅是一场严肃的考核，同时也是学生们对于思政理论课内容加以自我内化思考的重要渠道。

## 三、中外合作办学高校思政理论课考核注重学生创新力和团队精神的引导

说到学生创新力和团队精神的培养，采取小组讲述的考核方式很具代表性。小组讲述是以广大观众为对象，以发表主观思想和情感为途径，以说服人、感染人、改变人的思想和行为为目的，借助语言、肢体语言和其他工具对一个特定内容进行演说或展示。小组讲述是一个反复锻炼、反复提高的过程，有利于促进探究性学习、合作学习、反思性自我评价与相互评价，使学生的学习实现从被动到主动的转变，使学生的自学能力、口头表达能力、文字写作能力、实践创新能力、团队配合能力等综合素质能力和自立精神得以训练和熏陶，还有利于提高决策能力与社会交际能力，以及运用技术手段的能力，最终增强学生学习自主性和自信心。实现师生角色互动，建立良好的师生关系。小组讲述的考核形式是主观和客观的有机结合，也是中外合作办学高校思政理论课结合我国和西方高等教育的优点，形成的考核方式改革的成果。在中外合作大学，小组讲述的考核形式，从英文到中文，从各个专业课到思政理论课，已经成为学生们生活中重要的一环。

以宁波诺丁汉大学为例，在思政课程的考核形式中，完成一场时长为20分钟的小组讲述也是其中一项。学生们分组后，可以结合思政课程的内容，选择讲述主题和内容，自行分配任务，完成小组讲述。这种考核方式，结合了英式教学的特点，契合思政理论课教学的培养理念，挖掘学生学习潜力，开拓考核新方法，有助于培养和提高学生创新能力、批判性思维能力，提升发现、分析、解决问题的能力和团结协作能力，确保思政课程灵活性和学术性双向达标。

# 参考文献

［1］艾敏，赵国良．高校思政理论课实践教学的重要地位及实现路径［J］．长春工业大学学报（高教研究版），2013，34（4）：53－55.

［2］敖祖辉，王瑶．高校“课程思政”的价值内核及其实践路径选择研究［J］．黑龙江高教研究，2019，37（3）：128－132.

［3］巴尔赞．我们应有的文化［M］．严忠志，马奴骅，译．杭州：浙江大学出版社，2009.

［4］包艳君，岑忠干，王鹭．研究性教学法在高职思想政治课中的实施及效果调查［J］．高教论坛，2011（4）：120－122.

［5］贝洪俊，白玉华．基于合作性学习的大班上课小班讨论教学模式的解读——以“中级财务会计”课程为例［J］．黑龙江高教研究，2010（2）：149－152.

［6］卞庆华．中外合作办学高校辅导员队伍建设研究：以苏州“港大思培”和“西交利物浦”为例［D］．苏州：苏州大学，2013.

［7］蔡英谦．使命自觉：新时代背景下高校思政课践行党建教育探赜［J］．思想政治课研究，2018（1）：86－90.

［8］柴晓东．高校学生考核方式的现状与改革策略［J］．长江工程职业技术学院学报，2016，33（4）：29－32.

［9］陈红梅，李加亮，涂苏琴．微信平台在高校党建工作中的运用研究［J］．江西师范大学学报，2016（1）：96.

［10］陈金波．中外合作大学构建适应性思想政治教育体系的思考［J］．河北工程大学学报（社会科学版），2008（2）：38－40.

［11］陈丽萍．论大学生思政理论课话语权的重构［J］．太原城市职业技术学院学报，2018（11）：94－95.

［12］陈玲．媒介素养教育融入高中思想政治课的路径探析［D］．武汉：华中师范大学硕士学位论文，2019.

［13］陈娜．高校思想政治理论课教师媒介素养培育研究［D］．重庆：西

南大学，2015.

［14］陈锐，刘晓玲．协调发展：高校学生核心素养培养的质量理念［J］．大学教育科学，2017（2）：28－33.

［15］陈晓慧，刘铁珊，赵鹏．公民教育与媒介素养教育的相关性研究［J］．中国电化教育，2013（4）：35－39.

［16］陈新星．高校辅导员开展大学生心理健康教育研究［D］．福州：福建师范大学，2016.

［17］陈新芝等．高校党建微信公众平台的 SWOT 分析［J］．保山学院学报，2018，37（6）：54－58.

［18］陈忠梅．论高校思想政治理论课话语权生成的内部逻辑［J］．现代教育科学，2018（9）：81－85.

［19］程良龙．中外合作办学历史·政策·现状［M］．北京：北京交通大学出版社，2014.

［20］褚宏启．核心素养的国际视野与中国立场——21 世纪中国的国民素质提升与教育目标转型［J］．教育研究，2016，37（11）：8－18.

［21］戴书钢等．高校思想政治理论课实践教学论［M］．北京：中国人民大学出版社，2015.

［22］第 44 次中国互联网络发展状况统计报告［EB/OL］．http：//www.cac.gov.cn/2019－08/30/c_1124938750.htm.

［23］丁海蒙．校园文化与高校德育联动研究［M］．上海：立信会计出版社，2016.

［24］丁愉，王晓庆，李睿．王阳明良知说与大学生社会责任感培养［J］．长江大学学报（社科版），2016（1）：78.

［25］杜静，王晓芳．论基于社会互动理论的教师合作［J］．教育研究，2016，37（11）：113－118.

［26］杜敏．思想政治教育话语权研究［D］．兰州：兰州大学，2018.

［27］杜鹏．高校思想政治理论课专任教师话语权的弱化与重构［J］．河南工业大学学报（社会科学版），2015，11（1）：166－169.

［28］方魏．学生事务管理的流派与模式［M］．杭州：浙江大学出版社，2014.

［29］冯刚．坚持立德树人　注重提升质量　扎实推进大学化心理健康教育工作创新发展［J］．思想政治教育研究，2014，30（1）：1－4.

［30］冯刚．理直气壮开好思政课：把握新时代思政课建设规律［M］．北京：人民出版社，2019.

[31] 冯晓云，郝莉. 探索构建以学生学习与发展为中心的课程质量体系[J]. 中国大学教学，2018（4）：71-75.

[32] 冯跃飞，柳萍. 中外合作办学模式下思政课程调查研究[J]. 高教学刊，2016（4）：38-41.

[33] 傅夏仙，徐家林. “思政课”教学的合作学习理念借鉴[J]. 思想政治课研究，2019（4）：71-76，135.

[34] 高德毅，宗爱东. 从思政课程到课程思政：从战略高度构建高校思想政治教育课程体系[J]. 中国高等教育，2017（1）：43-46.

[35] 高世杰. 当前高校意识形态安全工作的几点思考[J]. 思想教育研究，2016（5）：40-43.

[36] 郭强，刘玥. “双一流”背景下中外合作大学人才培养现状分析[J]. 黑龙江高教研究，2021，39（3）：52-58.

[37] 海志超. 协同理论视角下思政课与学生党建互动融通路径初探[J]. 辽宁经济职业技术学院　辽宁经济管理干部学院学报，2019（8）：87-89.

[38] 韩宪洲. 深化“课程思政”建设需要着力把握的几个关键问题[J]. 北京联合大学学报（人文社会科学版），2019，17（2）：1-6，15.

[39] 何华玲，严瑶婷. 中外合作办学高校大学生思想政治教育工作的挑战与转型[J]. 内蒙古农业大学学报，2013，15（3）：86-89.

[40] 何怀宏. 底线伦理的概念、含义与方法[J]. 道德与文明，2010（1）：17-21.

[41] 侯仰军. 孝经译注[M]. 北京：中国文史出版社，2012.

[42] 胡万年. 王阳明良知自律的研究——兼与康德意志自律比较[J]. 安徽大学学报（哲学社会科学版），2003（9）：71.

[43] 胡威. 中外合作办学国内教育过程学生管理研究：以南昌大学科学技术学院为例[D]. 南昌：南昌大学，2014.

[44] 华长慧. 思想修养与大学生成才[M]. 杭州：浙江教育出版社，2016.

[45] 华长慧，徐亚芬，沈伟其，喻立森. 努力打造中外合作大学的成功范例——宁波诺丁汉大学独特办学模式再探[J]. 中国高等教育，2010（23）：15-18.

[46] 华东师大教育系，浙江大学教育系. 西方古代教育论著选[M]. 北京：人民教育出版社，2001.

[47] 华正学. 试论思政课实践教学与浙江红色文化资源的深度融合[J]. 思想政治课研究，2017（6）：33-36.

［48］黄播．通识教育与思想政治理论课德育功能关系的思考［J］．文教资料，2011（24）：145－147.

［49］黄俊杰．全球化时代的大学通识教育［M］．北京：北京大学出版社，2006.

［50］黄凌梅，钟秉林．建构主义视域下实习辅助课的启示［J］．中国大学教学，2020（6）：64－69，81.

［51］黄宗羲．明儒学案［M］．北京：中华书局，1985.

［52］霍春艳等．在中外合作办学思政教育中建立导师制的思考［J］．Proceedings of 2018 International Conference on Education Reform，Management and Applied Social Science（ERMASS 2018）（C），2018（10）：218－221.

［53］嵇芹珍．略论当代大学生的道德底线教育［J］．江苏高教，2008（3）：119.

［54］贾亚君．论高校思政课教师“大班授课、小班讨论教学”的理论与现实依据［J］．经济研究导刊，2014（15）：270－271.

［55］江海．从通识教育看思政教育的“大思政”转型［J］．南京工程学院学报（社会科学版），2013，13（4）：63－66.

［56］姜彦君．中外合作办学模式下思政课管理理念的新发展［J］．宁波大学学报（教育科学版），2010，32（6）：15－18.

［57］蒋广学，赵宪章．二十世纪文史哲名著精义［M］．南京：江苏文艺出版社，1992.

［58］蒋红群．论高校思想政治理论课中的底线伦理教育［J］．思想政治课研究，2016（6）：35－37，45.

［59］蒋沫沫．创新视角看高校思政理论课考试考核方式的选择［J］．延边教育学院学报，2019，33（2）：4－6.

［60］金雅．中国现代美学名家文丛（梁启超卷）［M］．杭州：浙江大学出版社，2009.

［61］靳凤林．中国天下观与西方国际观的伦理视差［J］．伦理学研究，2018（4）：122.

［62］靳敏，张铱晗．大数据背景下高校党建质量提升路径探析［J］．国家教育行政学院学报，2018（10）：3－9.

［63］九成大学生思政课上收获多［N］．中国教育报，2018－01－20（4）.

［64］孔垂谦．试析西方政党对大学的影响——大学与政党关系的政治学视角［J］．比较教育研究，2002（2）：7－8.

［65］蓝茵茵，易显飞，张宏伟．新媒体语境下大学思政理论课教学的基

本逻辑［J］. 教育评论，2015（11）：133－136.

［66］李方裕，唐书怡. 大学生事务管理研究：基于地方高校转型发展的视野［M］. 成都：西南财经大学出版社，2015.

［67］李建中. 人文社科经典导引［M］. 武汉：武汉大学出版社，2019.

［68］李梁. 切问近思：高校思想政治理论课教学方法创新研讨会暨首届“上海大学思政论坛”论文集［M］. 上海：上海大学出版社，2011.

［69］李曼丽. 通识教育——一种大学教育观［M］. 北京：清华大学出版社，1999.

［70］李庆霞. 高校思想政治理论课话语权面临的挑战与应对［J］. 思想理论教育导刊，2016（11）：18－22.

［71］李如占，张冬冬. 课程思政：各类课程与思想政治理论课协同育人的有效路径［J］. 高教论坛，2018（6）：14－16，26.

［72］李腾子，蒋凯. 通过加强师生互动提升高校教学效果［J］. 中国高等教育，2020（10）：46－48.

［73］李文跃. 符号、教学符号与教学符号互动的探析——基于符号互动论的视角［J］. 教育理论与实践，2013，33（10）：53－56.

［74］李翔宇. 网络视域下高校隐性思想政治教育研究［D］. 合肥：安徽大学，2016.

［75］李亚丹. 高校思想政治教育协同育人路径研究［D］. 长春：长春师范大学，2019.

［76］李燕，牛馨皎. 大数据背景下高校思政理论课教学方法创新［J］. 中共云南省委党校学院学报，2017，18（3）：103－108.

［77］李渝萱. “三支队伍”整合视域下大学生思想政治教育协同育人模式研究［D］. 南充：西华师范大学，2019.

［78］李玉保，谢丽惠. 中外合作办学模式：实践反思与路径选择［J］. 江西社会科学，2013，33（10）：244－248.

［79］李志军. 儒家“天理”“人欲”说的现代解读［J］. 河南师范大学学报，2007（3）：33.

［80］李致斐. 云南省高水平示范性中外合作办学建设路径研究［J］. 亚太教育，2019（9）：19－20.

［81］梁红军，张阳春. 高校思想政治理论课教师资源整合研究［J］. 广西师范学院学报（哲学社会科学版），2018，39（5）：67－73.

［82］梁妙荣. 高校思想政治理论课教师理论转化能力的提升策略［J］. 学校党建思想与策略，2014（19）：50－51.

［83］梁启超．中国现代美学名家文丛（梁启超卷）［M］．金雅选编．杭州：浙江大学出版社，2009.

［84］梁淑艳，戴杨．新时期中外合作办学党建与思政工作的实践与思考［J］．党史博采，2019（8）：65－67.

［85］林金辉．新时代的中外合作办学［M］．厦门：厦门大学出版社，2019.

［86］林晓燕，梁娟．大数据时代高校学生党建工作有效路径探析［J］．学校党建与思想教育，2016（14）：33－35.

［87］刘兵勇等．高校辅导员与专业课教师协同育人的机制构建［J］．山西高等学校社会科学学报，2015，27（2）：81－84.

［88］刘地松．新时代中外合作办学高校党建工作新机制研究［J］．教育评论，2018（6）：41－45.

［89］刘芳．高校思想政治理论课教学有效性问题及其应对［J］．教育评论，2016（3）：133－136.

［90］刘海燕．高校思政理论课教学语言的构建与评价［J］．黑河学刊，2019（2）：137－138.

［91］刘洪波．中外合作办学模式下高校党建工作初探［J］．中国电力教育，2008（22）：150－151.

［92］刘欢．《实践论》《矛盾论》对思想政治教育的指导作用［J］．新西部，2020（3）：124－125.

［93］刘佳，陈昭颖．高校辅导员学术话语体系构建的方法论与实现路径［J］．北京教育（德育），2017（12）：36－39，96.

［94］刘佳，王林清．高校辅导员科研能力建设现状调查与思考：以中国地质大学（武汉）辅导员公开发表的学术论文为例［J］．信阳师范学院学报（哲学社会科学版），2017，37（1）：80－84，89.

［95］刘津池．当代媒介素养教育研究［D］．长春：东北师范大学，2012.

［96］刘梦溪．论国学［M］．上海：上海人民出版社，2008.

［97］刘朋．媒介素养融入大学生思想政治教育研究［J］．继续教育研究，2017（2）：44－46.

［98］刘献君．“大班授课＋小班研讨”教学模式改革［J］．中国大学教学，2017（2）：19－24.

［99］刘欣欣．方法论视域下的高校隐性思想政治教育研究［M］．北京：华文出版社，2018.

［100］刘亚飞．思想政治教育视域下高校教师媒介素养教育研究［D］．

绵阳：西南科技大学，2016.

［101］刘振平. 高校思想政治工作的“底线思维”［J］. 江苏理工学院学报，2018，24（5）：144－148.

［102］刘志. 高校思政理论课考核方式的创新分析［J］. 品牌与营销，2021（3）.

［103］刘子云，刘晖. 论新时代高等教育国际化的转向［J］. 世界教育信息，2018，31（23）：20－26.

［104］卢婵江，曹悦. 国际化教育环境下大学生中西文化冲突的实证研究［J］. 长沙大学学报，2018，32（6）：142－146.

［105］卢风. 文化多元主义与后现代主义［J］. 吉首大学学报（社会科学版），2012（7）：32.

［106］陆一，刘敏，冷帝豪. 通识教育核心课程“大班授课、小班研讨”的效果评析［J］. 高等教育研究，2017，38（8）：69－78.

［107］吕建设等. 中外合作办学党组织作用发挥的实践路径——基于总体国家安全观视角［J］. 学理论，2019（4）：121－122.

［108］罗栋. 中外合作办学大学生的心理健康教育研究［J］. 当代教育理论与实践，2010，2（4）：18－20.

［109］马克·霍尔斯特德，马克·派克. 公民身份与道德教育［M］. 杨威译. 北京：社会科学文献出版社，2017.

［110］马克思恩格斯选集（第4卷）［M］. 北京：人民出版社，1995.

［111］毛泽东文集（第七卷）［M］. 北京：人民出版社，1999.

［112］毛泽东著作选读［M］. 北京：人民出版社，1991.

［113］孟中媛. 中外合作办学中的文化冲突与超越［J］. 中国高教研究，2018（11）：72－74.

［114］米德. 心灵、自我与社会［M］. 赵月瑟译. 上海：上海译文出版社，1992.

［115］倪放，许晓菁. 新时期高校党建创新工作的基本思路研究［J］. 山东农业工程学院学报，2018，35（7）：113－116.

［116］聂小丹. 高校辅导员科研能力的提升研究［D］. 重庆：西南大学，2016.

［117］宁波发布2018年浙江省放心消费示范区倡导诚信经商［EB/OL］.［－12－18］. http：//news. cnr. cn/native/city/20181218/t20181218_524453144. shtml.

［118］牛田盛. 高校思想政治理论课教学法创新模式比较分析及启示

[J]. 思想政治教育研究，2019，35（1）：91－95.

[119] 欧阳军．“中国近现代史纲要”课教学应该处理好几个关系 [J]. 思想理论教育导刊，2017（2）：115.

[120] 齐卫平．做好新形势下高校宣传思想工作要强化“四种意识”[J]. 思想理论教育，2015（4）：4－9.

[121] 强胜．教育现代化背景下教师在课程教学过程中的角色转换 [J]. 中国大学教学，2019（11）：29－32.

[122] 清华大学马克思主义学院．讲道理的近代史自定义的思政课——记清华大学马克思主义学院李蕉副教授 [J]. 思想理论教育导刊，2017（7）：9－10.

[123] 邱仁富．“课程思政”与“思政课程”同向同行的理论阐释 [J]. 思想教育研究，2018（4）：109－113.

[124] 覃森，张智丰，焦振华．高校公共课“大班授课＋小班研讨”模式探索 [J]. 杭州电子科技大学学报（社会科学版），2019，15（1）：65－69.

[125] 邵龙潭，陈晓晖，马莹华，方玉梅，葛丽君，杨慧民．高校思政课“大班授课、小班讨论”教学模式的探索与思考 [J]. 思想理论教育导刊，2011（11）：64－67.

[126] 师曼等．21 世纪核心素养的框架及要素研究 [J]. 华东师范大学学报（教育科学版），2016，34（3）：29－37，115.

[127] 舒志定．马克思对传统教育思想的批判 [J]. 山西大学学报（哲学社会科学版），2016（5）：85.

[128] 帅飞飞，李臣之．米德符号互动理论的教学意蕴 [J]. 教育理论与实践，2017，37（7）：61－64.

[129] 宋春燕，张安莉．底线思维在高校思想政治教育中的运用研究 [J]. 鸡西大学学报，2016，16（7）：13－16.

[130] 宋念申．发现东亚 [M]. 北京：新星出版社，2018.

[131] 苏李杰．高校思政课教师与辅导员协同育人研究 [D]. 桂林：广西师范大学，2019.

[132] 孙华．高校思想政治理论课“小班课教学”的探索与实践 [J]. 思想教育研究，2015（5）：82－85.

[133] 孙珂．基于依附理论的中外合作大学发展战略探析——以融入与超越为视角 [J]. 浙江树人大学学报（人文社会科学版），2015（2）：6－10.

[134] 孙珂．全面育人：中外合作大学通识教育的路径探析 [J]. 社科纵横，2014，29（4）：154－157.

[135] 孙珂. 中外合作办学思政课教师队伍建设研究 [J]. 浙江万里学院学报，2018，31 (2)：97-101.

[136] 孙珂. 中外合作大学思政课与外方课程体系的文化融合研究 [J]. 思想政治课研究，2019 (5)：74-78.

[137] 孙珂. 中外合作大学通识教育的建构——后殖民主义的视角 [J]. 教育观察 (上半月)，2016，5 (1)：4-8.

[138] 孙利天. 21世纪哲学：体验的时代? [J]. 长白学刊，2001 (2)：40.

[139] 孙晓，王学睿. 依托区域“文化软实力”开辟国际生中国文化认同新路径——基于青岛高校的调查研究 [J]. 教育现代化，2019 (28)：165.

[140] 孙叶飞，马建青. 后慕课时代思政理论课教师的角色转型和素养养成 [J]. 学校党建与思想教育，2016 (3)：45-47.

[141] 孙英. 高校思想政治理论课话语权建设的基本内涵与根本要求 [J]. 思想理论教育导刊，2016 (10)：112-114.

[142] 孙英，梁涌，张也. 中外合作办学高校思政课建设略论 [J]. 学校党建与思想教育，2020 (23)：64-67.

[143] 唐君毅. 中华人文与当今世界 [M]. 桂林：广西师范大学出版社，2005.

[144] 王炳林，张润枝. 关于思想政治理论课与日常思想政治教育相结合的思考 [J]. 思想政治教育研究，2009 (5)：69-72.

[145] 王传中，彭启智. 加强学生工作国际化 推动高等教育科学发展 [J]. 中国高等教育，2011 (5)：24-26.

[146] 王丰昌. 国际化视野下我国高校学生事务管理发展研究 [D]. 武汉：华中师范大学，2013.

[147] 王凤志. 思想政治教育美学方法论 [M]. 杭州：浙江大学出版社，2017.

[148] 王继英等. 我国应用型高校国际合作教育的教学改革研究 [J]. 江苏理工学院学报，2019，25 (4)：43-46.

[149] 王建华. 道德危机中的中国大学 [J]. 大学教育科学，2010，2 (2)：8-15.

[150] 王剑波. 跨国高等教育与中外合作办学 [M]. 济南：山东教育出版社，2012.

[151] 王婕. 关于新时代大学生底线思维培育的思考 [J]. 中国多媒体与网络教学学报，2019 (6)：247-248.

[152] 王静. 新媒体时代高校辅导员媒介素养的内涵与提升 [J]. 重庆工

商大学学报（社会科学版），2018，35（5）：122－128.

［153］王久高．思想政治理论课“大班授课、小班讨论”教学创新模式——以北京大学元培学院“纲要”课教学创新为例［J］．思想理论教育导刊，2017（3）：123－126.

［154］王立新．马克思主义理论教育概论［M］．北京：人民出版社，2005.

［155］王良盛．大学生思想政治教育合力研究［D］．重庆：重庆师范大学，2017.

［156］王玲．关于高校思政理论课考核方式改革的几点思考［J］．劳动保障世界，2017（15）.

［157］王松梅．高校课程论文考核面临的问题及应对思路［J］．经济研究导刊．2011（5）：224－226.

［158］王坦．论合作学习的基本理念［J］．教育研究，2002（2）：68－72.

［159］王桃珍，高国希．思想政治理论课慕课建设实践与思考——基于复旦大学“思想道德修养与法律基础”课慕课的探究［J］．思想教育研究，2017（6）：61－65.

［160］王旭东，孟庆龙．世界瘟疫史［M］．北京：中国社会科学出版社，2005.

［161］王焱．跨国教育在中国的实践与发展策略研究［J］．沈阳大学学报，2010（6）：91－93.

［162］王阳明．传习录［M］．南京：江苏凤凰文艺出版社，2015.

［163］王阳明全集［M］．上海：上海古籍出版社，1992.

［164］王阳明全集（全三册）［M］．上海：上海古籍出版社，2011.

［165］王振林，王松岩．米德的“符号互动论”解义［J］．吉林大学社会科学学报，2014，54（5）：116－121，174－175.

［166］魏波．当代西方大学价值观教育研究［J］．思想政治教育研究，2017（4）：17.

［167］魏佳．高校思想政治理论课话语权建设中需要注意的几个关系［J］．思想教育研究，2017（1）：10－13，42.

［168］魏景荣．高校思政理论课多元化考核模式的构建［J］．黑龙江教育（高教研究与评估），2017（7）：42－44.

［169］翁贺凯，李璎珞．清华大学“中国近现代史纲要”“慕课”混合式教学改革探索［J］．思想理论教育导刊，2016（12）：72－75.

［170］巫晓洁，贾子懿．中外合作办学思政课建设思考——以上海交通

大学为例［J］. 高教学刊，2018（19）：191－193.

［171］吴炫．试论人类文化创造的多元对等关系——马克思主义文化哲学的中国化建构思路［J］. 江苏行政学院学报，2018（1）：34.

［172］吴亚．浅论通识教育视域下的高校思想政治理论课课程体系设置［J］. 科教文汇（中旬刊），2018（10）：28－29，34.

［173］伍醒，顾建民．“课程思政”理念的历史逻辑、制度诉求与行动路向［J］. 大学教育科学，2019（3）：54－60.

［174］奚倩文．中外合作办学背景下高校思政教育工作现状及对策［J］. 中国多媒体与网络教学学报，2019（12）：97－98.

［175］习近平：决胜全面建成小康社会夺取新时代中国特色社会主义伟大胜利——在中国共产党第十九次全国代表大会上的报告［EB/OL］. http：//www. xinhuanet. com/politics/19cpcnc/2017－10/27/c_1121867529. htm.

［176］习近平在全国高校思想政治工作会议上强调：把思想政治工作贯穿教育教学全过程　开创我国高等教育事业发展新局面［N］. 人民日报，2016－12－09（01）.

［177］习近平．思政课是落实立德树人根本任务的关键课程［J］. 求是，2020（17）.

［178］习近平．用新时代中国特色社会主义思想铸魂育人，贯彻党的教育方针落实立德树人根本任务［N］. 人民日报，2019－03－19（01）.

［179］向元琼．论传统文化对大学生心理健康的意义［J］. 西南民族大学学报（人文社会科学版），2011（S3）：286.

［180］肖川．高校有效教学的目标和特征［J］. 高等教育研究，1999（3）：4.

［181］肖辉瓒．高校党建与思政工作何以深度融合［J］. 人民论坛，2019（6）：216－217.

［182］肖继军．西方经济思想对我国主流意识形态的影响及其启示［D］. 长沙：中南大学，2014.

［183］徐倩．新时代如何发展中外合作办学［N］. 中国教育报，2019－08－05（3）.

［184］徐椿梁，郭广银．文化哲学的价值向度［J］. 江苏社会科学，2018（2）：109.

［185］徐德斌．大思政格局下高校思想政治理论课创新与实践研究［J］. 现代教育科学，2019（6）：118－122.

［186］严平．本科教育创新人才培养模式研究——基于日本京都大学课

程设置的视角［J］. 复旦教育论坛，2013，11（3）：81－84.

［187］杨道宇. 教学阶段再认识：以事为本的学问思辨行——兼论王阳明与杜威教学过程思想的异同［J］. 现代大学教育，2015（2）：70.

［188］杨守金，夏家春. “课程思政”建设的几个关键问题［J］. 思想政治教育研究，2019，35（5）：98－101.

［189］杨维东，贾楠. 建构主义学习理论述评［J］. 理论导刊，2011（5）：77－80.

［190］杨晓东. 高校校园文化建设与大学生思想政治教育研究［D］. 西宁：青海师范大学，2013（1）：45.

［191］杨莹莹. 高校思想政治理论课教师与辅导员协同育人研究综述［J］. 西部素质教育，2018，4（8）：114－115.

［192］姚本先. 论学生问题意识的培养［J］. 教育研究，1995（10）：40.

［193］叶子，庞丽娟. 师生互动的本质与特征［J］. 教育研究，2001（4）：30－34.

［194］叶子，庞丽娟. 试论师生互动模式形成的基本过程［J］. 教育研究，2009，30（2）：78－82.

［195］应永宏，钱菲，阮茜茜. 高等教育国际化视野下的“温肯思政教育”探索与实践［R］. 第六届全国中外合作办学年会，2015.

［196］应兆升. 思想政治理论课“大班授课小班研讨”教学模式研究［D］. 大连：大连理工大学，2011.

［197］余吉安，王曼，陈建成. 大学生综合能力培养：基于考核视角的研究［J］. 生产力研究，2016（6）：96－102.

［198］喻立森. 以引进优质教育资源为核心发展中外合作办学——宁波诺丁汉大学首届中外合作大学国际论坛综述［J］. 中国高等教育，2011（19）：61－62.

［199］袁亮. 论在大学生思想政治教育工作中运用底线思维［J］. 教育导刊，2015（9）：44－47.

［200］袁鑫. 当代文化哲学中的文化相对主义［J］. 教学与研究，2019（8）：68.

［201］曾健坤. 高等教育国际化背景下我国地方院校开展中外合作办学对策研究［D］. 长沙：湖南师范大学，2010.

［202］张宝予. 美国高校通识课程中的价值观教育研究［D］. 长春：东北师范大学，2019.

[203] 张红霞．建构主义对科学教育理论的贡献与局限［J］．教育研究，2003（7）：79－84.

[204] 张焕庭．西方资产阶级教育论著选［M］．北京：人民教育出版社，1979.

[205] 张建伟，陈琦．简论建构性学习和教学［J］．教育研究，1999（5）：5.

[206] 张俊，江海珍．中外合作办学高校构建“课程思政”协同育人机制探究［J］．决策探索（下），2020（4）：46－48.

[207] 张开．媒介素养理论框架下的受众研究新论［J］．现代传播（中国传媒大学学报），2018（2）：154.

[208] 张羚羚．新时代中外合作办学思政教育探究［J］．高教学刊，2019（6）：152－154.

[209] 张墨英．学习先进国际教育理念，打造中外合作知名品牌：江南大学莱姆顿学院坚持“本科教育国际化”“国际教育本土化”办学的启示［J］．无锡教育学院学报，2006（3）：15－19.

[210] 张楠．政治、理论和生活：“大班授课、小班讨论”模式中的三种逻辑［J］．思想政治教育研究，2018，34（6）：88－92.

[211] 张鹏．文化哲学视野下的文化自信研究［D］．贵阳：贵州大学，2018.

[212] 张奇峰．混合式思想政治理论课小班讨论教学模式分析［J］．思想理论教育，2017（12）：68－71.

[213] 张瑞琴．思想政治理论课“大班授课小班讨论”教学模式研究［D］．长春：吉林大学，2017.

[214] 张卫平．大学生心理健康教育德育功能研究［D］．沈阳：辽宁大学，2015.

[215] 张伟．独立学院思政课小班讨论存在的问题及对策［J］．山西财经大学学报，2011，33（2）：80－81.

[216] 张云阁，贺尧夫．高校思想政治理论课实践教学创新研究［M］．杭州：浙江大学出版社，2015.

[217] 张智．习近平关于思想政治教育工作的五个比喻析论［J］．思想理论教育导刊［J］．2017，（5）：131－135.

[218] 章必功．中国大学体育教学的特征与传统文化的关联［J］．深圳大学学报（人文社会科学版），2012（1）：64.

[219] 赵继伟．“课程思政”：涵义、理念、问题与对策［J］．湖北经济

学院学报，2019，17（2）：114－119.

［220］赵康健．中国优秀传统文化与大学生日常思想政治教育融合性研究［J］．黑龙江教育学院学报，2019，38（2）：96－98.

［221］赵莉华，雷勇．“大班授课小班讨论”教学模式改革思考［J］．教育教学论坛，2016（26）：101－103.

［222］赵丽，张舒予．媒介素养研究热点及趋势分析：基于教育学、新闻学与传播学 CSSCI（2012—2013）来源期刊数据［J］．电化教育研究，2015，36（5）：17－25.

［223］赵世环，燕善敏．高校思政课教师媒介素养内容体系建构研究［J］．兰州教育学院学报，2016，32（9）：107－109.

［224］赵婷．高校思想政治教育协同育人机制研究［D］．南昌：江西财经大学，2019.

［225］赵小青．全面从严治党的现实进展与发展进路——从十八大以来的治党实践谈起［J］．四川理工学院学报（社会科学版），2016，31（2）：76－86.

［226］郑新欣．高校思想政治理论课教育与大学生党建的互动研究——以××大学为例［D］．温州：温州大学，2016.

［227］郑洋．“互联网＋”背景下高校党建工作创新的战略思考［J］．毛泽东思想研究，2018，35（5）：147－152.

［228］中共中央国务院关于加强和改进新形势下高校思想政治工作的意见［R］．2016.

［229］中共中央文献研究室．习近平关于社会主义文化建设论述摘编［M］．北京：中央文献出版社，2017.

［230］中共中央宣传部．习近平总书记系列重要讲话读本（2016）［M］．北京：人民出版社，2016：288.

［231］中国教育创新研究院．世界都在关心哪些核心素养？素养教育的全球经验出炉了！［EB/OL］．（2016－06－05）［－05－15］．https：//www.sohu.com/a/81104491_227820.

［232］“中国特色高等教育思想体系研究”课题组等．中国特色高等教育思想体系举要［J］．中国高教研究，2017（4）：1－25.

［233］钟凯．风险及规避：中外合作办学中的文化冲突问题研究［J］．江苏高教，2018（11）：48－50.

［234］周海安．中外合作办学高校课程考核改革研究［J］．教育教学论坛，2020（24）：152－153.

［235］周琦．以思辨力为核心的中外合作大学的思政课教学［J］．吉林教育，2019（42）：38－40.

［236］周晓旭．中外合作办学研究［D］．南京：东南大学，2018.

［237］朱飞，秦永和，马素伟．学术场域中研究型辅导员的内涵及其培养路径探析［J］．思想教育研究，2013（1）：108－111.

［238］朱红，马莉萍，熊煜．“大班授课、小班研讨”教学模式效果研究［J］．中国高教研究，2016（1）：42－47.

［239］朱梦洁．“课程思政”的探索与实践：从专业课的视角［D］．上海：上海外国语大学，2018.

［240］朱士中．构建高校党建与思想政治教育整体工作体系的思考［J］．中国高等教育，2010（18）：33－34.

［241］朱伟霞．高校学生考核方式的现状与改革研究［J］．教育教学论坛，2020（24）：234－235.

［242］朱艳敏，陈超．“大班授课，小班讨论”合作性教学的问题及建议［J］．中国电力教育，2011（23）：62－63.

［243］铸就辉煌的教育道路——写在中华人民共和国成立七十周年之际［EB/OL］．［－9－29］．http：//www.moe.gov.cn/jyb_xwfb/s5148/201909/t20190929_401539.html.

［244］邹广文，崔唯航．从现成到生成：论哲学思维方式的现代转换［J］．清华大学学报（哲学社会科学版），2003（2）：42.

［245］Graham Parkes. Thoughts on the Way：Being and Time via Lao－Chuang［A］//Graham Parkes. Heidegger and Asian Thought. Honolulu：University of Hawaii Press，1987：141.

［246］Keohane，Nannerl O. Proceedings of the American Philosophical Society［J］．1998，142（2）：246－248.

［247］Rogers. Freedom to Study［M］．Columbus，Ohio，C. E. Merrill Pub. Co.，1969.

［248］Sidney Hook. General Education：The Minimum Indispensables［M］//in Sidney Hook et. al. eds.，The Philosophy of curriculum：The Need for General Education. Buffalo：Prometheus Books，1975：27－36.

# 后　记

本书从构思到成稿历经两年半时间，既是对中外合作办学高校思政理论课教学实践的总结，又是对学术界思政理论课教学理论研究的梳理，还是对我自身学问功夫的锤炼和心性修养的磨砺。

面临国际政治多极化、全球经济一体化、专业教学西式化、校园文化多元化的环境，站在“两个一百年”历史交汇点上，我们如何能够培养学生坚守中国立场，深具家国情怀？这一问题突出地成为当前中外合作大学思政教育的焦点，然而，这一问题的核心又不仅限于中外合作办学高校。

生活于祖国繁荣开放的时代，国家间合作交流日益密切，我们每一个中国人都需具备“胸怀祖国、放眼世界”的姿态和气度。基于这个想法，在写作书稿的过程中，我有意识地将学术资料搜集视野尽可能放宽，从学校类型而言，包括大中小学，从研究内容而言，包括思政教育、爱国主义教育、意识形态教育、国际化教育、教育主权、党建工作、学生辅导员工作等；同时我在框架搭建时，首先将思政理论课程放置于整个学校相关部门的互补配合中来考量，以此凸显整体性思维，因为“培养中国青年一代”的事业是小到每位教师、每个部门，大到整个学校、整个社会的使命。

从学术界研究来看，这方面的探索已然展开，然尚未成气候，我尽可能地汲取学者研究的成果，集众家智慧助益我的思考。因此，本书的写作既是一份参与，也是一个邀请，希望有更多的学者加入，促进该项研究的深入。从成稿情况来看，全书架构还算完整，理论体系也较为完备，由于新冠肺炎疫情关系，调研主要依赖电话和邮件方式，实地考察受限，因而许多方面的研究仅展开一个思路，内容还有待充实和深入，这也是我接下来研究的主要着力点。

接下来，是致谢环节：

感谢孙珂、肖楚楚、何嘉晨和章忆宁四位同事，他们参与了本书的框架设计和初稿写作，他们治学严谨、做事踏实，都是从事教学与科研的一线教师，对本项研究有切身的领悟和体会，使内容赋予理论性、现实性和针对性。

感谢我的老同事和好朋友尤南杰先生，他担任全书校对，斟酌了书稿的每一个措辞，他的一丝不苟令我体会到他对该项研究的热忱、对学校思政教育的关心、对老朋友的真诚和勉励。

感谢我的领导和部门所有同事，工作 14 年来，我对本职始终保持着一份忐忑，因为他们太优秀、太认真了，尤其是每年几轮的“磨课“环节，尽管我已反复修改教案、演练表达，但总是会被批驳地“体无完肤”。

感谢经济科学出版社的工作人员，他们的高节奏、严把关给我留下了深刻的印象，也树立了我对书稿的信心。

最后：

本书主体成稿于 2019 年底至 2020 年 5 月，历经全国的新冠肺炎疫情从严峻到缓和，人们从足不出户到行走天地间，而我个人也从怀胎后期到生下女儿，我深深感念个人的命运与国家社会的紧密关联，深深感念“生而为我”的幸运与使命；深深感念生命的深邃与宇宙的浩瀚。尽管岁月如梭、朝夕交织，但人世间总有一些美好与力量穿越时光，滋养心房。

**著者**

2021 年 7 月 24 日子夜于北京大兴